Storytelling und Narration in den Public Relations

Annika Schach

Storytelling und Narration in den Public Relations

Eine textlinguistische Untersuchung der Unternehmensgeschichte

Annika Schach
Hochschule Hannover
Deutschland

ISBN 978-3-658-11011-6   ISBN 978-3-658-11012-3 (eBook)
DOI 10.1007/978-3-658-11012-3

Die Deutsche Nationalbibliothek verzeichnet diese Publikation in der Deutschen Nationalbibliografie; detaillierte bibliografische Daten sind im Internet über http://dnb.d-nb.de abrufbar.

Springer VS
© Springer Fachmedien Wiesbaden 2016
Das Werk einschließlich aller seiner Teile ist urheberrechtlich geschützt. Jede Verwertung, die nicht ausdrücklich vom Urheberrechtsgesetz zugelassen ist, bedarf der vorherigen Zustimmung des Verlags. Das gilt insbesondere für Vervielfältigungen, Bearbeitungen, Übersetzungen, Mikroverfilmungen und die Einspeicherung und Verarbeitung in elektronischen Systemen.
Die Wiedergabe von Gebrauchsnamen, Handelsnamen, Warenbezeichnungen usw. in diesem Werk berechtigt auch ohne besondere Kennzeichnung nicht zu der Annahme, dass solche Namen im Sinne der Warenzeichen- und Markenschutz-Gesetzgebung als frei zu betrachten wären und daher von jedermann benutzt werden dürften.
Der Verlag, die Autoren und die Herausgeber gehen davon aus, dass die Angaben und Informationen in diesem Werk zum Zeitpunkt der Veröffentlichung vollständig und korrekt sind. Weder der Verlag noch die Autoren oder die Herausgeber übernehmen, ausdrücklich oder implizit, Gewähr für den Inhalt des Werkes, etwaige Fehler oder Äußerungen.

Lektorat: Barbara Emig-Roller, Monika Mülhausen

Gedruckt auf säurefreiem und chlorfrei gebleichtem Papier

Springer Fachmedien Wiesbaden ist Teil der Fachverlagsgruppe Springer Science+Business Media
(www.springer.com)

Inhalt

1 **Einführung in das Thema** 1
   1.1 Storytelling als Trendthema 1
   1.2 Grundunterscheidung zwischen Inhalt und Darstellung 3
   1.3 Theoretische Perspektiven und textlinguistische Untersuchung 7

2 **Storytelling in der PR-Praxis** 11
   2.1 Begriffsdefinition Storytelling 11
   2.2 Einsatzbereiche und Ziele 16
   2.3 Elemente einer Geschichte 23
   2.4 Core Story 29
   2.5 Unternehmensidentität und Selbstbild 35
   2.6 Die Gründungsgeschichte aus PR-Perspektive 36
   2.7 Zusammenfassung 38

3 **Die Erzählung in der Literaturwissenschaft** 43
   3.1 Narrativität und Ereignis 43
   3.2 Handlung und Darstellung 47
   3.3 Semantische Felder und die Grenzüberschreitung 51
   3.4 Nutzwert für die Public Relations 53
   3.5 Zusammenfassung 54

4 **Der Text und die Textsorte in der Textlinguistik** 57
   4.1 Definition des Textes 57
   4.2 Die Mehrebenenanalyse von Textsorten 63
      4.2.1 Situationalität 64
      4.2.2 Funktionalität 65
      4.2.3 Themenentfaltung 68
      4.2.4 Formulierungsadäquatheit 70

	4.3 Unternehmensgeschichte: Das Untersuchungsmodell 73	
	4.4 Zusammenfassung 75	
5	**Analyse von Texten zur Unternehmensgeschichte** 79	
	5.1 Überblick und Untersuchungskorpus 79	
	5.2 Textlinguistische Analyse der Unternehmensgeschichte 81	
	5.2.1 Digital strukturiert: Der Kontext 81	
	5.2.2 Text und Bild: Die Textrealisierung 92	
	5.2.3 Narration vs. Argumentation: Die Themenentfaltung 98	
	5.2.4 Unternehmenshistorie: Die sprachlichen Merkmale 114	
	5.2.5 Information oder Appell: Die Textfunktion 124	
	5.3 Zusammenfassung 131	
6	**Narrative Typen der Unternehmensgeschichte** 135	
	6.1 Die Gründerstory 136	
	6.1.1 Inhaltliche Merkmale der Gründerstory 136	
	6.1.2 Funktionale und sprachliche Merkmale der Gründerstory 140	
	6.1.3 Steckbrief der Gründerstory 141	
	6.2 Meilensteine des Unternehmenserfolgs 141	
	6.2.1 Inhaltliche Merkmale des Typs Meilensteine 141	
	6.2.2 Funktionale und sprachliche Merkmale des Typs Meilensteine 144	
	6.2.3 Steckbrief des Typs Meilensteine 146	
	6.3 Das Ergebnisprotokoll der Unternehmensgeschichte 147	
	6.3.1 Inhaltliche Merkmale des Ergebnisprotokolls 147	
	6.3.2 Funktionale und sprachliche Merkmale des Ergebnisprotokolls 148	
	6.3.3 Steckbrief des Ergebnisprotokolls 151	
	6.4 Zusammenfassung 151	
7	**Frames in der Unternehmensgeschichte** 153	
	7.1 Forschungsstand Framing 153	
	7.2 Narrativer Frame „Vom Tellerwäscher zum Millionär" 157	
	7.3 Zusammenfassung 160	
8	**Fazit** 163	
9	**Anhang** 167	

Verzeichnis der Abbildung und Tabellen

Abbildungen

Abb. 1	Nachricht versus narrative Reportage	14
Abb. 2	Prozessmodell des Corporate Storytellings	22
Abb. 3	Die fünf Bausteine einer guten Geschichte	26
Abb. 4	Elemente von Stories in der Organisationskommunikation	28
Abb. 5	The Brand Tree	31
Abb. 6	Dimensionen eines Textes	61
Abb. 7	Analysemodell für die organisatorische Basiserzählung	73
Abb. 8	Die Situationalität von Texten	82
Abb. 9	Textrealisierung der Unternehmensgeschichte von Deutsche Post DHL Group als animierter Zeitstrahl	95
Abb. 10	Darstellung der Unternehmenshistorie der Volkswagen AG	98
Abb. 11	Narratives Vertextungsmuster	102
Abb. 12	Textfunktionen und Textsorten der Public Relations	125

Tabellen

Tab. 1	Das Züricher Textbeschreibungsmodell	71
Tab. 2	Varianten der Corporate Website	85
Tab. 3	Textsortenzuordnung der Unternehmensgeschichte auf der Corporate Website	89
Tab. 4	Einordnung der Unternehmensgeschichte in Kommunikationsbedingungen mit Einfluss auf Medium und Konzeption	91
Tab. 5	Ergebnis- und ereignisorientierte Vertextungsmuster im Vergleich	101

Tab. 6	Die Grundkategorien der narrativen Vertextung am Beispiel adidas	113
Tab. 7	Stilzüge der Texte zur Unternehmensgeschichte	122
Tab. 8	Funktionalität und Themenentfaltung der Typen der Unternehmensgeschichte	136

Einführung in das Thema 1

Die vorliegende Publikation nähert sich dem Thema „Storytelling in der Unternehmenskommunikation" aus wissenschaftlicher Perspektive auf der Ebene des Textes. Die textlinguistische Untersuchung der Unternehmensgeschichte der Dax30-Unternehmen basiert auf einer Analyse der textinternen und -externen Faktoren. Zunächst gewährt der Blick in die aktuelle praxisbezogene Beschäftigung mit dem Storytelling einen aktuellen Status Quo der Ziele, Einsatzbereiche und Verwendungszwecke der Methodik in der PR-Praxis. Die Basis für die Untersuchung liefern die theoretischen Ansätze, Modelle und Begriffe der literaturwissenschaftlichen Erzähltheorie, der Textlinguistik und des Framing-Ansatzes. Das Ziel, das sich aus dieser interdisziplinären Betrachtung ergibt, ist eine ganzheitliche wissenschaftliche Analyse der Texte nach ihren Themen und Inhalten (Was?) und ihrer Darstellung und Textgestalt (Wie?). Das Ergebnis ist die Identifikation und Beschreibung von Erzähltypen der Unternehmensgeschichte, die aus der Textanalyse ermittelt werden konnten. Das Untersuchungsmodell kann zudem als Analyseraster für die Beschäftigung mit diversen Textsorten der Unternehmenskommunikation dienen.

1.1 Storytelling als Trendthema

Der Begriff „Storytelling" ist Schlagwort und Trendthema in der PR-Praxis. Insbesondere in den Bereichen Corporate und HR Communication werden Texte in Form von Geschichten produziert, um die Unternehmensentwicklung, die Unternehmenswerte und -kultur darzustellen. Die Gründe hierfür liegen in den veränderten Rahmenbedingungen, in denen sich die Unternehmen heute bewegen. Der gestiegene Wettbewerbsdruck und der Kampf um die Aufmerksamkeit von Kunden und Konsumenten, die immer stärker auch die Hintergründe eines produzierenden Unternehmens oder Anbieters einer Dienstleistung kennen möchten, erfordern eine

Positionierung als sympathische Organisation. Die gestiegene Aufmerksamkeit für Themen wie Nachhaltigkeit und soziales Engagement sind in diesem Zusammenhang Ausdruck der hohen Relevanz einer öffentlichkeitswirksamen Präsentation auch der Hintergründe des Unternehmens – dies ist eine Aufgabe der Corporate Communication. Zudem stellen die demographische Entwicklung und die damit einhergehende Verknappung qualifizierter Arbeitskräfte auf dem Arbeitsmarkt viele Unternehmen vor die Aufgabe, sich im Sinne des Employer Brandings als guter Arbeitgeber, als Arbeitgebermarke, zu positionieren, um hochqualifizierte Professionals und junge Nachwuchskräfte für das Unternehmen zu gewinnen. Die Begeisterung und Beschäftigung mit der Technik des Storytellings ist somit nicht verwunderlich. Geschichten bleiben im Kopf und sprechen Menschen auf einer emotionalen Ebene an. Sie verbinden in einzigartiger Weise verschiedene Ziele der Unternehmenskommunikation: Komplexe Inhalte können durch eine bildhafte Darstellung vereinfacht werden, eine Aktivierung der Zielgruppen durch einen hohen Grad der Involvierung ist möglich und die Inhalte werden besser erinnert. Die Anzahl der Publikationen rund um das Thema Storytelling ist in den vergangenen Jahren stark angestiegen. In der Regel finden sich jedoch praxisnahe Ratgeber über die Technik des Storytellings, jedoch wenige systematisierende Kategorisierungen oder Analysen. Auch eine akzeptierte Definition, die sich auf Texte in der Unternehmenskommunikation bezieht und dabei textlinguistische Kategorisierungen berücksichtigt, liegt derzeit noch nicht vor. Zudem scheint die Technik des Storytellings, mit der sich eine Vielzahl von praxisnahen Publikationen befasst, in empirischen Untersuchungen weniger belegbar als gedacht (vgl. Ettl-Huber 2014, S. 9f). Darüber hinaus kann eine bereits bestehende Literaturbasis zur literaturwissenschaftlichen Narratologie über das Wesen von Geschichten Auskunft geben. Aber der direkte Bezug bzw. Erkenntnisgewinn für den Einsatz in der Unternehmenskommunikation wird nur selten thematisiert. Vermutlich setzen diese Modelle einen zu starken Schwerpunkt auf literarische Texte, weswegen sie in der Kommunikationswissenschaft und PR-Forschung nicht angewendet werden. In der Praxis besitzt das Thema eine hohe Relevanz. Das zeigt sich an der vielfältigen Ratgeberliteratur, die in den letzten Jahren zum Thema Storytelling erschienen ist und sich auf alle kommunikativen Disziplinen erstreckt. Viele PR- und Kommunikationsagenturen preisen Storytelling für Unternehmen und Marken nicht nur als Teil ihres Leistungsportfolios an, sondern veranstalten auch Workshops mit ihren Kunden zum Thema. Darüber hinaus ist das Thema Storytelling auch für akademische Abschlussarbeiten sehr interessant. Studierende beschäftigen sich daher mit den Geschichten in der Unternehmenskommunikation auf diversen Ebenen und mit unterschiedlichen Themenbezügen.

1.2 Grundunterscheidung zwischen Inhalt und Darstellung

Die Methode des Storytellings in der Unternehmenskommunikation basiert auf der Idee, mit packenden und spannenden Geschichten bestimmte Kommunikationsbotschaften an den Rezipienten zu vermitteln. Dazu braucht es, folgt man der einschlägigen Praxisliteratur, einen Set von Bausteinen, die in einer Geschichte verarbeitet werden müssen. Dazu zählen die Handlung, der Handelnde als Held, ggf. ein Gegenspieler, eine Bühne und in der Regel ein Konflikt oder eine Herausforderung, die der Held am Ende meistert. Es geht also um einen Verlauf, ein Ereignis, bei dem es eine Anfangs- und eine Endsituation gibt. Dazwischen spielt sich die Handlung ab, der sogenannte Plot. Wie McKee zu den Prinzipien des Drehbuchschreibens konstatiert:

> „Ein Story-Ereignis schafft eine bedeutsame Veränderung der Lebenssituation einer Figur, die in Begriffen eines Wertes ausgedrückt und erfahren wird. [...] Story-Werte sind die universalen Eigenschaften menschlicher Erfahrung, die sich von einem Augenblick zum nächsten von Positiv zu Negativ oder von Negativ zu Positiv verschieben können." (McKee 2006, S. 43)

Es geht demnach um binäre Eigenschaften von Erfahrung, die auch moralisch und wertgeladen sein können. Da eine wesentliche Aufgabe der Unternehmenskommunikation in der Vermittlung von Werten und Deutungsmustern besteht, liegt die Faszination, die von dieser Methodik und ihrer zugeschriebenen Wirkungen auf die Rezipienten ausgeht, auf der Hand.

Viele Ratgeberbücher beschäftigen sich nun damit, wie man im Unternehmen solche Geschichten identifizieren kann, bzw. die Erzählungen anhand einer bedeutungsvollen Struktur aufbauen kann. Ein sehr bekanntes und häufig zitiertes Beispiel ist die Geschichte der sogenannten Bertha Benz-Fahrt. Kurz zusammengefasst beschreibt diese Geschichte, wie die Ehefrau des Daimler Benz-Gründers Carl Benz im Jahr 1888 ohne das Wissen ihres Mannes mit ihren beiden Söhnen mit dem neu entwickelten und allerorts skeptisch betrachteten Automobils eine Fahrt von Mannheim nach Pforzheim unternahm. Auf dieser Fahrt, die als erste Langstreckenfahrt in die Historie des Automobils einging, mussten sie diverse Herausforderungen meistern. Dies gelang aufgrund des großen Einfallsreichtums von Bertha Benz. So besorgte sie sich Treibstoff einer Apotheke, machte die Benzinleitung mit ihrer Hutnadel frei und reparierte die Zündung mit ihrem Strumpfband. Eine Geschichte, die sich für ein Unternehmen wie Daimler Benz hervorragend eignet, die Werte des Unternehmens zu kommunizieren. Die Innovationskraft von Bertha Benz, die eingefahrene Wege verließ und somit zu einer Wegbereiterin der Automobilentwicklung wurde, steht sinnbildlich für die Einstellung, die das Unternehmen und seine Mitarbeiter repräsentieren sollen. Die Geschichte hat eine Heldin, die gegen die Skepsis der Bevölkerung gegenüber der Erfindung ihres Mannes ankämpft. Sie trifft eine mutige Entscheidung, überwindet somit eine Grenze und nimmt auf der Fahrt verschiedene Hindernisse und Hürden. Somit ist die Geschichte von Bertha Benz das prototypische Beispiel einer Unternehmensgeschichte, die aufgrund der Kraft ihrer Handlung überzeugt und auf moralische Ausführungen oder Deutungen komplett verzichten kann. Die Bertha Benz-Fahrt ist somit ein ausgezeichnetes Beispiel, die „Zutaten" einer Geschichte zu verdeutlichen, die sich für die Unternehmenskommunikation eignet.

Wir befinden uns hier auf der inhaltlichen Ebene der Beschreibung von Geschichten. Für das wirksame Storytelling als Methode oder narrative Vertextung im Allgemeinen spielt jedoch die Ebene der Darstellung der Geschichte eine ebenso wichtige Rolle. Man könnte ebenfalls sagen, es ist die Unterscheidung zwischen Inhalt und Form, der Handlung und ihrer Vertextung. Auf der zweiten Ebene spielen nämlich die inhaltlichen Aspekte nur eine untergeordnete Rolle. Es geht nicht darum, WAS erzählt wird, sondern WIE es erzählt wird. Kurz gesagt: Ein Ereignis kann auf sehr verschiedene Arten erzählt werden, auch wenn es auf dem gleichen Inhalt beruht. Ein Autounfall kann beispielsweise von einem Augenzeugen berichtet, einem Polizeibeamten protokolliert oder von einem Betroffenen lebhaft erzählt werden. Um auf das Beispiel der Fahrt von Bertha Benz zurück zu kommen, betrachten wir zunächst das Vertextungsmuster, welches das Unternehmen kommuniziert. Auf der Corporate Website von Daimler wird diese Geschichte gewürdigt. Sie ist zu finden in den Unterrubriken „Unternehmen / Tradition / Gründer & Wegbereiter".

Variante 1

„Gründer und Wegbereiter
Bertha Benz (geb. Cäcilie Bertha Ringer)

Bertha Benz hat an der Entwicklung des Automobils entscheidenden Anteil. Sie unterstützt ihren Mann Carl Benz nach Kräften und glaubt wie er fest an die Zukunft des Automobils.
In den wirtschaftlich kritischen Anfangsjahren versetzt sie ihre Mitgift zur Rettung der ersten Firma und tritt den Zweiflern ihres Mannes immer wieder entschieden entgegen. Denn das neue Fortbewegungsmittel zum Personen- und Warentransport stößt größtenteils auf tiefe Skepsis. Dieses borniertes Verhalten der meisten Zeitgenossen führt schließlich im August 1888 zu einer folgenschweren Entscheidung.
Weltweit erste Fernfahrt mit einem Automobil

1.2 Grundunterscheidung zwischen Inhalt und Darstellung

> *Bertha Benz will und kann nicht länger mit ansehen, wie ihr Gatte unter der Verweigerungshaltung der Bevölkerung leidet und macht sich kurzerhand ohne sein Wissen mit Motorwagen und Nachwuchs auf in Richtung Pforzheim. Dort kommt sie auch tatsächlich mit ihren Söhnen Eugen und Richard an. Die Randbedingungen dieser weltweit ersten Fernfahrt mit einem Automobil – etwa der Benzinnachschub aus der Apotheke – sind legendär und fest in den Annalen der Automobilgeschichte verankert. Bertha Benz und Ihre Söhne haben somit entscheidenden Anteil an dem folgenden Siegeszug des benzinbetriebenen Automobils."*
>
> Quelle: http://www.daimler.com

In der Textvariante 1 erzählt das Unternehmen in einem kurzen Text die Umstände der Fahrt nach Pforzheim und fokussiert besonders die historische Bedeutung dieser „weltweit ersten Fernfahrt mit einem Automobil". Würde man die Hintergründe der Geschichte nicht kennen, würde die Darstellung der Leistung von Bertha Benz nicht vollumfänglich gerecht, da hier der Verlauf der Fahrt, also der wesentliche Plot nicht erzählt, sondern lediglich angedeutet wird. In den Kommunikationsunterlagen von Daimler findet sich mit Sicherheit eine ausführlichere Auseinandersetzung mit der Thematik, aber auf der Website ist die textliche Darstellung eher eine Beschreibung, die der Leser vielleicht gar nicht als Geschichte wahrnimmt.

Auf der Website eines Automobilmuseums findet sich das gleiche Ereignis in einer komplett anderen Vertextungsform, indem nämlich ein Zitat von Bertha Benz selbst zu ihrer Fahrt online gestellt ist.

Variante 2

> *„Bertha Benz erzählt:*
> *Ich bin aus Pforzheim und meine Mutter war eine begeisterte Anhängerin von unserem Wagen. Als unsere Söhne Richard und Eugen in den Sommerferien 1888 ankamen, sie wollten mit dem Wagen eine Reise machen, dachte ich, das würde meiner Mutter eine große Freude bereiten, wenn wir sie besuchen. Aber Carl hätte das nie erlaubt. Und so haben die beiden 13- und 15jährigen Buben und ich eine richtige Verschwörung angezettelt: Früh am Morgen sind wir losgefahren, so daß wir schon stundenweit waren bis der Papa aufwachte. Ligroin, so nannte man damals das Benzin, hatten wir als Reserve dabei. In Wiesloch mußten wir etwas nachtanken. Das Ligroin besorgten wir uns in der Apotheke. Ab da gab es Schwierigkeiten, denn wir hatten für die Steigungen keinen kleinen Gang. Da haben Richard und ich öfter schieben müssen. Und bergab hatte ich Angst, da wir nur sehr einfache Bremsen hatten. Unterwegs hatten wir ausgiebig Rast*

> *gemacht, denn ich wollte so schmutzig wie wir geworden waren nicht bei Helligkeit in Pforzheim ankommen.*
> *Zwei schlimme Pannen hat es auf der Fahrt gegeben: Das eine Mal war die Benzinleitung verstopft – da hat meine Hutnadel geholfen. Das andere Mal war die Zündung entzwei. Das habe ich mit meinem Strumpfband repariert. So habe ich als erste gezeigt, daß dem „Papa" sein Automobil auch für weite Strecken gut ist. Und auf meinem Vorschlag hat er dann noch einen dritten Gang eingebaut für die Bergfahrten. Und den haben heute alle Autos auf der Welt – da bin ich sehr stolz darauf! Und als wir dann ankamen, da war meine Mutter verreist. Da haben wir dann erst mal ein Telegramm an Papa geschickt, daß wir in Pforzheim waren. Ganz Pforzheim war Kopf gestanden und alle Verwandten wollten mal fahren. Da hat der Eugen einen Fahrdienst eingerichtet, daß jeder in den drei Tagen, die wir da blieben, mal dran kam.*
> *„Benzine" haben die Leute unseren Wagen damals genannt. Die Bauern sagten „Hexenkarren" dazu und bewarfen uns mit Steinen oder schlugen mit Peitschen nach uns wenn wir übers Land fuhren. Wie oft ist der Richard unterwegs abgestiegen wenn uns ein Pferdefuhrwerk entgegenkam und hat den Motor abgestellt und geholfen, das scheue Tier am Auto vorbeizuführen. Und was haben wir für aufgeschreckte Hunde und Hühner bezahlen müssen...*
> *Am Ende waren wir aber froh, daß wir wieder wohlbehalten in Mannheim angekommen sind."*
> Quelle: http://bertha-benz-fahrt.de/7/GESCHICHTE.html

Die gleiche Geschichte entfaltet durch den direkten Bezug aus der Perspektive des Erzählers eine ganz andere Wirkung. Ohne im Einzelnen auf die narrative Themenentfaltung in diesem Text einzugehen, wird deutlich, dass hier eher der Ereignisverlauf und weniger das Ergebnis wichtig ist. Das Beispiel macht an dieser Stelle deutlich, dass für eine gute Geschichte im Sinne von Storytelling neben den inhaltlichen Kriterien auch die Textebene eine ganz entscheidende Rolle spielt.

Bei der bisherigen Beurteilung von Texten in Bezug auf das Storytelling und in der Beschäftigung mit diesem Trend, ist die Text-Ebene im Vergleich zur Inhaltsebene eher vernachlässigt worden. Das vorliegende Buch ist daher kein weiteres Ratgeberbuch, das anleitet, wie man die Inhalte im Unternehmen identifiziert, die sich für Geschichten eignen. Die Ebene der Darstellung und Vertextung von Geschichten steht hingegen im Zentrum der theoretischen Auseinandersetzung und der textlinguistischen Untersuchung von Texten zur Unternehmenshistorie.

1.3 Theoretische Perspektiven und textlinguistische Untersuchung

Die vorliegende Publikation geht von dem Praxisblick auf Storytelling aus und erweitert die Beschäftigung mit dem Trend um eine literaturwissenschaftliche Perspektive und eine textlinguistische Untersuchung mit Schnittstellen zum Framing-Ansatz. Dieses Buch gliedert sich in fünf Teile. Im ersten Teil wird der Trend des Storytellings aus der Praxisperspektive beleuchtet. Die Texte der Unternehmenskommunikation unterliegen bestimmten Zielsetzungen und sind eingebettet in Vorgaben der Corporate Identity von Unternehmen. Daher ist ein Blick auf die spezifischen Bedingungen im Unternehmen als Einstieg sinnvoll. Die Bedeutung der Core Story, also der organisatorischen Basisgeschichte wird noch einmal ausführlich vorgestellt. Im zweiten Teil werden aus literaturwissenschaftlicher Perspektive Erkenntnisse und Modelle der Erzähltheorie skizziert. Unter der Prämisse der Nutzbarkeit können Begriffe aus der Literaturwissenschaft auch für die Beschäftigung mit den Texten zur Unternehmensgeschichte hilfreich sein. Im dritten Teil steht die textlinguistische Analyse im Fokus. Auf der Basis eines Textbeschreibungsmodells, das für die Untersuchung der Texte zur Unternehmensgeschichte der Dax30-Unternehmen entwickelt wurde, werden die Textexemplare untersucht – mit einem besonderen Schwerpunkt auf der Art der Themenentfaltung.

Bei der Erzählung müssten im textlinguistischen Sinne narrative Vertextungsmuster zum Einsatz kommen, die sich sprachlich nachweisen lassen. Um die Forschungsfrage zu klären, ob in den Texten zur Selbstdarstellung von Unternehmen und ihrer Historie wirklich narrative Vertextungsmuster im klassischen Sinne zugrunde liegen, werden Analysekriterien der Textlinguistik heran gezogen. Textmuster können unter funktionalem Aspekt als Modelle zur Lösung spezifischer kommunikativer Aufgaben gelten (Heinemann und Heinemann 2002, S. 134). In der Textlinguistik besteht Einigkeit darin, dass vier Basis-Ebenen oder Dimensionen für die Untersuchung von Texten und Textmustern zentral sind: Funktionalität, Situationalität, Thematizität und Formulierungsadäquatheit. Das Mehr-Ebenen-Modells nach Heinemann und Heinemann bildet den Rahmen für die Untersuchung der Vertextungsstrategien der Unternehmen bezogen auf ihre Selbstdarstellung. Texte erfüllen eine spezifische Funktion, sie sind in bestimmte kommunikative Situationen eingebunden, sind durch eine Textstrukturierung oder Vertextungsmuster geprägt und nutzen dementsprechend unterschiedliche Formulierungsmaxime für die Lösung der Kommunikationsaufgabe. Das für Geschichten typische Vertextungsmuster ist die Narration. Nach dem klassischen Modell von Labov und Waletzky wird Erzählen definiert als „verbale Technik der Erfahrensrekapitulation (…), im Besonderen als die Technik der Konstruktion narrativer Einheiten, die der temporalen Abfolge der entsprechenden Erfahrungen entsprechen" (Labov und Waletzky 1973, S. 79). Eine Geschichte gliedert sich demnach in fünf Kategorien: die Orientierung, Komplikation, Evaluation, Resolution und Coda. Brinker modifiziert die Kategorien, indem er drei thematische Grundkategorien vorschlägt: Situierung, Repräsentation und Resümee. (Brinker 2014 S. 71 ff). Anhand dieser Grundkategorien, die sich jeweils noch weiter aufsplitten lassen, kann die Themenentfaltung von Texten unter Bezugnahme der Analyse von Situation, Funktion und Formulierungen der Texte untersucht werden.

Die Analyse ausgewählter Texte widmet sich auch der Frage, was inhaltlich thematisiert wird. Welche Textinhalte werden demnach in den spezifischen Texten der Unternehmenskommunikation thematisiert? Lassen sich beispielsweise die Core Story des Unternehmens identifizieren?

Ziel der Untersuchung und somit der vierte Teil soll die Entwicklung von Erzähltypen sein auf der Basis von textlinguistischen, aber auch inhaltlichen Kriterien. Die Typenbildung fußt auf der Frage, was inhaltlich thematisiert wird. Das Thema ist der „Kern des Textinhalts, wobei der Terminus Textinhalt den auf einen oder mehrere Gegenstände (d. h. Personen, Sachverhalte, Ereignisse, Handlungen usw.) bezogenen Gedankengang eines Textes bezeichnet" (Brinker 2014). Welche Textinhalte werden demnach in den spezifischen Texten der Unternehmenskommunikation thematisiert? Lassen sich beispielsweise die Core Story des Unternehmens identifizieren? Und welche prototypischen Erzählmuster lassen sich unterscheiden? Der fünfte und abschließende Teil stellt Querverbindungen zum medienwissenschaftlichen Ansatz des Framings her, da in den Texten prototypischen Deutungsmuster identifiziert werden konnten. Hier liefert die Framing-Theorie interessante Anknüpfungspunkte.

Der Untersuchungsgegenstand der Analyse ist ein Korpus von Texten der Corporate Websites aller Dax30-Unternehmen, die im Bereich der Unternehmensgeschichte veröffentlicht wurden. Methoden des Storytellings werden in den Unternehmen häufig auch in der internen Kommunikation und somit auch in hausinternen Medien verwendet. Diese bleiben in der vorliegenden Untersuchung ausgeklammert, sie widmet sich vielmehr der Suche nach der sogenannten „Core Story", der organisatorischen Basisgeschichte.

Der Nutzen der Untersuchung für die Public Relations liegt in der Entwicklung eines Kategorisierungsschemas, das eine bessere Reflexion von Vertextungsmustern und Erzähltypen erlaubt. Für die Beschäftigung damit, ob und wie der Einsatz von Geschichten für das Unternehmen sinnvoll ist, kann die Betrachtung mit literaturwissenschaftlichen und textlinguistischen Beschreibungsmerkmalen wertvolle Hinweise auf Themenentfaltung und Formulierungsanregungen geben – auch für die Autoren von Geschichten.

1.3 Theoretische Perspektiven und textlinguistische Untersuchung

Zusammenfassend können demnach die Antworten auf nachfolgende Fragestellungen den Erkenntnisgewinn der Arbeit beschreiben:

1. Wie wird die Technik des Storytellings in der Unternehmenskommunikation eingesetzt?
2. Welche kontextuellen und medialen Faktoren wirken sich auf die Texte der Unternehmensgeschichte aus?
3. Welche Vertextungsmuster und Arten der Themenentfaltung spielen bei der Unternehmensgeschichte eine Rolle – insbesondere: Wie hoch ist der narrative Anteil?
4. Welchen Einfluss haben die Textrealisierung und die Text-Bild-Relation auf den Text?
5. Welche sprachlichen Merkmale weisen die Texte zur Unternehmensgeschichte auf und was bedeutet das für die Textfunktion?
6. Lassen sich erzähltheoretische Begriffe und Modelle auf die Textanalyse der Unternehmensgeschichte anwenden? Handelt es sich bei den Texten um Geschichten im erzähltheoretischen Sinne?
7. Welche narrativen Muster und Erzähltypen lassen sich identifizieren, differenzieren und beschreiben?

Als übergeordneten Erkenntnisgewinn liefert die Untersuchung Antworten auf die Frage, ob die Unternehmen ihre Historie im Sinne einer Geschichte nutzen, um die Core Story zu kommunizieren und Werte und Kommunikationsbotschaften in narrativer Form zu vermitteln. Die Analyse liefert Belege dafür, ob und inwiefern dies bereits umgesetzt wird oder warum es hier noch Nachholbedarf gibt.

Storytelling in der PR-Praxis 2

Beim Storytelling handelt es sich weder um einen wissenschaftlichen Terminus noch um einen klar umrissenen und einheitlich definierten Begriff. Grundsätzlich bezeichnet Storytelling „Konstruktionsformen auf der narrativen Ebene öffentlicher Kommunikation' (Szyszka 2008, S. 620). In ganz unterschiedlichen kommunikativen Disziplinen spricht man von dem Trend des Storytellings, ohne dass eine einheitliche Linie erkennbar ist. In einem Unternehmen kommen in ganz unterschiedlichen Bereichen Geschichten zum Einsatz. Im folgenden Kapitel wird sich dem Begriff aus der Praxisperspektive genähert und Definitionen, Einsatzbereiche und Ziele dargestellt. Der Bezug zur Corporate Identity und die Bedeutung der organisatorischen Basiserzählung, der sogenannten Core Story, spielen dabei eine besondere Rolle.

2.1 Begriffsdefinition Storytelling

Von Storytelling ist die Rede, wenn Geschichten bewusst eingesetzt werden, um bestimmte kommunikative Unternehmensziele zu erreichen. Ettl-Huber unterstreicht die Bedeutung der Faktoren Zielgerichtetheit, Zielgruppenorientierung und Inszenierung im weitesten Sinne, wenn es darum geht, gezieltes Storytelling zu identifizieren:

> „So können vereinzelt Stories in der Organisationskommunikation auftauchen, fehlt allerdings das strategische Element, ist der Umstand des Storytellings nicht unbedingt erfüllt." (Ettl-Huber 2014, S. 18)

Das heißt, dass in einem Unternehmen durchaus Geschichten existieren können, die aber nicht im Rahmen einer strategischen, zielgerichteten Kommunikation verwendet werden. Dann lässt sich jedoch nicht von Storytelling im Sinne der Unternehmenskommunikation sprechen. Eine verkürzte Arbeitsdefinition ist daher: Storytelling ist der strategische Einsatz von Geschichten in der Unternehmenskommunikation zur Erreichung definierter kommunikativer Unternehmensziele.

In der Unternehmenskommunikation werden Geschichten häufig nicht aus einer Erzählperspektive heraus mündlich übermittelt, sondern in der externen Schriftkommunikation eingesetzt. Das kann in verschiedensten Formaten geschehen, die in der Unternehmenskommunikation zum Einsatz kommen. Im Wesentlichen spielen bei der Inszenierung von Geschichten die Kernbotschaften oder Werte des Unternehmens eine Rolle. Herbst fasst demfolgend Storytelling als Instrument zur Vermittlung von PR Schlüsselinformationen über das Unternehmen in erzählerischer Form auf. (Herbst 2011, S. 30)

In verschiedenen Definitionen, die sich teils auch auf unterschiedliche kommunikative Bereiche, z. B. Interne Kommunikation, Markenkommunikation etc. beziehen sind verschiedene zusätzliche Aspekte integriert. Bei Frenzel et. al. werden die Langfristigkeit und Systematik zusätzlich in den Blick genommen. Storytelling in der PR bedeutet, „den internen und externen Bezugsgruppen Fakten über das Unternehmen gezielt, systematisch geplant und langfristig in Form von Geschichten zu erzählen." (Frenzel et.al. 2006, S. 3)

Hillmann fokussiert hingegen die zusätzlich die Wirkung von Geschichten, die der Technik des Storytellings zugrunde liegen muss:

> „Storytelling ist eine Methode, die systematisch geplant und langfristig angelegt Fakten über ein Unternehmen in Form von authentischen, emotionalen Geschichten vermittelt, die bei den wichtigen internen und externen Bezugsgruppen nachhaltig in positiver Erinnerung bleibt" (Hillmann, 2011, S. 63f). Darin schwingt auch ein gewisser Wirkungsgrad mit, der für eine Identifizierung von Storytelling empirisch schwer fassbar und zu weitgreifend ist. Geschichten lassen sich mittels der Wirkebene beschreiben. Die Kernbotschaft, die eine Geschichte transportiert, wird in der Regel implizit vermitteln und nicht explizit erklärt. Sie kann mehrere Aussageebenen beinhalten und unterschiedliche Bedeutungen bekommen – je nach Kontext (vgl. Huck-Sandhu 2014, S. 661).

Der vielfach zitierte strategische Aspekt lässt sich nach Mangold auf die Handlung beziehen. Die Auswahl des Motivs, der Stationen des Geschehens und des Ereignisses der Geschichte erfolgt strategisch unter der Bewertung, welches am besten zum Unternehmen passt. Davon zu unterscheiden ist die Darstellung. Hier geht es um den Einsatz der Erkenntnisse der Erzählforschung. (Mangold 2002, S. 14)

Zusammenfassend lässt sich eine Storytelling-Strategie demnach beschreiben als die gesamte Organisation auf der Basis der Grundfeste der Organisationsphilosophie und -kultur:

2.1 Begriffsdefinition Storytelling

„Der Schritt zur Strategie vollzieht sich meist anhand der Frage, welche Geschichten erzählt werden. Diese Einigung auf Kerngeschichten wirkt auf das Tun der Organisation, sobald Geschichten aufgenommen und weiter getragen werden." (Ettl-Huber 2014, S. 19) In Unternehmen lassen sich verschiedene Stufen identifizieren, in wieweit die Organisation mit der Integration von Storytelling voran geschritten ist. Ettl-Huber bezeichnet sie als Typen von Storytelling-Organisationen, die wie folgt beschrieben werden (Ettl-Huber 2014, S. 20):

a. Unbewusstes Storytelling: Geschichten kursieren im Unternehmen, werden aber nicht bewusst für die Kommunikation eingesetzt.
b. Pragmatisches Storytelling: Es gibt ein Grundwissen, jedoch werden Geschichten nur sporadisch eingesetzt.
c. Nischen-Storytelling: In bestimmten Maßnahmen oder Instrumenten kommt Storytelling zum Einsatz, andere Bereiche bleiben davon unberührt.
d. Cross-Channel-Storytelling: Storytelling wird zum Prinzip der Organisationskommunikation, die Auswahl und Entwicklung der Geschichten steht im Zentrum.
e. Umfassendes strategisches Storytelling: Die Arbeit mit Stories geht über eine Sender-Empfänger-Perspektive hinaus und wird strategisch in vielen Bereich eingesetzt. Geschichten sind Spiegel wie auch Ressource für Botschaften.

Beim unbewussten und pragmatischen Storytelling kann man den Einsatz als Technik bezeichnen, während das Nischen-Storytelling es als Instrument einsetzt. Erst in den beiden letzten Typen handelt es sich um einen strategischen Kommunikationsbestandteil.

Der Ursprung der Beschäftigung mit diesem Konzept in der Kommunikation ist sicherlich der Journalismus, der narrative Textsorten und Erzählformen zur Vermittlung von Informationen routiniert nutzt. In der Alltagssprache ist der Begriff der „guten Story", als Bezeichnung einer für die Leser interessanten journalistischen Geschichte keine Neuheit. In verschiedenen Textsorten des Journalismus, wie der Reportage oder dem Feature sind narrative Vertextungsmuster gängige Praxis. Die Abb. 1 zeigt eine Gegenüberstellung des Aufbaus einer Nachricht und einer Reportage.

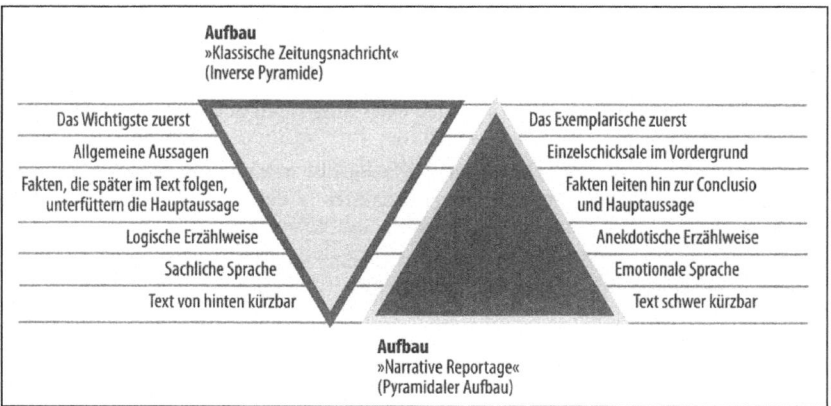

Abb. 1 Nachricht versus narrative Reportage
Quelle: Sammer 2014, S. 108

Das Interesse an der Nutzung von Geschichten für die Kommunikation von Unternehmen ist in den vergangenen Jahren stark gestiegen. Es bezieht sich nicht nur auf die interne Kommunikation und das Wissensmanagement, sondern insbesondere auch auf die werbliche Kommunikation und die Public Relations. In der internen Kommunikation nutzen Geschichten einer Vermittlung der Einzigartigkeit des Unternehmens und erleichtern somit den Mitarbeitern die Identifikation mit der Organisation. In der klassischen Werbung lassen sich eine Vielzahl von Kampagnen als Beleg für den nahezu inflationären Einsatz von Geschichten heranziehen, in denen hauptsächlich die Kunden als Helden eine Rolle spielen, deren Kontakt oder Beziehung zu dem Produkt, der Marke oder dem Unternehmen emotional erzählt wird. Davon zu unterscheiden ist das Corporate Storytelling, was Krüger wie folgt definiert:

> „Von Corporate Story bzw. Corporate Storytelling ist immer dann die Rede, wenn es ich bei der fraglichen Story um eine Story eines Unternehmens oder über ein Unternehmen und dessen Akteure handelt." (Krüger 2015, S. 76)

Das Corporate Storytelling, das vielfach auch ein Resultat aus Corporate Identity-Prozessen ist, hat teilweise in der klassischen Unternehmenskommunikation einen hohen Professionalisierungsgrad erreicht, wird aber im Vergleich zu anderen Disziplinen noch nicht flächendeckend und strategisch übergreifend eingesetzt. Ansätze sind jedoch deutlich zu erkennen: Wenige Publikationen von Unternehmensseite

2.1 Begriffsdefinition Storytelling

kommen heute ohne zumindest am Rande erzählte, persönliche Geschichten aus. Die wachsende Wichtigkeit von Social Media in der Kommunikation kann mit Sicherheit als Treiber dieses Prozesses gesehen werden. Denn die Social Media Kommunikation, die um ein Vielfaches persönlicher aufgebaut ist, in der Regel einen direkten Bezug zum Autor eines Textes herstellt und auf einer dialogischen Textfunktion basiert, hat auch einen großen Einfluss auf die vornehmlich informationsgetriebene Kommunikation. Die neuen Kanäle wie Twitter, in denen sich heute oftmals bereits CEOs mitteilen und in dem Bereich der Corporate Blogs wird in einem hohen Maße mittels Geschichten versucht das Unternehmen oder die Marke erlebbar zu machen. Eine Inszenierung über Themen, Geschichten und Personen ist heute in nahezu jedem großen wie auch mittelständischen Unternehmen sichtbar.

Eine Meta-Definition, die verschiedene Teilaspekte bestehender Definitionen vereint, liefert Schmieja, der Storytelling als „als prozessuales Management von Geschichten über das Unternehmen und seine internen und externen Bezugsgruppen" definiert, wobei Erzählen und Zuhören untrennbar zusammen gehören. (Schmieja 2014, S. 39) Storytelling „kann einerseits strategisch als eine Art Manager-Disziplin zur Förderung der Qualität der Kommunikation in Unternehmen betrieben werden und andererseits operativ als Instrument respektive Methode in der Unternehmenskommunikation sowohl intern als auch extern eingesetzt werden, um komplexe Sachverhalte oder wichtige Botschaften besser verständlich zu machen." (ebd, S. 39)

Wenn in der Kommunikationswissenschaft von Storytelling die Rede ist, impliziert das eine bewusste und strategische Verwendung im Kontext der Unternehmenskommunikation. Narration als Konzept für den professionellen Einsatz in Unternehmen geht auf das Massachusetts Institute of Technology (MIT) zurück, das 1996 im Kontext des effizienten Wissensmanagements den Einsatz von Geschichten als geeignet erkannte. (Herbst 2014, S. 11) Mittlerweile ist die Technik des Storytellings in der Unternehmenskommunikation nicht nur zu einem bekannten Begriff geworden, sondern auch die Einsatzfelder, in denen von Organisationen bewusst und strategisch Geschichten erzählt werden, sehr vielfältig (vgl. Schmieja 2014, S. 43ff). Einer Studie von Erlach und Thier zufolge, eignet sich Narration in der Organisationskommunikation im Besonderen für interne Lern- und Veränderungsprozesse. Demnach kam es durch den Einsatz von „Storytelling zu Veränderungen der Wahrnehmung, der Akzeptanz, der Einstellung und des Verständnisses für bestimmte Prozesse, Problematiken oder Personengruppen, die in der Erfahrungsgeschichte beschrieben wurden." (Thier 2006, S. 42)

Um eine nutzbringende Differenzierung für die Beschäftigung mit Geschichten in der Unternehmenskommunikation vorzunehmen, muss die Doppeldeutigkeit des deutschen Begriffs der „Geschichte" in den Blick genommen werden, wie Sammer anschaulich ausführt. Während im angelsächsischen Sprachraum zwischen der „history" und der „story" unterschieden wird, gibt es im deutschen dafür nur einen Begriff, der gleichsam Vergangenes als auch Erzähltes umfasst:

„Geschichte beschreibt für uns den Rückblick auf die reale, historische Entwicklung der Menschheit oder einer bestimmten Zeitspanne in der Vergangenheit. „Eine Geschichte" ist für uns aber auch gleichbedeutend mit „Erzählung", der narrativen Form der Darstellung – dies sind Ereignisse aus der Vergangenheit, Gegenwart oder Zukunft, real oder auch fiktional." (Sammer 2014, S. 18). Für die vorliegende Untersuchung wird diese Unterscheidung zu einem späteren Zeitpunkt relevant, wenn es um die Zusammenstellung des Untersuchungskorpus geht. Unter dem Begriff der Unternehmensgeschichte sind vornehmlich die Texte summiert, die sich mit der historischen Entwicklung auseinander setzen. Es wird zu fragen sein, welchen Einfluss die eigentliche Core Story, die narrative Aufarbeitung der Insights des Unternehmens, in die Darstellung der Unternehmenshistorie hat oder ob sie sich vornehmlich an anderer Stelle in der Selbstdarstellungstexten der Unternehmen finden lässt. Der systematische Texterstellungsprozess im Unternehmen, der mit einer Textplattform arbeitet, hätte das Potential, die Historie mit der Basisgeschichte zusammen zu führen und die Legitimation des Unternehmens, sowie wesentliche Werte auch durch die Darstellung der Gründung und der weiteren historischen Entwicklung zu vermitteln. Stücheli-Herlach und Perrin sprechen in diesem Zusammenhang von Schreiben mit System:

„Schreiben mit System für die medienkonvergente PR ist immer ein Public Storytelling-Management: Laufend müssen Informationen über Akteure, Handlungen, Ereignisse, Perspektiven und Motive in einen sinnvollen Zusammenhang gebracht werden, der sowohl der Unternehmensidentität entspricht wie für das öffentliche Publikum fassbar ist. Wichtigstes Mittel dafür ist die Entwicklung narrativer Muster und ihrer argumentativen Legitimation." (Stücheli-Herlach und Perrin 2013, S. 35) Eine gute Story verbindet demnach Narration und Argumentation, die anschauliche Erzählung mit der globalen Begründung des Stellenwerts eines Unternehmens.

2.2 Einsatzbereiche und Ziele

In den Public Relations wurde über einen langen Zeitraum hinweg, die informationsbasierte Kommunikation, die auf der Basis von belegbaren Zahlen und Fakten rational und faktenorientiert funktionierte, in den Mittelpunkt gestellt. Eine derartige rationale Persuasion kann aber als intellektueller Prozess nur dann erfolgreich sein, wenn der Erzähler und der Rezipient die gleichen Interessen sowie das gleiche

2.2 Einsatzbereiche und Ziele

Wertesystem teilen und dem Thema die gleiche Aufmerksamkeit widmen. Die rationale Persuasion kann zudem nur wirken, wenn eine konzentrierte Rezeption voraus gesetzt wird. Das ist in heutigen Kommunikationsszenarien seltener der Fall, weswegen Geschichten an Relevanz gewinnen, wie Sammer ausführt:

> „Sobald wir jedoch auf Rezipienten stoßen, die unkonzentriert, kritisch, verschiedener Meinung, aber auch flüchtig oder gar uninteressiert sind – und dies ist meistens der Fall – dann stößt rationale Persuasion an ihre Grenzen. Schon lange hat die Persuasionsforschung nachgewiesen, dass emotionale Überzeugung durch Geschichten weit effizienter und erfolgreicher ist als die pure Aufzählung von Daten und Fakten." (Sammer 2014, S. 6)

Aufgrund dieser Veränderungen auf Rezipientenseite ist die informationsbasierte Denkhaltung seit einigen Jahren im Umschwung begriffen. Aber auch Erkenntnisse zur Arbeit des Gehirns aus der Neurowissenschaft tragen dazu bei. So fanden Neurowissenschaftler heraus, dass das menschliche Gehirn Informationen nicht nur einfach speichert und wieder abruft, sondern als dynamisches selbst organisiertes System funktioniert, das Informationen in Zusammenhängen und Mustern verarbeitet. (vgl. Herbst 2014, S. 24)

Gerade dem Geschichtenerzählen, dem Storytelling wird zugesprochen, eben diese unbewussten und emotional geprägten Muster aufzugreifen und Informationen somit „gehirngerecht" zu kommunizieren. Dem Storytelling werden bestimmte Wirkungen beim Rezipienten unterstellt, die sich positiv auf die Erreichung unternehmenskommunikativer Ziele auswirken. Besonders die Meinungsbildung spielt hierbei eine große Rolle. Narrative Texte wirken persuasiv, können also Meinungen und Einstellungen ändern. Die narrativ präsentierte Information wird als glaubwürdig eingeschätzt. Woher diese Information stammt, wird mit der Zeit vergessen. Vertrauen in eine Geschichte beruht auf den von Pennington und Hastie differenzierten drei Gewissheitsprinzipien: inhaltliche Vollständigkeit (Stimmigkeit mit der Faktenlage), Kohärenz (bestehend aus Konsistenz, formale Vollständigkeit und Plausibilität) und Einzigartigkeit (keine konkurrierenden Geschichten zur Erklärung desselben Sachverhalts). (Pennington und Hastie 1992)

Storytelling ist aus diversen Gründen für die Organisations- oder Unternehmenskommunikation von Bedeutung, da es verschiedene Ziele erreichen kann. Zum einen erleichtert es den Umgang mit Komplexität, da sich Zusammenhänge einfacher verstehen lassen. Die unterhaltende Komponente erhöht die Wahrscheinlichkeit, dass sich die Zielgruppen mit dem Thema beschäftigen wollen. Darüber hinaus wird der notwendige Aufmerksamkeitsaufwand geringer, was die Wahrscheinlichkeit der Verarbeitung von wesentlichen Botschaften erhöht. (Szyszka 2008, S. 620)

Das bedeutet, dass Inhalte durch die bildhafte Darstellung vereinfacht werden, Zielgruppen durch einen hohen Grad der Einbeziehung aktiviert und die Inhalte werden besser erinnert werden. Somit haben Geschichten das Potential z. B. auch Unternehmensentwicklungen sympathisch und nachvollziehbar darzustellen. Gutes Storytelling macht wichtige Informationen besser verständlich, unterstützt das Lernen und Mitdenken der Beteiligten nachhaltig, fördert die geistige Beteiligung und fügt somit der Kommunikation eine neue Qualität hinzu. Der Aufbau von Vertrauen in die Organisation kann durch Storytelling gestärkt werden.

Die verschiedenen möglichen Effekte des Storytellings im PR-Bereich können fasst Herbst folgendermaßen zusammen:

1. Es macht auf das Unternehmen aufmerksam.
2. Es informiert über das Unternehmen und dessen Zukunft.
3. Es löst bedeutende Gefühle aus in den internen und externen Bezugsgruppen.
4. Es sorgt dafür, dass die Bezugsgruppen das Unternehmen besser speichern und aus ihrem Gedächtnis leichter und schneller abrufen können. (Herbst 2014, S.11)

Dies alles führt dazu, dass Geschichten heute in Unternehmen in unterschiedlichen Bereichen eingesetzt werden, in der internen und der externen Kommunikation. Während Geschichten auf der individuellen Ebene persuasiv auf Meinungen und Einstellungen einwirken, bilden „Geschichten, die von den Mitgliedern der Organisation geteilt werden, […] die Basis für die gemeinsame soziale Identität, für die kollektive Sinnkonstruktion und für soziale Handlungsmuster, die den Alltag der Organisation prägen" (Mühlmann et al. 2014, S. 34). Die so eingesetzten und geteilten Geschichten haben einen Einfluss auf die Organisationskultur.

Insbesondere in der internen Kommunikation kann eine bindungsstärkende Wirkung erzielt werden. Neuen Mitarbeitern bieten diese geteilten Geschichten eine Orientierungshilfe in der zwischenmenschlichen Kommunikation. Sie dienen Rollenzuschreibungen innerhalb der Organisationen, fungieren als Interpretationshilfe, sind sinnstiftend und geben Ereignissen sowie Entscheidungen Bedeutung. Sie vermitteln die Unternehmenskultur, unterstützen in Change-Prozessen und dienen dem Wissensmanagement. (Thier 2006, S. 13)

Huck-Sandhu beschreibt die Vorteile des Storytellings in Bezug auf die Innovationskommunikation, da sich Stories in der Art und Weise ihrer Aufbereitung und Vermittlung von sonstigen Inhalten bzw. Instrumenten der Kommunikationsarbeit unterscheiden:

2.2 Einsatzbereiche und Ziele

„Stories entstehen durch die dramaturgische, narrative Aufbereitung von Inhalten. Sie können Innovationen lebendig machen, indem sie z. B. Personen auftreten lassen, die ein Produkt erfunden oder entwickelt haben." (Huck-Sandhu 2009, S. 204)

Auch in der Kommunikation der Corporate Identity können narrative Texte Werte und Visionen des Unternehmens in den Arbeitsalltag übersetzen.

Grundsätzlich kann zwischen Geschichten unterschieden werden, die innerhalb der Organisation und um die Organisation herum erzählt werden sowie denen, die von der Organisation bewusst erzählt und gesteuert werden. (vgl. Thier 2006, S 6) In letzteren geht es um Schlüsselinformationen, die in Erzählmuster eingebettet sind. Mit der Storytelling-Technik, die nicht nur in der Unternehmenskommunikation eingesetzt wird, lassen sich die Einsatzbereiche anhand verschiedener Rollen beschreiben. Die Arbeit mit narrativen Methoden beschreibt Thier an vier ausgewählten Funktionen (Thier 2010, S. 12f):

1. Geschichten als Landkarten des sozialen Lebens: Man geht von der Grundannahme aus, dass Geschichten eine wichtige Bedeutung für den sozialen Zusammenhalt in einer Organisation haben. Wenn Mitarbeiter eine enge Bindung an das Unternehmen haben, werden deutlich mehr Geschichten erzählt. Diese werden dazu genutzt, das soziale Gedächtnis am Leben zu halten, so dass Geschichten eine effektive Methode sind, um kollektive Bedeutungen unter Mitarbeitern zu konstruieren.
2. Aufzeigen der „wahren" Kultur eines Unternehmens: Geschichten und Anekdoten sind ein gutes Mittel, um die inoffizielle Kultur von Unternehmen aufzudecken, die sich oft unabhängig von der erwünschten offiziellen Unternehmenskultur, also z. B. der kodifizierten Form eines Leitbilds, entwickelt. Darüber hinaus stellen Geschichten eine wichtige Orientierungshilfe für neue Mitarbeiter dar. Denn Geschichten aus der Vergangenheit bringen die Gegenwart für neue Mitarbeiter in einen verständlichen Kontext und geben Orientierungsgrundlage für die Zukunft.
3. Einleitung und Unterstützung von „Change"-Prozessen: Das Erzählen von Geschichten und Veränderungsprozesse in Unternehmen sind eng miteinander verflochten, denn Veränderungen sind der Stoff, aus dem Geschichten gewoben werden. Mit Geschichten lassen sich Veränderungsprozesse in Organisationen gezielt steuern und beeinflussen. Sie stellen dabei ein strategisch einsetzbares Instrument dar. Geschichten ermöglichen es Mitarbeitern, die Organisation und sich selbst in einem neuen Licht zu sehen. Durch die neuen Perspektiven, die auf diese Weise entstehen, kann die Einstellung von Mitarbeitern entscheidend verändert werden.

4. Vermittlung und Speicherung von Wissen: Geschichten werden zunehmend auch als wertvolle Ergänzung zu den gängigen Wissensmanagement-Methoden in Organisationen begriffen. Im Mittelpunkt steht dabei der Ansatz, mittels Geschichten das schwer zugängliche implizite Wissen zugänglich zu machen, das in herkömmlichen Wissensmanagementinstrumenten meist verloren geht.

Geschichten lassen sich demnach in ganz verschiedenen kommunikativen Ebenen gezielt einsetzen, um strategische Ziele zu erreichen. Im Folgenden liegt jedoch der Schwerpunkt auf der externen Unternehmenskommunikation, in der die Unternehmensgeschichte, also die historische Entwicklung des Unternehmens, vertextet ist. In der externen Unternehmenskommunikation lassen sich drei unterscheidbare Ebenen bzw. Story-Arten unterscheiden, die Sammer wie folgt beschreibt (Sammer 2014, S. 55):

„Unternehmensgeschichten
Die Geschichte zum Unternehmen oder sogenannte Corporate Stories erläutern die Unternehmensmarke und heben die Identität eines Unternehmens hervor. Grundlage dieser Geschichten sind die Vision, die Mission, das Leitbild sowie die Werte des Unternehmens. Diese Geschichten werden in der Regel in der Unternehmenskommunikation genutzt. Sie richten sich intern an Mitarbeiter und Partner des Unternehmens, extern an die breite Öffentlichkeit, Meinungsbildner und Multiplikatoren aus Wirtschaft, Gesellschaft und Politik.

Markengeschichten
Die „Brand Stories" wecken die Aufmerksamkeit für eine Marke und stützen ihr Image. Grundlage dieser Geschichten sind der Markenkern, Markenwerte und Charaktereigenschaften der Marke. Diese Art des Storytellings ist ein bewährtes Instrument des Marketings. „Brand Stories" dienen langfristig der Sicherung von Markenloyalität, Absatzsicherung und Verkaufssteigerung. Hilzensauer fasst die Technik in der Markenkommunikation wie folgt zusammen: „Storytelling schafft Emotionen und damit können sich Marken voneinander abgrenzen. Im Gegensatz zu herkömmlichen Kommunikationsinstrumenten vermittelt die Methode des Storytelling durch den Einsatz von Geschichten Sympathie und schafft Nähe zu den Produkten und Marken, da man sich über glaubhafte Stories leichter mit der Marke identifiziert. (Hilzensauer 2014, S. 92)

Produktgeschichten
Storytelling ist ebenfalls eine Kommunikationstaktik um Produkte zu erklären und zu präsentieren. Grundlage dieser Geschichten sind Produkteigenschaften und Produktnutzen sowie Differenzierungsmerkmale zum Wettbewerb. Produktgeschichten dienen konkret dem Abverkauf und sind Teil der Marketing- und Vertriebskommunikation."

2.2 Einsatzbereiche und Ziele

Storytelling sollte im Unternehmen integriert eingesetzt werden, das heißt übergreifend in allen Kommunikationsinstrumenten zum Einsatz kommt. Für die Markenführung unterstreicht Mangold diesen Anspruch, indem er fordert, dass Storytelling auf allen Ebenen der Markenführung und in allen internen und externen Kommunikationsinstrumenten stattfindet. Eine Beschränkung auf ein Teilgebiet (wie zum Beispiel klassische Werbung oder Public Relations) alleine reicht nicht aus. Je stimmiger die Geschichten demnach über alle Kommunikationskanäle nach außen und nach innen kommuniziert werden und je mehr sie sich an einer Kerngeschichte orientieren, desto besser kann eine konsistente Markengeschichte aufgebaut und in den Köpfen der Bezugsgruppen verankert werden. (vgl. Mangold 2002, S. 58ff)

Ein kommunikationswissenschaftliches, aber auch für den praxisnahen Entstehungsprozess von Storytelling brauchbares Modell hat Krüger entwickelt, was er als Prozessmodell des Corporate Storytellings bezeichnet. Darin werden systematische Einflussfaktoren ebenso berücksichtigt, wie der Prozess der Storyentwicklung von Identifikation über Selektion und Formatierung bis zum Storytelling im engeren Sinne. Abb. 2 veranschaulicht die Faktoren und den Entwicklungsprozess.

Auf der Ebene der Story-Identifikation kommt es zu einer Erstellung eines Storypools durch die Erzählaufforderung im Unternehmen. Die Selektion beschreibt die Auswahl von Geschichten oder Story-Elementen im Unternehmen, die die strategischen Kommunikationsziele übersetzen können. Es wird gefragt, welche Stories geeignet sind, das Identitäts- Aufmerksamkeits- und Deutungsmanagement zu unterstützen. Hier geht es demnach um die inhaltliche bzw. thematische Ebene. Die eigentliche Vertextung der Geschichte ist auf der Ebene der Story-Formatierung angesiedelt. Die Story soll so in Form gebracht werden, dass der narrative Kommunikationsmodus bestmöglich zum Einsatz kommt, um die gewünschten Kommunikationsbotschaften und Deutungsmuster zu transportieren.

Hilzensauer überprüfte in einer Befragung von österreichischen Kommunikationsexperten aus Unternehmen und Agenturen den aktuellen Stand der Storytelling-Nutzung. Ein Ergebnis war zunächst, dass in allen Unternehmen mit Geschichten gearbeitet wurde – jedoch nur in einer sehr engen Begrenzung auf die Historie des Unternehmens und bezogen auf die Benefits einer Marke. Die internen Mythen und Erzählungen in den Organisationen wurden noch nicht genutzt. Im Bezug auf die vier Basiselemente der Geschichte – also: die Botschaft, den Konflikt, die Handlung und die Charaktere – zeigte sich jedoch, dass die Stories in der Regel eher über einen dramaturgischen Aufbau gedacht wurden. In den Geschichten wurden nicht überall Protagonisten eingesetzt, nur in seltenen Fällen kam ein Konflikt vor und häufig konnten die Befragten die Kernaussage oder Botschaft der Geschichte nicht konkret benennen. (Hilzensauer 2014, S. 96)

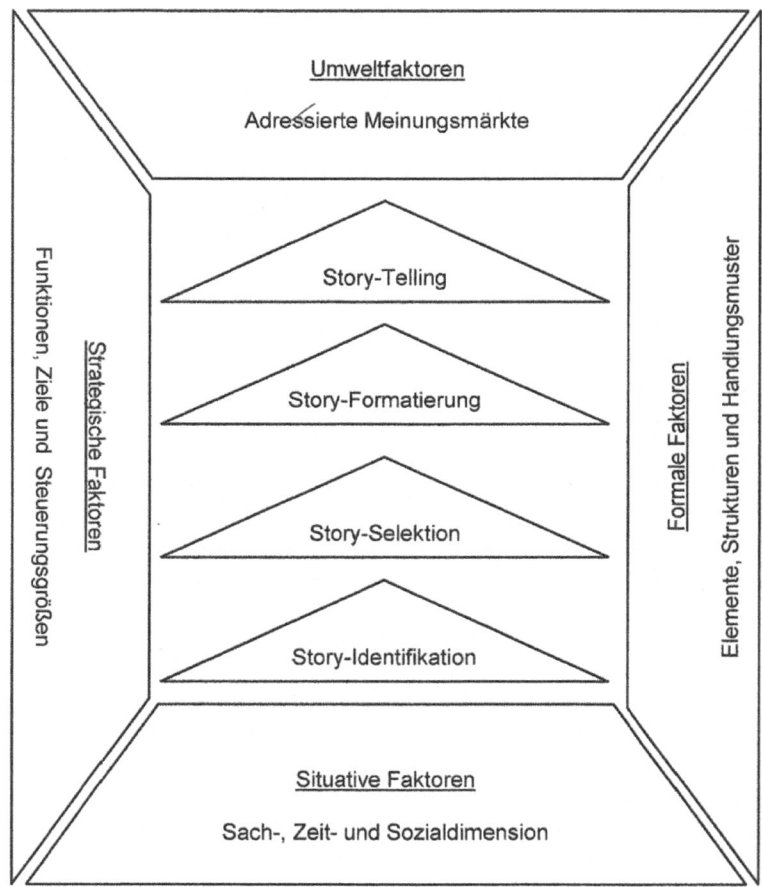

Abb. 2 Prozessmodell des Corporate Storytellings
Quelle: Krüger 2015, S. 198

Auch wenn diese Untersuchung durch ihren begrenzten regionalen Korpus die Realität von deutschen Unternehmen nicht abbilden kann, gibt sie eine realistische Zustandsbeschreibung des aktuellen Status in vielen Unternehmen. Das Thema Storytelling wird als wichtig erachtet, erste Versuche des Einsatzes finden statt – es fehlt jedoch an erzähltheoretischem Grundwissen und dem Know-how der praktischen Übertragung in die Kommunikationsinstrumente und Maßnahmen. In der Untersuchung von Hilzensauer werden die Erfahrungen der Agenturen dahingehend beschrieben, dass häufig kleinere, inhabergeführte Betrieb als Best-Practice-Beispiele bezüglich der Zusammenarbeit genannt wurden. Denn die Geschichten, die in diesen Unternehmen existieren, sind wesentlich stärker mit den Eigentümern und Eigentümerinnen verknüpft, was einen Einsatz des Instruments Storytelling offensichtlich begünstigt. (Hilzensauer 2014, S. 97) Die Existenz einer Unternehmerpersönlichkeit oder Gründerpersönlichkeit in dem Unternehmen erleichtert die Suche nach einem Charakter, der in der externen Kommunikation als Protagonist nutzbar ist.

Warum wird Storytelling in den Public Relations jedoch noch nicht in dem Maße eingesetzt, wie es sein könnte? In der gegenwärtig herrschenden Praxis der Public Relations lässt sich eine Faktenorientierung feststellen, die alles Fiktionale zunächst ausschließt. Krüger begründet die geringe Narrativität in den Public Relations mit drei Argumenten, die sich aus der traditionellen Rolle der Public Relations erschließen. Zunächst besteht eine enge strukturelle und operative Kopplung mit dem Journalismus. Darüber hinaus besteht eine strikte Abgrenzung zur Unterhaltung. Zuletzt lässt sich das noch unausgeschöpfte Potential des Storytellings für die Public Relations dadurch erklären, dass im Zuge der Ausdifferenzierung und Professionalisierung der Wunsch zur klaren Abgrenzung von der Werbung eine Rolle dafür gespielt haben könnte. (Krüger 2015, S. 101f.) Weil in allen drei Aspekten in den letzten Jahren deutliche Veränderungen zu verzeichnen sind, hat das Storytelling auch in der PR eine stärkere Relevanz gewonnen. Auch der Journalismus arbeitet heute mit der Technik des Storytellings und narrativen Mustern. In bestimmten Bereich der Public Relations, z. B. der Markenkommunikation wird der Unterhaltungsaspekt immer relevanter und letztendlich hat die Entwicklung des Content Managements und der gemeinsamen Kommunikation über Inhalte die Grenzen der strengen klassischen Disziplinen gelockert. Dennoch wird dieses Selbstverständnis der PR auch in der Untersuchung der konkreten Vertextungsmuster auch mitgedacht, insbesondere in der Definition der Textfunktionen.

2.3 Elemente einer Geschichte

Die Beschäftigung mit Erzählungen hat eine lange Tradition. Bereits seit der Antike sind die drei Elemente der Rede nach Aristoteles (384-322 v. Chr.) bekannt. Das Ethos beschreibt die Glaubwürdigkeit und den ehrenwerten Charakter, das

Pathos meint die Inspiration der Vorstellungskraft und emotionalen Wirkung und mit dem Begriff des Logos wird die Struktur, die logische Abfolge einer Rede beschrieben – Elemente, die sich ebenso heute in den Anweisungen für gute Geschichten finden lassen.

Geschichten weisen bestimmte Merkmale auf und sind von einer narrativen Grammatik geprägt. Nach Mühlmann, Nagl, Schreder und Mayr besitzen Narrationen fünf Grundelemente: eine anfängliche Zustandsbeschreibung, zeitliche Zusammenhänge, aktive Ereignisse, kausale Zusammenhänge sowie einen Endzustand. Die zeitliche Abfolge steht darüber hinaus in einem bestimmten Ursache-Wirkungs-Zusammenhang zueinander. (Mühlmann et al. 2012, S. 29)

Nach Wilkens, Hughes, Wildemuth und Marchionini sind Narrationen definiert als "a chain of events related by cause and effect occurring in time and space and involving some agency". Damit nennen sie, neben den zeitlichen sowie kausalen Zusammenhängen, das Setting (also die räumlichen und zeitlichen Schauplätze, an denen die Ereignisse stattfinden), die Kette von Ereignissen bzw. Episoden sowie die Rolle von Personen bzw. Charakteren, die diese Ereignisse (mit)erleben. (Mühlmann et al. 2012, S. 29)

Fog, Budtz und Yakaboylu umschreiben als die grundlegenden Einheiten einer Geschichte die Botschaft, den Konflikt, die Charaktere und den Plot (vgl. Fog et al. 2005, S. 30). Von der Botschaft, der Kernaussage der Geschichte, ausgehend werden die anderen Elemente bezogen auf unterschiedliche Zielgruppen komponiert. Eine Geschichte sollte eine kausale Lösung eines Konflikts beinhalten, der auf dem Auslöser der Geschichte, ihren Konsequenzen sowie den Handlungen und Gefühlen des Protagonisten basiert. (Snowden 2001, S. 31)

Das Thema ist der „Kern des Textinhalts, wobei der Terminus Textinhalt den auf einen oder mehrere Gegenstände (d. h. Personen, Sachverhalte, Ereignisse, Handlungen usw.) bezogenen Gedankengang eines Textes bezeichnet." (Brinker 2014)

Nach Thier sind es drei wesentliche Merkmale, die eine organisationale Geschichte auszeichnen: eine Ausgangslage, ein Ereignis und eine Konsequenz. Demnach macht ein Ereignis alleine also noch keine Story aus, denn erst durch die logische Handlungsfolge von der Ausgangslage zur Konsequenz wird aus einem Ereignis ein bedeutungsvolles Ganzes und man spricht von einer Geschichte. Somit werden die Fragen nach dem „Wie" und dem „Was" in einer Story beantwortet. Geschichten sind jedoch auch nicht vollständig ohne Charaktere und Handlungen. Die Charaktere geben Auskunft über das „Wer" und die Handlung über das „Warum". (Thier 2010, S. 8)

Im Zentrum steht der Handelnde, der als Charakter in einer Handlung zu bestimmten Zeiten an bestimmten Orten stattfindet (Herbst 2014, S. 91). Der Held, der Hauptcharakter, hat eine besondere Rolle inne, denn er ist das Herzstück der

2.3 Elemente einer Geschichte

Geschichte. (Sodtke 2011, S. 24) Im Kontext von Organisationen können dies Organisationsmitglieder sein, von der Führungskraft bis hin zum Auszubildenden. In der Gründungsgeschichte kann der Unternehmensgründer als Held der organisatorischen Basisgeschichte fungieren. Daneben gibt es Nebenfiguren und Platzhalter, die keinen entscheidenden Einfluss auf den Handlungsverlauf nehmen.

Die Hauptfiguren von Stories können verschiedene Personen im Unternehmen sein. Es lassen sich vier Kategorien von Archetypen identifizieren, die sich nach Motivstrukturen differenzieren lassen und auf Mark und Pearson zurückgehen (2001, S. 13ff):

> „Die Urtypen Schöpfer (Creator), Fürsorglicher (Caregiver) und Herrscher (Ruler) sprechen das Bedürfnis nach Stabilität und Kontrolle an. Zugehörigkeit und Freude werden durch den Narr (Jester), den Alltags-Held (Regular Guy/Gal) und den Liebhaber (Lover) verkörpert. Das Streben nach Risiko und Herrschaft drückt sich im Held (Hero), Rebell (Outlaw) und Magier (Magician) aus. Die Typen des Unschuldigen (Innocent), Abenteurer (Explorer) und Weisen (Sage) stehen für das menschliche Bedürfnis nach Unabhängigkeit und Erfüllung." (Huck-Sandhu 2014, S. 662)

Der Protagonist hat in der Regel mehrerer Handlungs- und Entscheidungsmöglichkeiten, muss dabei Proben und Herausforderungen bestehen, erhält Unterstützung, trifft auf Gegenspieler und erfüllt am Ende die Bedürfnisse von bestimmten Bezugsgruppen. Die Handlung wird dabei strukturiert erzählt, sie ist inhaltlich und zeitlich geordnet und wird in einem Ursache-Wirkung-Zusammenhang erzählt. (Herbst 2014, S. 103f). Besitzt die Handlung einen Überraschungseffekt und weicht von der Norm ab, kann sie besonders aktivierend wirken. Mit „Plot Point" wird ein richtungslenkendes Ereignis der Handlung bezeichnet. (ebd, S. 107)

Bei der Rezeption einer Geschichte versucht der Rezipient diese Ursache-Wirkungszusammenhänge zu verstehen. Geschichten müssen daher möglichst widerspruchsfrei, wenn nötig mit erklärenden und assoziativen Schlüssen aufgebaut sein. (Mühlmann et. al 2014, S. 31) Zudem spielt die Dimension der Spannung als „intendierte kommunikative Wirkung" eine große Rolle. (Ettl-Huber 2014, S. 17)

Überträgt man die Elemente einer guten Corporate Story in die Praxis der Unternehmenskommunikation spielen auch die Möglichkeiten der Verbreitung der Geschichte eine Rolle. Die Viralität oder eine Transmedialität, die die Möglichkeit des Weitererzählens oder der Weiternutzung in unterschiedlichen Medien möglich macht, ist für die Unternehmenskommunikation wichtig. Sammer beschreibt insgesamt fünf Elemente, die eine erfolgreiche Corporate Story besitzen muss, um erfolgreich zu sein. Neben der angesprochenen Viralität und den klassischen narrativen Elementen wie Held, Konflikt und Emotion, beschreibt Sammer die Wichtigkeit des Anlasses, der klaren Motive für die Geschichte, wie in Abb. 3 dargestellt.

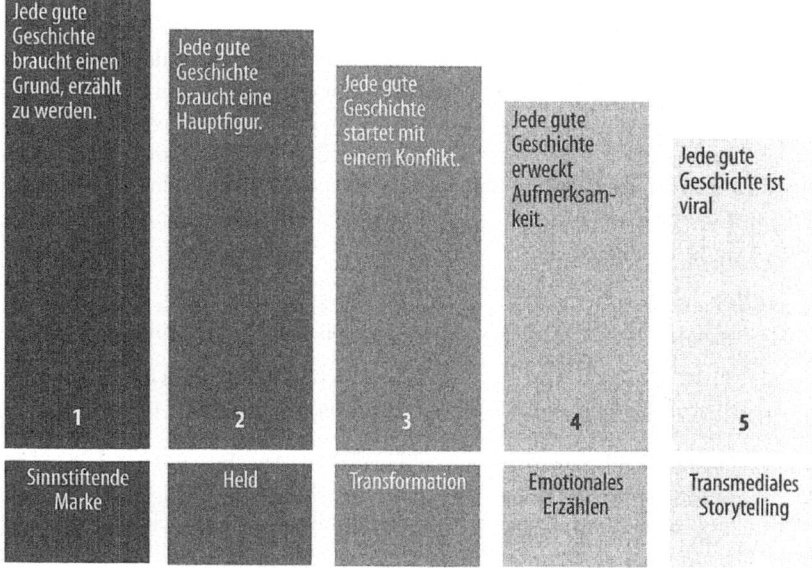

Abb. 3 Die fünf Bausteine einer guten Geschichte
Quelle: Sammer 2014, S. 48

Was zeichnet eine für die Unternehmenskommunikation gute Geschichte aus? Kleiner und Roth haben bereits 1998 drei Kriterien für Praktiker entwickelt, die bei der Entwicklung von Geschichten in Organisationen zu beachten sind:

> „1. True to the data: Die Inhalte der Geschichte müssen der Wahrheit entsprechen und nachprüfbar sein.
> 2. True to the story: Die Geschichte muss packend geschrieben sein und darf durchaus Aspekte übertreiben.
> 3. True to the audience: Was geschrieben wird, muss treffsicher auf die Zielgruppe hin entwickelt werden." (Kleiner und Roth 1998, S. 9-15)

Loebbert definiert gute Geschichten als solche,

- die Werte, Authentizität, Zweck- und Sinnbeschreibung, positive und sinnhafte Bedeutung und damit eine praktische Bedeutung für die Mitglieder der Organisation transportieren,

2.3 Elemente einer Geschichte

- in denen der Zuhörer seine Aufmerksamkeit der Kernbotschaft, also dem guten Zweck der Organisation widmet und dabei positiv wirken,
- die Erlebnis- und Handlungsmuster der Organisation überliefern,
- die aus rhetorischer Sicht spannend und unterhaltsam sind.

(Loebbert 2003, S. 130f.)

Eine gute Geschichte hat nach Bilandzic und Kinnebrock (2006, S. 115) verschiedene narrativitätssteigernde Merkmale wie:

- nachhaltige Ereignisse,
- Einzigartigkeit,
- Konflikthaftigkeit,
- Faktualität (Glaubwürdigkeit),
- Spezifizität (die präzise zeitliche und räumliche Verortung),
- Handlungsverläufe (Handlungsalternativen der Protagonisten werden aufgezeigt),
- Handlungsakzentuierung (Geschehen wird an den Handlungen der Figuren beschrieben),
- Entwicklung und Wandel der Figuren und ihrer Beziehungen sowie
- Kohärenz und Kausalität zwischen Einzelereignissen,
- eine Struktur (Aufbau, Genrenähe, Affektstrukturen durch Überraschung und Spannung) und
- Darstellung (szenische Elemente, kunstfertiger Erzählstil).

Geschichten erzählen Veränderungen und Entwicklungen, die in der Struktur eine Dramaturgie aufweisen müssen, um Rezipienten zu fesseln. Erzählungen weisen in der Regel einen dramaturgischen Spannungsbogen auf, der durch eine selbsterzeugte Unsicherheit über den weiteren Ereignisverlauf entsteht und erst zum Ende der Geschichte wieder aufgelöst wird.

Diese fehlende Dramaturgie wird den von vielen Unternehmen eingesetzten Erfolgsgeschichten abgesprochen, da sie ihrem Verlauf zu linear und vorhersehbar wären. Der Anfangszustand ist gut, die Stationen der Geschichte machen alles noch besser, bis der optimale Endzustand erreicht ist. (Frenzel, Müller und Sottong 2006, S. 82f). Diese Kritik setzt auch an der Problematik an, dass Unternehmen mit der Darstellung von echten Konflikten und Herausforderungen Probleme haben, da die Unternehmenskommunikation prinzipiell natürlich nur die Erfolgsfaktoren eines Unternehmens kommuniziert.

Ettl-Huber fasst die Elemente von Geschichten in der Unternehmenskommunikation in einer Tabelle zusammen, in der sowohl die Ebenen der Geschichte und des Diskurses zusammengefasst werden, wie Abb. 4 zeigt. Nicht alle Elemente sind konstitutiv für eine Corporate Story, insbesondere die drei letzten Elemente, die aus „dem WIE? des Geschichtenerzählens (Diskursebene) entnommen sind", sind als optional zu betrachten.

Elemente von Stories

Thematik	Gibt es ein klares Thema? Gibt es ein erkennbares Motiv (z.B. archetypische Plots, wie der des Erlösungsplots)?
Handlung	Gibt es kausal und zeitlich verknüpfte Ereignisse? Werden dichotome Lebenskonzepte angesprochen (Liebe/Hass,…)? Verändert sich etwas im Laufe der Geschichte? Gibt es einen Konflikt?
Figuren	Gibt es Figuren (Personen, Unternehmen, Organisationen,…), welche die Handlung tragen? Sind diese Figuren benannt und beschrieben?
Raum	Hat die Geschichte einen klar benannten Raum? Wird dieser Raum näher beschrieben?
Zeit	Zieht sich die Geschichte über einen Zeitraum?
Erzählinstanz	Gibt es einen offensichtlichen Erzähler? Gibt es eine Perspektive aus der erzählt wird?
Rede	Gibt es direkte Rede? Gibt es indirekte Rede? Gibt es innere Monologe?
Stil	Gibt es ein Bestreben, den stilistischen Ausdruck mit dem Geschehen in Einklang zu bringen? Werden Stilfiguren (z.B. Metaphern, Aufzählungen) eingesetzt? Wird die Sprache der Erzählintention angepasst?

Abb. 4 Elemente von Stories in der Organisationskommunikation, Quelle: Ettl-Huber 2014, S. 16

Die vorgestellten Elemente der Geschichten in der Unternehmenskommunikation, als wesentliche Bausteine einer funktionierenden Geschichte, geben einen Überblick über die bisherige akademische Beschäftigung mit der Thematik. Es wurde deutlich, dass aufgrund einer unklaren Disziplinen-Zuordnung mit Wissensbeständen und Ansätzen aus Kommunikationswissenschaft, Germanistik, Literatur- und Filmwissenschaft aber auch Marketing, eine hohe Unübersichtlichkeit besteht und daher an dieser Stelle auch keine vollständige Vorstellung aller Ansätze erfolgen kann. Daher ist dieser Abschnitt bewusst kurz und überblicksartig gehalten, da sich diese Untersuchung von den inhaltlichen Elementen und Bausteinen weitgehend lösen muss und die Text-Ebene in den Mittelpunkt des Untersuchungsinteresses stellt. Es geht in der Untersuchung weniger darum, was erzählt wird und ob diese Geschichte im Sinne der Unternehmenskommunikation nutzbringend ausgewählt wurde. Vielmehr soll der Blick darauf gerichtet werden, wie eine Vertextung des Themas erfolgt, welche sprachlichen Merkmale direkt oder indirekt eingesetzt werden um welche Text-Funktion zu signalisieren. Die Beschäftigung mit verschiedenen Vermittlungstypen basiert auf der Idee vom Kommunikationsmodus, die aus der Journalistik stammt. Die unterscheidbaren Kommunikationsmodi wurden von Lünenborg (Lünenborg 2005, S. 126) systematisch vorgestellt. In der Übertragung auf die Unternehmenskommunikation beschreibt Huck-Sandhu die fünf Kommunikationsmodi wie folgt (Huck-Sandhu 2014, S. 656):

a. Informierender Modus („So ist es…")
   Informationen über Ereignisse im bzw. aus dem Unternehmen, über getroffene Entscheidungen
b. Erklärender bzw. argumentierender Modus („Es ist so, weil…")
   Erklärung von Zusammenhängen, Hintergründen und Rahmenbedingungen bzw. -faktoren des Unternehmenshandelns
c. Bewertender Modus („Es ist gut/schlecht, dass es so ist…")
   Interpretationen und Bewertungen von Ereignissen und Zusammenhängen, Darstellung von Unternehmenspositionen
d. Narrativer Modus („Es ist dies geschehen, dann jenes…")
   Identität des Unternehmens, Normen, Werte, Kultur, Verhaltensweisen
e. Diskursiver Modus („A streitet sich mit B, ob es wirklich so ist.. ")
   Darstellung von Unternehmenspositionen; Auseinandersetzung mit Positionen Anderer, Argumentation; Aushandlung

Die Idee der Kommunikationsmodi hat starke Bezüge zu den Vertextungsmustern bzw. Allokutionstypen in der Textlinguistik, die dann in Kapitel 4 ausführlich vorgestellt werden.

2.4 Core Story

Die Grundlage einer jeden Beschäftigung und strategischen Ausrichtung von Storytelling im Unternehmen ist die Identifizierung bzw. das Verfassen einer Basisgeschichte. Diese dient als Grundlage für weitere Geschichten, die in der internen und externen

Kommunikation zum Einsatz kommen können. Bei der Core Story handelt es sich um einen Unternehmensmythos, eine Unternehmensgeschichte oder ein Grundthema, die den Kern der Unternehmenspersönlichkeit – quasi die Unternehmensessenz – zum Ausdruck bringt und über Jahrzehnte hinweg angelegt ist. (Huck-Sandhu 2014, S. 664) Eine sogenannte Core Story umfasst nach Herbst (Herbst 2014, S. 84ff) drei Bestandteile:

1. Ein übergeordnetes Belohnungsversprechen, das Antwort darauf gibt, was die Bezugsgruppen von einem Unternehmen erwarten können und welches Gefühl bei einer Entscheidung für seine Leistungen ausgelöst wird.
2. Erfolgsfaktoren, die zur Erfüllung des Belohnungsversprechens beitragen.
3. Haltung, aus der heraus das Unternehmen mit seinen bezugsgruppen kommuniziert, z. B. als kritischer oder fürsorglicher Experte oder als kreativer, spielerisch veranlagter Freund.

Die Historie des Unternehmens ist ein ganz zentrales Element für den Umgang mit Storytelling insgesamt, da die als zentrale Geschichte, als sogenannte Core Story oder „organisatorische Basiserzählung" verstanden werden kann (Loebbert 2003, S. 57ff.). Der Begriff der Basiserzählung wird in der literaturwissenschaftlichen Textanalyse verwendet, um Erzählebenen zu unterscheiden. Die Basiserzählung ist die unterste Erzählebene, durch die die weiteren Erzählebenen ihre Bedeutung erhalten. Umgekehrt deuten und wiederholen die Einzelerzählungen das zentrale Motiv oder das Thema der Basiserzählung (ebd, S. 61).

In der Unternehmenskommunikation unterscheidet man zwischen zwei Arten von Geschichten. Einerseits diejenigen, in denen das Unternehmen vorkommt und die in der öffentlichen Diskussion entstehen. Dabei wird ein bestimmtes Thema behandelt, in dessen Rahmen dem Unternehmen eine bestimmte Funktion zugeordnet wird. Und andererseits die, mit einer sogenannten organisatorischen Basiserzählung, bei denen das Unternehmen im Mittelpunkt der Erzählung steht. Sie ist die Grundlage für strategisches Storytelling (vgl. Szyszka 2008, S. 620).

Faust differenziert in Bezug auf Corporate Stories drei Typen von Geschichten (2006, S. 6ff):

1. „Wer-bin-ich"-Geschichten vermitteln die Unternehmensidentität und erzählen dazu die Geschichte des Unternehmens insgesamt, z. B. durch ein maßgebliches historisches Ereignis oder eine Persönlichkeit.
2. „Wofür-stehe-ich"-Geschichten rücken die Werte, für die das Unternehmen steht, in den Mittelpunkt der Story, z. B. durch beispielhafte Geschichten von Mitarbeitern.

2.4 Core Story

3. „Was-will-ich"-Geschichten erzählen die Vision oder Mission eines Unternehmens, um den relevanten Bezugsgruppen die zentralen Ziele des Unternehmens möglichst eingängig zu vermitteln.

Für die Entwicklung dieser Basisgeschichte ist die kritische Reflektion bezogen auf die Einzigartigkeit der Unique Selling Proposition, der Unternehmenswerte und einer übergeordneten Vision nötig (Clark 2004, S. 203). Es geht um die Vermittlung von Kernbotschaften, die diese Individualität über den Text verständlich machen und mit Leben füllen. Mit dem Bild eines Baumes (vgl. Abb. 5) verdeutlichen Fog, Budtz und Yakaboylu anschaulich die Bedeutung der Core Story:

External Stories include:
- Media coverage
- Advertising
- Customer stories
- Stories from partners

Internal Stories include:
- Employee stories
- Articles in the company newsletter
- Stories from management
- Stories about the company's product

Core Story:
The core story is the "trunk" of the company's brand. All the stories being told in and around the company should stem from this one core story—just as nourishing leaves grow from the branches of the tree.

Abb. 5 The Brand Tree
Quelle: Fog et. al. 2005, S. 57

Die Core Story nimmt demnach die wesentliche Rolle in dem gesamten Storytelling-Prozess ein. Der Einsatz der Unternehmenshistorie als Core Story zeigt, dass es nicht nur um die bloße Zusammenstellung von Informationen und Meilensteinen der Organisationsentwicklung geht. Wenn diese Geschichte strategisch genutzt werden soll, muss sie die Einzigartigkeit des Unternehmens herausstellen und damit das Fundament für weitere Erzählungen im und über das Unternehmen legen. Dabei sind auch die Zielgruppen des Unternehmens mitzudenken, die häufig stark ausdifferenziert sind, aber sich im Idealfall mit der Basisgeschichte identifizieren sollen, wie Loebbert feststellt. Eine Basisgeschichte, welche weit in die Vergangenheit zurückgreift, kann die Weiterentwicklung des Unternehmens hemmen. Neuerungen können auf Ablehnung stoßen, weil sich die Zielgruppen nicht mit dem Unternehmen und seiner grundlegenden Historie identifizieren können. Die Basisgeschichte muss konkrete Veränderungen widerspiegeln und sukzessive an neue Umstände angepasst bzw. weiterentwickelt werden. Ziel sollte es sein, eine gemeinsame Identität aufzubauen. (Loebbert 2003, S. 69).

Die Unternehmensgeschichte ist demnach, wenn sie die Form eines Zeitstrahls verlässt, und als narrativer Text aufgebaut wird, ein höchst bewusstes und mit Steuerungsabsicht eingesetztes strategisches Instrument. In der Verwendung als Basisgeschichte ist die Unternehmenshistorie demnach eng verknüpft mit dem Leitbild, den Werten, der Corporate Identity des Unternehmens und spricht ein breites Spektrum an externen und internen Bezugsgruppen an. Sie dient als Fundament für den Einsatz weiterer narrativer Elemente in allen Abteilungen des Unternehmens. Dabei ist die Basisgeschichte niemals starr festgelegt, sondern muss auch einer Weiterentwicklung des Unternehmens Rechnung tragen. Sie gibt den Bezugsgruppen Orientierung, da sie auf den Sinn der Organisation Bezug nimmt. Text, Handelnde, Handlungen und Zeiten können ausgetauscht werden. Das Erzählmuster nimmt Einfluss auf das Handeln und Erleben der Unternehmensmitglieder (Loebbert 2003, S. 62ff). Im Marketing spricht man von sogenannten Insights, die oftmals nicht offensichtlich sondern unbewusst das Wesen eines Unternehmens oder einer Marke markieren. Ein Insight bezeichnet eine Wahrheit fundamentalen menschlichen Verhaltens, Verhaltensmuster, Präferenzen oder Ansichten, die durch Verbraucheruntersuchungen insbesondere durch langfristige Markt- und Meinungsforschung ermittelt werden. Diesen Kern der Kundenansprüche an eine Organisation, also den von den rein betriebswirtschaftlichen Zielen abgekoppelten gesellschaftlichen Zweck, den eigentlichen Nutzen oder die Idee hinter dem Unternehmen, gilt es in der Praxis zu identifizieren und in der Selbstdarstellung zu herauszuarbeiten.

In der Regel ist die Core Story abgeleitet aus der „Entstehungs- oder Gründungsgeschichte des Unternehmens und vermittelt sowohl die Identität als auch

2.4 Core Story

das Unternehmensziel, das in der Zukunft angestrebt wird" (Knöß 2014, S. 67). Zu den zentralen Ereignissen einer Organisation zählt insbesondere die „Schöpfungsgeschichte" über die Gründung oder den Begründer der Organisation. Die Gründungsgeschichte kann als „starkes historisches Kompetenzzentrum" und Pool für verwurzelte Werte und Traditionen beschrieben werden (Bühler und Dürig 2008, S. 9). Sie beschreibt in narrativer Form die DNA des Unternehmens und wird als Fundament der kommunikativen Außendarstellung für viele Unternehmen immer wichtiger. Die steigende Bedeutung von Dachmarkenstrategien mit Bezug auf das Unternehmen selbst ist ein Beleg für die wachsende Wichtigkeit, die die Gründungsstory in der Kommunikation spielt. Hier findet sich in der Literatur häufig der Bezug zum Mythos, der in der Basisgeschichte stilisiert und gestaltet werden kann (Ebert 2014, S. 125). Der Mythos hilft Wertsetzungen einer Marke auf eine Kernidee zu verdichten, verschiedene Erfahrungen zu integrieren, eine bildhafte Erlebnisdimension und Sympathie hervorzurufen. Er ist an den Faktor Zeit gebunden und verankert die „leitbildhaft gedeutete geschichtliche Leistung in der Gegenwart eines Unternehmens. Gleichzeitig ist er Ausdruck einer besonderen historischen Stimmungslage oder Werterfahrung einer Generation. Worauf er auch beruht, er ist stets emotional begründet und bezieht seine Wirkung aus grundlegenden Heimweh- oder Sehnsuchtsgefühlen einer Gesellschaft." (Buss und Funk-Heuberger 2000, S. 97)

Ein Mythos kann schwerlich erfunden, aber vorgefunden und textlich aufgearbeitet werden. Sammer beschreibt zwei Grundmuster, die bei der Erzählung des Gründungsmythos inhaltlich Verwendung finden:

„1. Gründungsmythen, die die Männer und Frauen der Stunde Null, der Gründung des Unternehmens, als charismatische Visionäre verewigen. Es sind Geschichten, die diese Unternehmer als Pioniere ihrer Zeit, genial im Geist und radikal in ihren Methoden herausstellen.
2. Gründungsmythen, die die Umstände einer Unternehmensgründung darstellen und den ursprünglichen Gründergeist beschwören. Meist sind dies kuriose Geschichten mit hohem Unterhaltungswert und überraschender Entwicklung." (Sammer 2014, S. 71)

Die Core Story eines Unternehmens kann jedoch auch weniger rückgewandt in die Vergangenheit, sondern in der Gegenwart oder mit Blick in die Zukunft erzählt werden. Hier spielen die Vision, Mission, das Leitbild und die Werte des Unternehmens eine große inhaltliche Rolle. Sie müssen greifbar in eine Geschichte übersetzt werden.

Schmieja beschreibt in sechs Schritten, wie eine Organisation zu einer nachhaltigen Core Story gelangen kann: Im ersten Schritt sollte die Positionierung gegenüber

Wettbewerbern und Bezugsgruppen eingeschätzt, die Identitätsmerkmale der Organisation erfasst und die Außenwahrnehmung analysiert werden. Darauf aufbauend ist ein erster Entwurf zu erarbeiten, wobei auf Glaubwürdigkeit und Authentizität besonderer Wert gelegt werden muss. Das Handlungsschema orientiert sich dabei an den Kernkompetenzen und Hauptaktivitäten der Organisation sowie an zentralen Erfolgen. Die Akzeptanz der Geschichte muss einer internen und externen Prüfung stand halten. Die finale Story kann dann in die entsprechenden Medien und Instrumente eingebettet werden. Mittels einer adäquaten Evaluationsmethode wird überprüft, ob die Bezugsgruppen die Geschichte als relevant, realistisch, nachhaltig und ansprechbar wahrnehmen. (Schmieja 2014, S. 50ff.)

Die Dynamik der Core Story ist ein wesentlicher Erfolgsfaktor, da sie auch durch äußere Faktoren im Unternehmen abgestoßenen Veränderungsprozessen stand halten muss. Insbesondere im Change kann eine zu stark vergangenheitsorientierte und starre Basisgeschichte die Entwicklung hemmen. (Loebbert 2003, S. 68) Die Core Story ist daher prozesshaft zu verstehen und so dynamisch wie die Organisationsidentität selbst. Mast hat 2013 einige Informationsdimensionen ausgearbeitet, die Themen von aufbauenden Geschichten sein können, wie die Tradition bzw. Entstehung der Organisation sowie deren Aufgaben und Ziele, Entscheidungen, Sicherheit, Ordnung im Sinne von Normen, Identität, Probleme, Schwächen und Legitimation (Mast 2013, S. 228).

Einige Autoren und auch Praktiker wollen das Konzept des Storytellings erweitern und sprechen in diesem Zusammenhang von Storydoing. Ihnen geht es im Grunde darum, die organisatorische Basisgeschichte nicht ausschließlich zu erzählen, sondern im Handeln des Gesamtunternehmens zu inszenieren. Montague führt dazu aus:

"Storydoing, not storytelling, is the most efficient way to tell your company's story today – compelling experiences are what people like to talk about to each other. A company that knows its own metastory and can translate it to action will thrive."
(Montague 2013, S. 15)

Im Grunde fußt das Konzept der „Metastory" auf dem Gedanken, die Basisgeschichte sehr früh in jeglichen unternehmerischen Prozess zu integrieren und entlang dieser Vorgabe, das konkrete unternehmerische Handeln zu organisieren. Es geht um eine Übersetzung der Geschichte in konkrete unternehmerische und kommunikative Aktivitäten, also die Weiterführung der in der Core Story definierten Werte. In dieser Untersuchung spielt dieser weiterführende Aspekt jedoch keine weitere Rolle, da die Erzählung der Geschichte, als Basis auch der späteren Inszenierung, im Mittelpunkt steht.

2.5 Unternehmensidentität und Selbstbild

Die Basisgeschichte eines Unternehmens bezieht sich häufig auf die Entstehungs- oder die Gründungsgeschichte der Organisation und ist somit eng verknüpft mit der Corporate Identity und dem zu erreichenden Unternehmensziel. Birkigt und Stadler definieren die Corporate Identity wie folgt:

> „Corporate Identity ist die strategisch geplante und operativ eingesetzte Selbstdarstellung und Verhaltensweise eines Unternehmens nach innen und außen auf Basis einer festgelegten Unternehmensphilosophie, einer langfristigen Unternehmenszielsetzung und eines definierten (Soll-)Images – mit dem Willen, alle Handlungsinstrumente des Unternehmens in einheitlichem Rahmen nach innen und außen zur Darstellung zu bringen" (Birkigt und Stadler 1992, S. 18).

In dieser Definition wird die Corporate Identity als ein schlüssiger Zusammenhang von Erscheinung, Worten und Taten eines Unternehmens beschrieben. Ziel ist es, das Image des Unternehmens im Sinne der festgelegten Philosophie nach innen und außen zu transportieren. So interpretiert sie die Zwecksetzung des Unternehmens, integriert Systemmitglieder durch Identifikation und bildet eine Leitlinie für Unternehmensziele (Birkigt et al. 2002, S. 37). Dies wird erreicht, indem die Diskrepanz zwischen Unternehmensphilosophie und Unternehmenskultur, das heißt zwischen gewünschtem und tatsächlichem Selbstverständnis, minimiert wird. (Wache und Brammer 1993, S. 50).

Birkigt, Stadler und Funck definieren Corporate Identity über die Elemente Unternehmenspersönlichkeit, Unternehmensverhalten, Unternehmenserscheinungsbild und Unternehmenskommunikation. Die Corporate Identity eines Unternehmens basiert auf Visionen, Missionen, Strategien und Werten. Den Kern der Corporate Identity bildet die Unternehmenspersönlichkeit (Corporate Personality), die das Selbstverständnis des Unternehmens beschreibt und somit Ausgangspunkt für die Entwicklung der Corporate Identity ist. Die Corporate Language ist in diesem Ansatz ein Teilbereich der Corporate Communications, die Birkigt, Stadler und Funck in schlüssigem Handeln (Verhalten), visuellem Auftritt (Erscheinungsbild) und verbalvisueller Botschaftsübermittlung (Kommunikation in engerem Sinne) differenzieren. Dabei besitzt die Unternehmenskommunikation im Instrumenten-Mix der Corporate Identity die höchste Flexibilität, denn sie kann geplant gesteuert, strategisch ausgelegt und kurzfristig taktisch eingesetzt werden. (Birkigt et al. 2002, S. 21)

Ein interessanter Aspekt in Bezug auf die Untersuchung des Fremdbildes des Unternehmens ist der, dass Erzählen nach Luckmanns Konzeption vom „kommunikativen Haushalt einer Gesellschaft" zu den „rekonstruktiven Gattungen zählt

(Luckmann 1986) und in Bezug auf die Rekonstruktion zwischen narrativer und nicht narrativer Rekonstruktion unterschieden wird (Bergmann und Luckmann 1995).

Quasthoff beschreibt dies so: „Gegenstand der narrativen Rekonstruktion sind – oberflächlich betrachtet – vergangene (oder zumindest als vergangen dargestellte) reale (oder fiktive) Geschehnisse, d. h. Handlungen, Ereignisse, Erlebnisse, Erfahrungen; auch kommunikative Handlungen, Gespräche oder Äußerungen aus Gesprächen gehören dazu. Diese Geschehnisse sind im Allgemeinen nicht mehr anders zugänglich als eben durch das Erzählen. Aber auch durch das Erzählen sind sie natürlich nicht direkt zugänglich: Was erzählt wird, ist das, was erinnert wird, was also im Gedächtnis als ‚kognitive Geschichte' gespeichert ist." (Quasthoff 2001)

Die sogenannte kognitive Geschichte enthält daher Elemente der Interpretation, die bei der Unternehmenshistorie weniger auf Erfahrungen und Erlebnisse einzelner Individuen fußen, sondern auf einer gezielt strategischen Aufbereitung oder Inszenierung des Unternehmens im Sinne eines gewünschten Fremdbildes. Die Frage nach der Differenzierung von Typen narrativer Sequenzen wird häufig anhand einer Unterscheidung durch bestimmte sprachliche Merkmale getroffen, ebenso wie zwischen ‚Erzählung' und ‚Bericht' oder zwischen ‚Beschreiben, Berichten und Erzählen (Rehbein 1984). Welche sprachlichen Strategien bei der Erzählung der organisatorischen Basisgeschichte vorliegen, wird in der Analyse der Textexemplare zu untersuchen sein.

2.6 Die Gründungsgeschichte aus PR-Perspektive

Aus PR-Perspektive ist die Gründungsgeschichte eines Unternehmens von besonderer Bedeutung. Sie bildet die Grundlage für die Weiterentwicklung eines Leitbildes, das die Werte und Visionen des Unternehmens beinhaltet. Wenn in einem Unternehmen ein Wertebildungsprozess angestoßen wird, werden die Gründungsgeschichte, also die Wurzeln des Unternehmens, die Gründungsidee wichtig: Wo kommen wir her, wo wollen wir hin? Wo liegen unsere Wurzeln, die wir zielgruppenspezifisch in die Zukunft ausstrecken wollen? Als prototypisches Beispiel für eine Textsorte der Selbsterzählung einer Organisation lässt sich die Gründungsgeschichte folgendermaßen charakterisieren:

> „Sie erst mach[t] eine Organisation erkennbar, erklär[t] das vergangene Handeln und festig[t] die Bindungen zur Öffentlichkeit." (Buss und Funk-Heuberger 2000, S. 96)

2.6 Die Gründungsgeschichte aus PR-Perspektive

Im Entwicklungsprozess einer Gründungsgeschichte kommt der Glaubwürdigkeit und dem Aufbau von Vertrauen bei den Bezugsgruppen des Unternehmens eine entscheidende Funktion zu. Eine lange Tradition mit einem erkennbaren „Gründerspirit" wird von Konsumenten zudem als positiv bewertet. Daher lassen sich auch in der klassischen Werbekommunikation Tendenzen zur Schwerpunktsetzung in diesem Bereich erkennen. Viele Unternehmen verfolgen dabei eine Dachmarkenstrategie, um zu kommunizieren, dass viele Marken aus einem Hause stammen, wobei sie versuchen die Gründungsidee des Unternehmens in den Fokus der Kommunikation zu stellen. Das suggeriert Authentizität und eine Glaubwürdigkeit für gewisse Werte, für die das Unternehmen heute noch stehen möchte. Wenn beispielsweise eine bahnbrechende Erfindung den Ursprung eines Unternehmens markierte, wird man diesem Unternehmen viel eher eine gewisse Innovationsfähigkeit und Ideenreichtum zuschreiben. Da die Nachhaltigkeitskommunikation in den letzten Jahren eine zunehmend größere Rolle spielt und Transparenz in der Geschäftstätigkeit heute wichtiger ist, hat eine anschauliche und verständliche Vermittlung der Gründungsgeschichte in der externen Kommunikation einen höheren Stellenwert. Mit der Technik des Storytellings, die sich heute durch diverse Kommunikationsdisziplinen zieht, sollten somit die Voraussetzungen geschaffen sein, die organisatorische Basisgeschichte nachvollziehbar und wertebasiert zu kommunizieren.

Doch bevor man in der Organisation mit der konkreten Ausformulierung der Geschichte beginnen kann, sind in der internen Analyse die wichtigsten Grundlagen für erfolgreiches Storytelling zu schaffen. Sammer greift dazu auf die in Simon Sineks „Golden Circle" formulierten drei einfachen Fragen des Was, Wie und Warum zurück und nutzt sie als Basis für die Beschäftigung bzw. die Ermittlung der richtigen Inhalte (Sammer 2014, S. 51f):

„WAS? Die erste der drei W-Fragen ist einfach zu beantworten. Laut Simon Sinek antworten die meisten Unternehmen und Marken sicher auf die Frage nach dem „Was". Schließlich ist die Antwort schlicht eine Liste der Produkte und Services, mit denen man am Markt antritt. Der Blick auf den eigenen Angebotskatalog oder auf die Mission des Unternehmens kann helfen, diese Frage schnell und unkompliziert zu beantworten.
WIE? Die Frage nach dem „Wie" ist für manche schon schwieriger. Gefragt sind hier die Eigenschaften des Unternehmens oder der Marke. Wie arbeitet das Unternehmen? Wie und auf welche Weise unterscheidet es sich von seinen Wettbewerbern? Wenige Unternehmen beantworten diese Frage souverän. Hilfestellung kann ein Blick in die Unternehmens- oder Markenwerte geben, doch für viele Unternehmen und Marken bleibt selbst dann das „Wie" nur vage und wenig greifbar.

WARUM? Die schwierigste Frage ist das „Warum". Laut Sinek ist den wenigsten Unternehmen und deren Führungskräften bewusst, was der tiefere Sinn und Zweck ihres Unternehmens ist, also kurz gesagt: warum sie existieren."

Bevor also Unternehmen sich mit den möglichen Inhalten und Ausgestaltungen von Geschichten über und aus dem Unternehmen beschäftigen, gilt es die Frage nach dem Warum, also dem Sinn und Existenzzweck des Unternehmens zu klären. In Bezug auf die Untersuchung der Unternehmensgeschichte sind ganz wesentliche Elemente in der Unternehmensgründung zu finden. Jedes Unternehmen wurde mit einer bestimmten Idee gegründet, die in der Praxis oft auch als DNA oder die Heritage des Unternehmens bezeichnet wird. In der Analyse der Texte zur Unternehmensgeschichte wird die sprachliche Ausgestaltung dieser Grundidee in der Themenbestimmung des Textes eine Rolle spielen. Ebert (2014, S. 122) weist in diesem Zusammenhang darauf hin, dass die meisten Unternehmensgeschichten in der natürlichen Reihenfolge der Chronik getextet sind und zu überprüfen sei, ob man sich nicht vom chronologisch monotonen Erzählen lösen sollte: „Die Alternativen bestehen darin, historische Etappen auszuwählen oder eine Master Story (Grunderzählung) zu bestimmen, welche die Hauptbotschaft transportiert." (Ebert 2014, S. 122) In der Analyse der Texte zur Unternehmensgeschichte wird die sprachliche Ausgestaltung dieser Grundidee in der Bestimmung des textlichen Aufbaus eine Rolle spielen.

2.7 Zusammenfassung

- Von Storytelling als Instrument in der Unternehmenskommunikation spricht man, wenn zielgerichtet und strategisch Geschichten entwickelt werden, um definierte langfristig angelegte Unternehmensziele zu erreichen.
- Corporate Storys werden in der Vermittlung von komplexen Informationen nachhaltigere Wirkungen bei den Zielgruppen zugeschrieben, da sie Komplexität reduzieren und helfen Zusammenhänge zu konstruieren – auf einer emotionalen Ebene durch unbewusste, implizite Muster.
- In der internen Kommunikation unterstützen narrative Methoden den sozialen Zusammenhalt, können kulturelle Orientierungshilfe sein, unterstützen die Vermittlung von Veränderungsprozessen und helfen schwer zugängliches Wissen zugänglich zu machen.

2.7 Zusammenfassung

- Der Prozess des Corporate Storytellings umfasst die Story-Identifikation, die Story-Selektion, die Story-Formatierung d. h. Vertextung und die Umsetzung, die Kommunikation der Geschichten.
- Eine Corporate Story sollte die Kernbotschaften des Unternehmens in die basalen Elemente einer Geschichte transportieren: Charaktere, Handlung, Ereignisse, die in einem bestimmten Ursache-Wirkungszusammenhang stehen. Einige Autoren schreiben dem Konflikt und seiner Lösung zudem eine zentrale narrative Rolle zu.
- Corporate Storys müssen nachprüfbar sein, rhetorisch spannend für die Zielgruppe geschrieben sein und Erlebnis- und Handlungsmuster der Organisation mit einer praktischen Bedeutung überliefern.
- Neben den weiteren Kommunikationsmodi der Unternehmenskommunikation (Informierender, erklärender, bewertender und diskursiver Modus) wird der narrative Modus hauptsächlich für die Kommunikation der Identität, Kultur, Normen und Werte des Unternehmens eingesetzt.
- Die Core Story (organisatorische Basisgeschichte) bringt die langfristige, aber dynamische Unternehmensessenz zum Ausdruck und kommuniziert ein übergeordnetes Belohnungsversprechen sowie eine Haltung, bzw. die einzigartige Unternehmensidentität. Hier spielen Gründungsmythen oftmals eine entscheidende Rolle.
- Die Gründungsgeschichte ist aus PR-Perspektive von besonderer Bedeutung, da sie authentisch und glaubwürdig die Werte vermittelt, für die das Unternehmen noch heute stehen soll. Das Aufspüren der „DNA" des Unternehmens für die Kommunikationsstrategie ist für viele Unternehmen eine zentrale Aufgabe.

Literatur

Bergmann, J., & Luckmann, T. (1995). Reconstructive genres of everyday communication. In U. Quasthoff (Hrsg.), Aspects of oral communication (S.289-304). Berlin: de Gruyter.

Bilandzic, H., & Kinnebrock, S. (2006). Persuasive Wirkungen narrativer Unterhaltungsangebote. Theoretische Überlegungen zum Einfluss von Narrativität auf Transportation. In: W. Wirth, H. Schramm, & V. Gehrau (Hrsg.), Unterhaltung durch Medien. Theorie und Messung (S. 102-126). Köln: von Halem.

Birkigt, K., Stadler, M. M. (1992). Corporate Identity-Grundlagen. In: K. Birkigt, M. M. Stadler, & H.J. Funck (Hrsg.), Corporate Identity, 5. Aufl., (S. 11-61). Landsberg: moderne industrie.

Birkigt, K., Stadler, M.M., & Funck, H.J (2002). Corporate Identity: Grundlagen, Funktionen, Fallbeispiele. München: Redline Wirtschaft bei verlag moderne industrie.

Buss, E., & Fink-Heuberger, U. (2000). Image Management. Frankfurt a. M.: F.A.Z.-Institut.
Clark, E. (2004). Around the Corporate Campfire. How Great Leaders Use Stories To Inspire Success. Sevierville: Insight Publishing Company.
Ebert, H. (2014). PR-Texte. Konstanz: UVK.
Ettl-Huber, S. (2014). Storypotentiale, Stories und Storytelling in der Organisationskommunikation. In: S. Ettl-Huber (Hrsg.), Storytelling in der Organisationskommunikation: Theoretische und empirische Befunde (S. 9-26) Wiesbaden: Springer VS.
Fog, K., Budtz, C., & Yakaboylu, B. (2010). Storytelling – Branding in Practice, 2. Aufl., Heidelberg: Springer VS.
Frenzel, K., Müller, M., & Sottong, H. (2006). Storytelling. Das Praxisbuch. München: Carl Hanser Verlag.
Herbst, D. (2014). Storytelling, 3. Aufl., Konstanz: UVK.
Hillmann, M. (2011). Storytelling. Mit Geschichten Unternehmen gestalten. In: M. Hillmann (Hrsg.), Unternehmenskommunikation kompakt. (S. 63-73) Wiesbaden: Gabler.
Hilzensauer, A. (2014). Storytelling – Mit Geschichten Marken führen. In: S. Ettl-Huber (Hrsg.), Storytelling in der Organisationskommunikation: Theoretische und empirische Befunde (S. 87-101) Wiesbaden: Springer VS.
Huck-Sandhu, S. (2009). Innovationskommunikation in den Arenen der Medien – Campaigning, Framing und Storytelling. In: A. Zerfaß, & K. Möslein (Hrsg.), Kommunikation als Erfolgsfaktor im Innovationsmanagement: Strategien im Zeitalter der Open Innovation (S. 195-208). Wiesbaden: Springer Gabler.
Huck-Sandhu, S. (2014). Corporate Messages entwickeln und steuern. In: A. Zerfaß, & M. Piwinger (Hrsg.), Handbuch Unternehmenskommunikation. Strategie, Management, Wertschöpfung, 2. Aufl., (S. 651-670). Wiesbaden: Springer Gabler.
Kleiner, A., & Roth, G. (1998). Wie sich Erfahrungen in der Firma besser nutzen lassen. Hamburg: Harvard Business Manager.
Knöß, S. (2014). Geschichten als Bluechips – Die Potenziale von Storytelling für die Imagebildung deutscher Finanzdienstleistungsunternehmen. In: S. Ettl-Huber (Hrsg.), Storytelling in der Organisationskommunikation: Theoretische und empirische Befunde (S. 63-86). Wiesbaden: Springer VS.
Krüger, F. (2015): Corporate Storytelling. Theorie und Empirie narrativer Public Relations in der Unternehmenskommunikation. Wiesbaden: Springer VS.
Loebbert, M. (2003). Storymanagement. Der narrative Ansatz für Management und Beratung. Stuttgart: Klett-Cotta.
Luckmann, T. (1986). Grundformen der gesellschaftlichen Vermittlung des Wissens: Kommunikative Gattungen. In: F. Neidhardt et al. (Hrsg.), Kultur und Gesellschaft. Kölner Zeitschrift für Soziologie und Sozialpsychologie. Sonderheft 27. Opladen: 191-211.
Lünenborg, M. (2005). Journalismus als kultureller Prozess. Zur Bedeutung von Journalismus in der Mediengesellschaft. Ein Entwurf. Wiesbaden: VS Verlag für Sozialwissenschaften.
Mangold, M. (2002). Markenmanagement durch Storytelling. Arbeitspapier zur Schriftenreihe Schwerpunkt Marketing, Bd. 126. München: Fördergesellschaft Marketing e.V. an der Ludwig-Maximilians-Universität.
Mark. M, & Pearson, C.S. (2001). The hero and the outlaw: Building extraordinary brands through the power of archetypes. New York: McGraw-Hill.
Mast, C. (2013). Unternehmenskommunikation, 5. Aufl., Konstanz: UVK.
Montague, T. (2013). True story: how to combine story and action to transform your business. Boston: Harvard Business Review Press.

2.7 Zusammenfassung

Mühlmann, K., Nagl, M., & Schreder, G., & Mayr, E. (2014). Von Helden und Schurken – Ein sozio-kognitives Modell zu Wirkungen von Narrationen in Organisationen. In: S. Ettl-Huber, (Hrsg.), Storytelling in der Organisationskommunikation: Theoretische und empirische Befunde (S. 9-26). Wiesbaden: Springer VS.

Pennington, N., & Hastie, R. (1992). Explaining the evidence: Tests of the story model for juror decision making. Journal of Personality and Social Psychology, 62, (189–206).

Quasthoff, Uta M. (2001). Erzählen als interaktive Gesprächsstruktur. In K. Brinker, W. Antos, S. Heimann, S.F. Sager (Hrsg.), Text- und Gesprächslinguistik. Ein internationales Handbuch zeitgenössischer Forschung. (S. 1293- 1309). Berlin: De Gruyter.

Quasthoff, U., Hausendorf, H. (2005). Sprachentwicklung und Interaktion. Eine linguistische Studie zum Erwerb von Diskursfähigkeit. Radolfzell: Verlag für Gesprächsforschung.

Reinmann, G., Vohle, F. (2005). Der Umgang mit Geschichten in Organisationen – Beispiele und Kategorisierungsvorschläge. In: G. Reinmann, G. (Hrsg.), Erfahrungswissen erzählbar machen. Narrative Ansätze für Wirtschaft und Schule (S. 71-89). Lengerich: Pabst.

Rehbein, J. (1984). Berichten, Beschreiben, Erzählen. In: K. Ehlich (Hrsg.), Erzählen in der Schule (S. 67-124). Tübingen: Niemeyer

Sammer, P. (2014). Storytelling. Die Zukunft von PR und Marketing. Köln: O'Reilly.

Schmieja, P. (2014). Storytelling in der internen Unternehmenskommunikation. Eine Untersuchung der organisationalen Wertevermittlung. Wiesbaden: Springer VS.

Snowden, D. (2001). Story telling as a strategic communication tool. Strategic Communication management, 5 (2), 28-31

Sodtke, P. (2011). Public Storytelling und Strategisches Public Storytelling: Narrationen in der öffentlichen Kommunikation. Eine theoretische Diskussion aus konstruktivistischer Perspektive. Wien: Masterarbeit.

Stücheli-Gerlach, P., & Perrin, D. (2013). Schreiben mit System. PR-Texte planen, entwerfen und verbessern. Wiesbaden: Springer VS.

Szyszka, P. (2008). Lexikoneintrag Public Storytelling. In: G. Bentele, R. Fröhlich, & P. Szyszka (Hrsg.), Handbuch der Public Relations. Wissenschaftliche Grundlagen und berufliches Handeln. (S. 620-621) Wiesbaden: Verlag für Sozialwissenschaften.

Thier, K. (2006). Storytelling. Eine narrative Managementmethode. Heidelberg: Springer Medizin.

Wache, T., & Brammer, D. (1993). Corporate Identity als Ganzheitliche Strategie. Wiesbaden: Deutscher Universitätsverlag.

Die Erzählung in der Literaturwissenschaft 3

Dieses Kapitel soll als kurzer Exkurs einen Einblick in die Perspektive der Literaturwissenschaft auf Narration geben. Die wesentlichen Begrifflichkeiten und Elemente der Narratologie werden in Bezug auf die Nutzbarkeit für PR-Textsorten vorgestellt. Im Fokus steht auch eine Bewertung des Konzepts des Sujets als wesentlicher Begrifflichkeit der Erzählforschung, die auf den russischen Formalismus zurück geht. Eine zentrale Rolle spielt der Begriff des Ereignisses, der bestimmte Kriterien umfasst und zur Beurteilung von narrativen Texten hilfreich sein kann. Die Unterscheidung zwischen Handlung und Darstellung in der Literaturwissenschaft kann als Parallele zu der textlinguistischen Differenzierung der thematischen und sprachlichen Ebene gesehen werden.

3.1 Narrativität und Ereignis

In der Literaturwissenschaft gibt es zwei verschiedene Konzeptionen der Narration, die sich jedoch zu einer gemeinsamen Definition zusammen gefügt haben. In der klassischen Erzähltheorie war das entscheidende Merkmal einer Erzählung die Gegenwart einer vermittelnden Instanz, des Erzählers. Das zweite Konzept, das sich aus der strukturalistischen Narratologie heraus gebildet hat, stellt nicht mehr die Präsenz der vermittelnden Darstellungsinstanz in den Vordergrund, sondern einen bestimmten Aufbau des darzustellenden Materials:

> „Texte, die im strukturalistischen Sinne narrativ genannt werden, präsentieren, im Gegensatz zu deskriptiven Texten, eine temporale Struktur und stellen Veränderungen dar." (Schmid 2008, S. 2)

In der Praxis der Literaturanalyse hat sich heute eine Mischkonzeption etabliert, die beide Merkmale in einer Definition zusammen fasst: dass nämlich narrative Texte eine Zustandsveränderung durch eine Vermittlungsinstanz repräsentieren. Die Erzählperspektive wird in der Literaturwissenschaft als Fokalisierung bezeichnet. Dabei werden drei verschiedene Perspektiven unterschieden:

1. Nullfokalisierung oder auktoriales Erzählen: Der Erzähler hat eine Gesamtübersicht. Er weiß und erzählt mehr, als die Akteure in der Geschichte wissen.
2. Interne Fokalisierung oder aktoriales Erzählen: Der Erzähler ist zugleich Akteur der Geschichte. Er weiß und erzählt nicht mehr, als der Akteur der Geschichte weiß.
3. Externe Fokalisierung oder neutrales Erzählen: Der Erzähler nimmt eine Außensicht ein und erzählt weniger als die Akteure in der Geschichte wissen. (Martinez und Scheffel 2012, S. 66f)

Den Texten der externen Unternehmenskommunikation wird grundsätzlich die Nullfokalisierung oder das auktoriale Erzählen zugeschrieben:

„Als allwissender (auktorialer) Erzähler kann er ein bestimmtes Deutungsmuster aktiv vertreten. Dies ist vor allem dann möglich, wenn ein bereits abgeschlossenes Geschehen, über das dem PR-Management alle relevanten Informationen vorliegen, retrospektiv erzählt wird." (Krüger 2015, S. 82) Dies ist für die Darstellung der Unternehmensgeschichte anzunehmen. Denn eine Variabilität in der Perspektive wird in der Regel den fiktionalen Texten zugesprochen. (Martinez und Scheffel 2012, S. 66)

Die konstituierenden Elemente einer Geschichte sind Figuren, Ereignisse, Ort und Zeit. Denn in einer Geschichte sind es die Figuren, die in einer bestimmten raumzeitlichen Situation ausgewählte Ereignisse entweder aktiv beeinflussen oder erleben. Die genannten Elemente lassen sich in zwei verschiedene Klassen einteilen: Objekte und Prozesse. Unter Objekten sind übergreifend die mehr oder weniger stabilen Elemente zu verstehen, also z. B. Orte und Dinge, aber auch Akteure. Prozesse sind dagegen die Veränderungen, die in den Objekten, mit den Objekten, durch die Objekte oder zwischen den Objekten geschehen, mit anderen Worten: die Ereignisse.

Konstituierend für Geschichten sind demnach Zustandsveränderungen. Mit einem Zustand oder einer Situation sind eine Menge von Eigenschaften gemeint, die sich auf eine Figur oder die Welt in einer bestimmten Zeit der erzählten Geschichte beziehen. Wenn sich die dargestellten Eigenschaften auf eine Figur beziehen, spricht man von einem inneren Zustand, wenn sie sich auf Teile der Welt beziehen, ist damit ein äußerer Zustand beschrieben. Auch wenn die Veränderung des Zustands

3.1 Narrativität und Ereignis

und ihre Bedingungen nicht explizit dargestellt werden, sondern nur impliziert werden, gilt mindestens eine Veränderung eines Zustands als Minimalbedingung der Narrativität. Dabei unterliegt diese Zustandsveränderung drei Bedingungen:

> „1. Eine temporale Struktur mit mindestens zwei Zuständen, einem Ausgangs- und einem Endzustand.
> 2. Eine Äquivalenz von Ausgangs- und Endzustand, d.h. Similarität und Kontrast der Zustände, genauer: Identität und Differenz ihrer Eigenschaften. Volle Identität der Eigenschaften ergibt keine Zustandsveränderung. Aber auch die absolute Differenz konstituiert sie nicht, denn Anfangs- und Endzustand müssen vergleichbar sein, etwas Gemeinsames haben.
> 3. Die beiden Zustände und die sich zwischen ihnen ereignende Veränderung müssen sich auf ein und dasselbe Subjekt des Handelns oder Erleidens oder auf ein und dasselbe Element des ‚settings', beziehen." (Schmid 2014, S. 4)

Einige Theoretiker fordern als Grundvoraussetzung für Narrativität nicht nur eine temporate Verknüpfung der Veränderung, sondern auch eine kausale. Kausalität wird, auch wenn sie nicht explizit vertextet ist, als solche wahrgenommen. Zwischen der chronologischen Abfolge und kausaler Folgerichtigkeit besteht ein unmittelbarer Zusammenhang. Der zeitlichen Sequenz liegt demnach immer ein logisches Konzept zugrunde, welches der Rezipient hinein interpretiert. Allein durch zeitliche Abfolge wird eine Kausalbeziehung zwischen nacheinander auftretenden Ereignissen zumindest nahe gelegt. Für eine Geschichte ist insgesamt eine chronologische wie auch kausale Verknüpfung der Ereignisse wichtig, wobei letztere aufgrund der Interpretation der Rezipienten intuitiv wahrgenommen wird. Grundsätzlich zählt jedoch die Kausalität nicht zu den Kerneigenschaften eines narrativen Textes. (vgl. Schmid 2014, S. 6)

Eine Geschichte vereint dynamische Elemente (Zustandsveränderungen) und auch statische Elemente (die Beschreibung des Zustands selbst). Daher umfasst die Präsentation narrative und auch deskriptive Textmodi. Eine eindeutige Zuordnung ist zumeist von der Interpretation abhängig, da die Übergänge oft fließend sind. Ein wesentliches zusätzliches Merkmal einer Erzählung ist die Ereignishaftigkeit der Veränderung. Ereignisse sind die kleinsten Einheiten von Geschichten und Erzählungen. Sie sind definiert als zeitlich und räumlich abgrenzbare Vorkommnisse. In einer Reihung ergeben sie die erzählte Geschichte. Wann aber kann man von einer Zustandsveränderung als einem Ereignis sprechen? Schmid schlägt fünf Kriterien vor, die mehr oder weniger erfüllt sein müssen, wenn man von einem Ereignis sprechen möchte:

1. Relevanz der Veränderung: Die Zustandsveränderung muss in der narrativen Welt als wesentlich, also nicht als trivial empfunden werden,.

2. Imprädikabilität: Die Ereignishaftigkeit steigt, wenn von allgemein Erwartbarem abgewichen wird.

Die beiden ersten Kriterien sind entscheidend und müssen in einem Mindestmaß erfüllt sein. Ferner:

3. Konsekutivität: Die Ereignishaftigkeit steigt, wenn die Veränderung im Rahmen der erzählten Welt Folgen hat für das Denken und Handeln des betroffenen Subjekts.
4. Irreversibilität: Die Ereignishaftigkeit nimmt zu mit der Irreversibilität des neuen Zustands, das heißt mit der Unwahrscheinlichkeit, dass der erreichte Zustand rückgängig gemacht wird.
5. Non-Iterativität: Es besteht nur eine geringe Ereignishaftigkeit, wenn sich Veränderungen wiederholen können.

Die aufgestellten Merkmale sind in weiten Zügen auch der subjektiven Interpretation unterworfen, weswegen sie teilweise auf Kritik gestoßen sind. Dennoch liefern sie eine hilfreiche Schablone für die Beschäftigung mit „echten" Erzählungen oder Texten, die als Erzählung bezeichnet werden. Als Ereignis verstehen wir als Abweichung von den – in einer gegebenen narrativen Welt – geltenden Gesetzmäßigkeiten, dem Normativen, dessen Vollzug die Ordnung dieser Welt aufrechterhält. Kurz gesagt: Ein Ereignis ist also, wie übrigens der englische Ausdruck „Event" bereits suggeriert, ein besonderer, nicht alltäglicher Vorfall.

In der Kommunikationswissenschaft wird zwischen Ereignis, Thema und Frame unterschieden, wobei letztere zwei konsekutive Abstraktionsstufen umschreiben. Wird also der Abstraktionsgrad höher und die Sequenz von Ereignissen einem gemeinsamen Oberbegriff zugewiesen, erhält man ein Thema. Abstrahiert man auch von den Themen, erhält man ein themenunabhängiges, universelles Muster, einen Frame. Krüger verdeutlicht die drei Ebenen anhand konkreter Beispiele mit Unternehmensbezug (Krüger 2015, S. 91):

- Ereignis (Diskretes Vorkommnis): Aufstieg zum Weltmarktführer
- Thema (Sequenz von Ereignissen unter einem Oberbegriff): Globaler Wettbewerb
- Frame (Themenunabhängiges Muster): Konkurrenz, Konflikt

In der Textlinguistik wird in diesem Zusammenhang von einem Basis-Narrativ gesprochen, also dem universellen, kulturell überlieferten Grundmuster:

„Erzählungen (Narrationen) beziehen sich auf Ereignisse, die von einem Konflikt zwischen unterschiedlichen Wertvorstellungen handeln. Diese Komponenten werden dabei in einem kulturell überlieferten Grundmuster (einem Basis-Narrativ) miteinander in eine fassbare Verbindung gebracht: Dieses Grundmuster zeigt auf, wie die Kulmination, also die Verbindung von Konflikt und Konfliktlösung der Erzählung konstruiert ist." (Brinker 2014 S. 74)

Die Definition einer Geschichte im narratologischen Sinne ist demnach eng mit dem Ereignisbegriff und einer Zustandsveränderung verknüpft. Darüber hinaus muss dieses Ereignis eine Veränderung enthalten, die von Erwartbarem abweicht. Diese Aspekte sind in der praxisbezogenen Beschäftigung mit PR-Geschichten zu wenig berücksichtigt. Häufig werden Texte als Geschichten bezeichnet, die eine Person als Helden darstellen, aber nicht einen Veränderungsprozess und den Bezug zu einem Wertemuster herstellen. Auch die Differenzierung zwischen Ereignis, Thema und Frame aus der Kommunikationswissenschaft kann ein hilfreiches Raster für die Kategorisierung von Narrationen in der PR bieten.

3.2 Handlung und Darstellung

Als erste Unterscheidung, die in der Erzähltheorie vorgenommen wird und die als Differenzierung für die vorliegende Arbeit wichtig ist, muss die Zweiteilung zwischen faktualer und fiktionaler Erzählung genannt werden. In der Erzähltheorie unterscheidet man nämlich Erzählungen mit Hilfe der Merkmalspaare „real vs. fiktiv" und „dichterisch vs. nichtdichterisch". Die Form, die für die Betrachtungen in diesem Buch relevant ist, ist eine authentische Erzählung von historischen Ereignissen und Personen, die in der Erzähltheorie als faktuale Erzählung bezeichnet wird. Faktuale Texte sind Teil einer realen Kommunikation, in der das tatsächliche Schreiben eines existierenden Autors einen Text produziert, der aus Sätzen besteht, die von einem echten Leser gelesen und als tatsächliche Behauptungen des Autors verstanden werden. (Martinez und Scheffel 2012, S. 19) In einer faktualen Erzählung lässt sich das Verhältnis zwischen dem Erzählen und dem erzählten Geschehen im Sinne einer zeitlichen Folge verstehen: Einer Reihe von Ereignissen folgt das Erzählen dieser Ereignisse und, als Produkt des Erzählens, die Erzählung, die als Text, Tonbandaufzeichnung o. ä. den Vorgang des Erzählens überdauern und in das kulturelle Gedächtnis eingehen kann. (Martinez und Scheffel 2012, S. 20)

In der Beschäftigung mit Texten gibt es immer die zwei Ebenen des Inhalts und der Vertextung verknüpft mit den Fragen „Was wird erzählt?" und „Wie wird es erzählt?". Martinez und Scheffel erläutern ihre Unterscheidung zwischen dem Inhalt und der Darstellung wie folgt:

> „Beim Lesen eines narrativen Textes können wir eine bestimmte Einstellung gegenüber dem Text einnehmen, in der wir von den Worten, dem Stil oder dem Erzählverfahren absehen, mit denen uns die Geschichte vermittelt wird. Die Umstände der Vermittlung treten dann in der Wahrnehmung zurück zugunsten der erzählten Welt, die der Text beschreibt. In dieser Einstellung identifizieren wir uns mit bestimmten Figuren und nehmen Anteil an ihrem Schicksal, wir erklären und beurteilen ihr Verhalten nach Maßstäben unserer lebensweltlichen Praxis." (Martinez und Scheffel 2012, S. 22)

Hier steht somit allein die Konzentration auf das „Was?" im Vordergrund. Diese Unterscheidung steht in einem Zusammenhang mit den Begrifflichkeiten, die im russischen Formalismus mit „Fabel" und „Sujet" kontrastiert werden. So wird die Fabel definiert als die Gesamtheit der Motive in ihrer logischen, kausaltemporalen Verknüpfung. Das Sujet wird dagegen als die Gesamtheit derselben Motive in derjenigen Reihenfolge und Verknüpfung, in der sie im Werk vorliegen, bezeichnet. (Martinez und Scheffel 2012, S. 25) Das Sujet einer Erzählung bezeichnet demnach als ein Phänomen des Stils den kompositorischen Aufbau des Werks (vgl. Schmid 2014, S. 232).

Auch die französische Übertragung des Begriffspaars in „histoire" vs. „discours" unterscheidet auf ähnliche, wenn auch nicht synonyme Weise. Die im Text erzählte Geschichte (histoire) beschreibt eine bestimmte Realität oder Ereignisse, die stattgefunden haben, die aber durchaus auch auf eine andere Weise hätten erzählt werden können. Auf der Ebene des discours zählen nicht die erzählten Ereignisse, sondern die Art, wie der Erzähler dafür gesorgt hat, dass der Leser sie kennen lernt. Wichtig ist jedoch die Erkenntnis, dass die Unterscheidung zwischen Inhalt und Darstellung, wie Martinez und Scheffel sie bezeichnen, für die Bewertung von Texten und besonders Erzählungen enorm wichtig ist. Diese lassen sich nach den Autoren noch weiter differenzieren, so dass die vier Bereiche der Handlung und zwei Aspekte der Darstellung wie folgt unterschieden werden können:

„**Handlung**
Ereignis (Motiv): Die elementare Einheit eines narrativen Textes im Bereich der Handlung ist das Ereignis oder Motiv.
Geschehen: Auf der ersten Integrationsstufe erscheinen Ereignisse zu einem Geschehen aneinandergereiht, indem sie chronologisch aufeinander folgen.
Geschichte: Das Geschehen als eine Reihe von Einzelereignissen wird zur Einheit einer Geschichte integriert, wenn die Ereignisfolge zusätzlich zum chronologischen auch eine kausalen Zusammenhang aufweist, so dass die Ereignisse nicht nur aufeinander, sondern auch auseinander folgen.

3.2 Handlung und Darstellung

Handlungsschema: Das Handlungsschema ist ein aus der Gesamtheit der erzählten Ereignisse abstrahiertes globales Schema der Geschichte, das nicht nur für den einzelnen Text, sondern für die ganze Textgruppe (wie z. B. Gattungen) charakteristisch sein kann. Durch die Integration in ein Handlungsschema erhält die Geschichte eine abgeschlossene (Anfang, Mitte, Ende) und sinnhafte (z. B. archetypische) Struktur.

Darstellung
Erzählung: Die erzählten Ereignisse in der Reihenfolge ihrer Darstellung im Text. Die Erzählung unterscheidet sich von der chronologisch rekonstruierten Handlung vor allem durch die Gestaltung und zeitliche Umgruppierung der Ereignisse im Text (z. B. Erzähltempo, Rückwendung, Vorausdeutung).
Erzählen: Die Präsentation der Geschichte und die Art und Weise der Präsentation in bestimmten Sprachen, Medien (z. B. rein sprachlich oder audio-visuell) und Darstellungsverfahren." (Martinez und Scheffel 2012, S. 27)

Eine Handlung besteht somit aus dem Ereignis als kleinstem Element. Eine Geschichte kann jedoch das Geschehen prinzipiell nicht im Verhältnis eins zu eins abbilden. Sie muss sich auf eine bestimmte Menge von Geschehensmomenten begrenzen. In der Narratologie spricht man von Raffung oder Dehnung einer Geschichte: „Wenn für eine Episode der Geschichte relativ viele Momente gewählt und die Momente in vielen Eigenschaften konkretisiert sind, erscheint die Darstellung gedehnt und das Erzählen langsam. Wenn aber relativ wenige Momente und Eigenschaften gewählt sind, erscheint die Darstellung gerafft und das Erzählen schnell." (Schmid 2014, S. 263) Somit können schon auf der Ebene des Geschehens das Erzähltempo beeinflusst und durch eine spezifisch gesetzte Dynamik bestimmte Schwerpunkte gesetzt werden. In der Raffung und Dehnung realisiert sich der ideologische Standpunkt, die Wertungsperspektive. Der Textproduzent kann die Bedeutsamkeit, die er bestimmten Episoden beimisst, somit selbst bestimmen. Wie das in der oftmals viele Jahrzehnte umfassenden Unternehmenshistorie selektiert wird, zeigt die Untersuchung der Textexemplare in Kapitel 5.

Wie lassen sich die Ereignisse selbst typisieren und welche unterscheidbare Formen gibt es? In Anlehnung an Martinez und Scheffel unterscheidet Krüger für die Analyse von Corporate Storys vier verschiedene Ereignistypen und beschreibt sie anhand konkreter Beispiele (Krüger 2015, S. 87)

1. Dynamisch-intendiert: „Die Geschäftsführung beschloss die Aufgabe des Geschäftsbereichs".
2. Dynamisch-nicht intendiert: „Der Umsatz brach ein".
3. Statisch-akteursbezogen: „Das Unternehmen war insolvent".
4. Statisch-nicht akteursbezogen: „Die Wirtschaft befand sich in einer Rezession".

Die Differenzierung kann als Vorlage für die spätere in Kapitel 6 durchgeführte Bewertung der Ereignisse in den Erzähltypen der Unternehmensgeschichte liefern. Das Handlungsschema ist übergreifend: es ist ein typischer, d. h. mehreren narrativen Texten gemeinsamer Handlungsverlauf, dem eine latente Tiefenstruktur zugrunde liegt, die textübergreifenden Charakter hat. (Martinez und Scheffel 2012, S. 127) Dies ließ sich wissenschaftlich anhand unterschiedlicher Texte anhand von gemeinsamen Mustern, wie Märchen oder Mythen nachweisen. Krüger spricht in diesem Zusammenhang von narrativen Frames. Diese beziehen sich auf konkrete Ereignis- bzw. Handlungsfolgen an denen menschliche oder anthropomorphe Akteure beteiligt sind. (Krüger 2015, S. 124). Narrative Frames stellen bestimmte Kausalbeziehungen heraus:

> „Wird ein Konflikt als David-Goliath-Frame interpretiert, ergibt es sich wie von selbst, dass die Position des Davids als moralisch überlegen betrachtet wird. Ausgehend davon erscheint auch die Handlungsweise Davids als empfehlenswerter als die Goliaths." (Krüger 2015, S. 124)

Nach Denning gibt es daran anschließend acht verschiedene narrative Muster, die jeweils verschiedene Funktionen übernehmen (Denning 2011, S. 57f)

- „Springboard Story": Motivation zum Handeln
- „Trust Story": Vertrauen in Personen und Marken stärken
- „Value Story": Implementieren von Werten
- „Collaboration Story": Verbesserung der Zusammenarbeit
- „Knowledge Story": Teilen von Wissen
- „Grapevine Story": Zähmen der Gerüchteküche
- „Future Story": Entwicklung von Visionen
- „Sucess Story": Kommunikation von Erfolgen

Abschließend soll noch einmal die Rolle des Akteurs als wesentlicher Figur in der Handlung thematisiert werden. Personen, die die Handlung tragen, die Ereignisse in der Geschichte entweder aktiv bewirken oder passiv erleben werden als Akteure bezeichnet. Sie spielen eine zentrale Rolle in jeder Story. Durch die ihnen zugeschriebenen Charakteristika und ihre Funktionen in der Geschichte werden sie zu wiedererkennbaren Charakteren mit berechenbarem Handlungsspielraum: Sie werden zu Helden, Gegenspielern oder Helfern, mit denen sich die Rezipienten der Erzählung identifizieren und deren Emotionen, Motive, Einstellungen und Handlungen sie nachvollziehen können. (Krüger 2015, S. 83)

Die Identität eines Charakters wird in der Erzählung aus unterschiedlichen Merkmalen konstruiert. Die Zuschreibung von Charakteristika kann dabei explizit oder implizit erfolgen. Als erste Möglichkeit zur Charakterisierung von Akteuren sind die einem Akteur explizit zugeschriebenen Eigenschaften zu nennen. Die Identität eines Akteurs kann aber auch aus seinen Handlungen abgeleitet werden. Die Charakterisierung eines Akteurs über seine Handlungen und die dadurch gebildete Akteursidentität entstehen also implizit. Eine dritte Möglichkeit zur Charakterisierung von Akteuren und der Konstruktion der Akteursidentität stellen schließlich die Beziehungen der Akteure untereinander dar. (Krüger 2015, S. 85)

3.3 Semantische Felder und die Grenzüberschreitung

Ein Modell, das die Literaturwissenschaft und die Narratologie stark geprägt hat, ist das Modell der narrativen Konstitution. Als Grundlage werden hier das Modell und die Begrifflichkeiten von Lotman näher erläutert, der ausgehend von den Arbeiten der russischen Formalisten eine kulturwissenschaftlich orientierte Semiotik entwickelte. Nach Lotman ist jede Narration, damit sie fassbar und wahrnehmbar bleibt, lediglich ein endliches, meist uniperspektivisches Abbild der multiperspektivischen und multidimensionalen Wirklichkeit. Das fokussiert das Problem der Perspektivität einer Erzählung, denn alle Weltmodelle sind mit markanten, semantisch aufgeladenen räumlichen Merkmalen ausgestattet, die in einer Erzählung in das enge Korsett der Perspektivierung gespannt werden. (Lotman 1972, S. 312)

Bei Lotmann stehen nicht die zeitliche Struktur einer Erzählung im Mittelpunkt, sondern die räumliche Organisation im Sinne von räumlichen Qualitäten und topologische Relationen. Das können beispielsweise die Grenzen zwischen „hoch vs. niedrig", „rechts vs. links", „oben vs. unten", „offen vs. geschlossen" sein. Die Raumstruktur, die auf diese Weise entwickelt wird, bildet so modellhaft die Struktur der Welt ab, die vom jeweiligen Text dargestellt wird. Somit kann man die Struktur eines Textes als Modell der Struktur der Räume der ganzen Welt begreifen. (Lotman 1972, S.312) Das System der Raumrelationen wird auch Topologie genannt. Darin fließen gesellschaftliche und kulturelle Wertesysteme ein, die in der beschriebenen räumlichen Struktur und durch eine klassifikatorische Grenze in den Erzähltext einfließen. Dabei können die zwei dichotomen Teilräume unterschiedliche Werte repräsentieren.

Als wesentliches Kriterium für ein Ereignis bezeichnet Lotman die Versetzung einer Figur über die Grenze eines semantischen Feldes, bzw. dichotomen Räume. Die Grenze teilt den Raum in zwei disjunkte Teilräume, die unüberschreitbar sind. Die Art, wie ein Text durch eine solche Grenze aufgeteilt wird, ist eines seiner wesentlichsten Charakteristika. Bedeutsam ist, dass die Grenze, die den Raum teilt, unüberwindlich sein muss und die innere Struktur der beiden Teile verschieden (Lotman 1972, S.327)

Das Sujet als Verkettung von Ereignissen thematisiert die in der Topografie aufgebaute gesellschaftliche Normenwelt. Die einzelne Handlung des Helden in Interaktion mit den anderen Figuren und in der Topografie wird als Motiv bezeichnet. Signifikant und bedeutungserzeugend sind vor allem diejenigen Motive, die sich in abgewandelter Form wiederholen.

Ein Sujet im Sinne Lotmans setzt sich demnach aus drei notwendigen Elementen zusammen:

1. ein semantisches Feld, das in zwei komplementäre Untermengen aufgeteilt ist
2. eine Grenze zwischen diesen Untermengen, die unter normalen Bedingungen impermeabel ist, im vorliegenden Fall jedoch für den die Handlung tragenden Helden als durchlässig erweist
3. der die Handlung tragende Held.

Je nachdem, ob in einer Erzählung nun eine Grenzüberschreitung von dem einen in den anderen Teilraum vorliegt, können Texte in zwei unterscheidbare Texttypen eingeteilt werden:

1. Sujetlose Texte: Eine Überschreitung einer Grenze oder eine Verletzung der geltenden Ordnung findet nicht statt.
2. Sujethafte Texte: Sie besitzen einen revolutionären Charakter durch die Negation des sujetlosen Systems. In diesen Texten gibt es zwei verschiedene Arten von Figuren: Unbewegliche Figuren, die der Bestätigung der sujetlosen Struktur dienen und sich ausschließlich innerhalb ihres semantischen Feldes aufhalten und die beweglichen Figuren, die Helden, die eine klassifikatorische Grenze überschreiten können.

Der Gegensatz der Teilräume oder semantischer Felder entfaltet sich auf drei Ebenen: Topologisch ist der Raum der erzählten Welt durch Oppositionen wie „hoch vs. tief" oder „links vs. rechts" unterschieden. Diese topologischen Unterscheidungen werden im literarischen Text mit ursprünglich nicht-topologischen semantischen Gegensatzpaaren verbunden, die häufig wertend sind, wie z. B. „gut vs. böse", „vertraut vs. fremd" etc. Schließlich wird die semantisch aufgeladene topologische Ordnung durch topographische Gegensätze der dargestellten Welt konkretisiert, z. B. „Berg vs. Tal" oder „Stadt vs. Wald".

Die Helden-Figur überschreitet demnach die klassifikatorische Grenze, dadurch entsteht die Handlung durch das Abrufen und Negieren des modellierten Wertesystems. Lotmans Theorie des Narrativen baut auf diesem Begriff der Grenze und der Grenzüberschreitung auf. Er spricht von einem Ereignis, wenn eine solche Grenzüberschreitung vollzogen wird und bezeichnet das als konstitutiv für narrative Texte. Das Ereignis ist demnach „als die kleinste unzerlegbare Einheit des Sujetaufbaus" (Lotman 1972, S. 330) zu bezeichnen. und er definiert diese kleinste Einheit ausgehend von seinem Konzept der Grenze: „Ein Ereignis im Text ist die Versetzung einer Figur über die Grenze eines semantischen Feldes" (Lotman 1972, S. 332). Mit dem Begriff der Grenze lässt sich demnach genau bestimmen, was in einem Text als Ereignis gilt und ob ein solches Ereignis in einem Text überhaupt zu identifizieren ist. Die narrative Struktur eines erzählenden Textes, also die Handlung oder der Plot baut sich von diesem Ereignis her auf.

In dem alltäglichen Gebrauch werden mit einem Begriff des Ereignisses auch diverse andere Geschehen bezeichnet. Hier unterscheidet sich das Modell von Lotman grundlegend. Der Begriff des Ereignisses ist solchen Geschehen vorbehalten, bei denen eine Figur die Grenze eines semiotischen Raumes überschreitet. Somit liefert diese theoretische Perspektive zugleich aber auch ein Beurteilungsschema, mit dem man die narrative Struktur eines Textes intersubjektiv nachvollziehbar beurteilen und systematisieren kann. Wichtig ist in diesem Zusammenhang ebenso der kulturelle Bezugsrahmen. Nach Lotman gibt es kein Ereignis an sich, denn es hängt immer von der semantischen Ordnung des jeweiligen Textes bzw. vom Weltbild der jeweiligen Kultur ab und bietet somit einen Erklärungsrahmen, warum „ein und dieselbe Lebensrealität in verschiedenen Texten den Charakter eines Ereignisses sowohl annehmen wie auch nicht annehmen kann" (Lotman 1972, S.331). Das Sujet erzeugt eine wertmäßig konfliktgeladene sekundäre Textebene: die Bedeutung der Story.

3.4 Nutzwert für die Public Relations

Die Übertragung des Sujet-Konzeptes auf die Bewertung und Analyse von nicht-literarischen Texten ist nicht immer möglich. Versucht man aber die Grenzüberschreitungstheorie so zu erweitern, dass sie nicht nur fiktionale, sondern auch nicht-fiktionale Ereignisse erfasst, so stellt sich sofort die Frage nach dem Ursprung der Ordnungssätze. Denn bei nicht-fiktionalen Ereignissen gibt es keinen Autor, der eine Geschichte so konstruiert, dass aus einem Geschehen ein Ereignis wird. Hier spricht nun alles dafür, dass die kulturelle Ordnung, die sich in einer Sprache manifestiert diese Funktion übernimmt. Aus der Grenzüberschreitungstheorie ergibt auch für die Textlinguistik die Frage nach dem systematischen Zusammenhang der verschiedenen thematischen Entfaltungen. Lotmans Konzept des sujetlosen und sujethaften Textes verknüpft ja die deskriptive mit der narrativen Themenentfaltung. Über allem steht die Frage ob Erzählungen wirklich immer topologisch aufgebaut sind. Martinez und Scheffel führen dazu aus:

„Doch gibt Lotman kein Argument für sein Postulat, dass Erzählungen notwendigerweise topologisch strukturiert sind. Weist wirklich jeder bedeutungshaltige narrative Text eine klassifikatorische Grenze auf? Ist jede Geschichte einer Normverletzung immer auch die Geschichte einer räumlichen Grenzüberschreitung? Man darf bezweifeln, dass die von Lotman beschriebene Sujet-Raum Struktur ein notwendiges Merkmal bedeutungshaltiger barrativer Texte darstellt. Aber auch wenn der Geltungsanspruch des Lotmanschen Modells einzuschränken ist, wird sein heuristischer Nutzen bei der Analyse geeigneter Erzähltexte deswegen nicht aufgehoben" (Martinez und Scheffel 2012, S. 160)

Aus der Perspektive der Textlinguistik existieren in jedem Fall narrative Texte, insbesondere einer ergebnisorientierten Vertextung, wie beim Protokoll. Für die Beschäftigung damit, warum manche Geschichten so eine faszinierende Wirkung auf die Leser ausüben und eine kommunikative Botschaft implizit erfolgreich vermittelt werden kann, erscheint die Idee der Grenzüberschreitung als Analysemethode als gut verwendbar.

3.5 Zusammenfassung

- Narrative Texte repräsentieren eine Zustandsveränderung durch eine Vermittlungsinstanz. In PR-Texten werden auktoriales (allwissender Erzähler) oder aktoriales Erzählen (Erzähler als Akteur) eingesetzt.
- Die konstitutiven Elemente einer Geschichte sind Objekte, also z. B. Figuren und Orte, sowie Prozesse, also Ereignisse mit einer Zeitdimension.
- Die Zustandsveränderung als Grundmerkmal der Narrativität hat drei Bedingungen: eine temporale Struktur, die Äquivalenz von Ausgangs- und Endzustand und der Bezug auf ein und dasselbe Subjekt des Handelns oder Erleidens.
- Ein weiteres wichtiges Merkmal von Narrativität ist die Kausalität der Ereignisse, die entweder explizit vertextet ist oder von Rezipienten durch die chronologische Verknüpfung intuitiv wahrgenommen wird.

3.5 Zusammenfassung

- Eine Geschichte vereint dynamische und statische Elemente, daher können auch narrative und deskriptive Textmodi integriert sein. Eine eindeutige Einordnung ist von der Interpretation abhängig.
- Die wesentlichen Kriterien eines Ereignisses sind die Relevanz und die Imprädikabilität, wenn also vom allgemein Erwartbaren abgewichen wird.
- In der Kommunikationswissenschaft wird zwischen Ereignis (Vorkommnis), Thema (Sequenz von Ereignissen) und Frame (Themenunabhängiges Muster) unterschieden. Die Textlinguistik spricht in diesem Zusammenhang von einem Basis-Narrativ als kulturell überliefertes Grundmuster einer Erzählung.
- Die Erzähltheorie unterscheidet zwischen Inhalt und Darstellung: Die Handlung baut sich aus einem Ereignis (Motiv), einem Geschehen (mehrere Ereignisse), aus Geschichte (Reihe von Ereignissen in einer Einheit) und Handlungsschema (globales Schema der Geschichte) auf. Die Darstellung umfasst die Erzählung (Gestaltung und zeitliche Gruppierung) und das Erzählen (Art und Weise der Präsentation).
- Der Akteur als zentrale Rolle in einer Erzählung wird durch explizite oder implizite Zuschreibung von Charakteristika zur Identifikationsfigur und kann als Held, Gegenspieler oder Helfer die Handlung aktiv antreiben oder passiv erleben.
- Im russischen Formalismus wird das System der Raumrelationen einer Erzählung Topologie genannt, die aus dichotomen Räumen mit einer unüberschreitbaren Grenze besteht. Mit dem Begriff Sujet wird das semantische Feld mit zwei Untermengen, einer Grenze und dem die Handlung tragenden Held bezeichnet. Die Helden-Figur überschreitet die klassifikatorische Grenze, dadurch entsteht die Handlung durch ein Abrufen und Negieren des modellierten Wertesystems. Das Sujet erzeugt somit eine wertmäßig konfliktgeladene sekundäre Textebene: die Bedeutung der Story.
- Die Übertragung des Sujet-Konzepts auf nicht-fiktionale narrative Texte im Sinne einer ausschließlichen Bewertung von Bedeutung ist nicht immer möglich, da es hier durchaus narrative Texte gibt, die ohne topologische Grenze und Grenzüberschreitung funktionieren

Literatur

Brinker, K. (2014). Linguistische Textanalyse. Eine Einführung in Grundbegriffe und Methoden, 7. Aufl., Berlin: Erich Schmidt Verlag.

Denning, S. (2011). The Leader's Guide to Storytelling. Mastering the Art and Discipline of Business Narrative. San Francisco: Jossy-Bass.

Krüger, F. (2015). Corporate Storytelling. Theorie und Empirie narrativer Public Relations in der Unternehmenskommunikation. Wiesbaden: Springer VS.
Lotman, J. (1972). Die Struktur literarischer Texte. München: Fink.
Martinez, M., & Scheffel, M. (2012). Einführung in die Erzähltheorie, 9. Aufl. München: Beck.
Schmid, W. (2014). Elemente der Narratologie. 3. Aufl., Berlin: De Gruyter

Der Text und die Textsorte in der Textlinguistik

4

Von der Handlung zur Darstellung, auf die Ebene des Textes: Die Textlinguistik befasst sich mit dem Text als Untersuchungsgegenstand. Im ersten Teil des Kapitels 4 werden die Textualitätskriterien vorgestellt. Davon zu unterscheiden ist der Begriff der Textsorte, der vorliegende Textexemplare nach bestimmten Merkmalen zu einer Kategorie zusammen fasst. Texte werden in der Textlinguistik mittels verschiedener Dimensionen beschrieben, die auch für die textlinguistische Untersuchung in diesem Buch herangezogen werden. Textsorten zeichnen sich durch einen spezifischen Kommunikationsbereich, eine Textfunktion, eine bestimmte Art der Themenentfaltung und prototypische sprachliche Merkmale aus. Dieses Kapitel bildet die theoretische Grundlage der späteren Analyse. Auf dieser wird im letzten Schritt ein nutzbares Textbeschreibungsmodell für die Texte der Unternehmensgeschichte der Dax30-Unternehmen entwickelt.

4.1 Definition des Textes

Die umfassendste und ausführlichste Definition des Textbegriffs ist bei Heinemann/Heinemann zu finden. Die Autoren gehen allerdings in der Ausführlichkeit über eine enge Definition des Begriffes „Text" hinaus und beziehen auch Aspekte von Textsorten ein:

> „Ein Text als Teileinheit eines Diskurses ist eine relativ abgeschlossene Grundeinheit der sprachlichen Kommunikation, die von sozial Handelnden als pragmatische, semantische und formale sowie prototypisch gewichtete Gesamtheit deklariert bzw. verstanden wird. Texte werden von den Kommunizierenden aus bestimmten sozialen oder psychischen Anlässen nach globalen Textmustern, die sich als erfolgreich erwiesen haben, konstituiert und rezipiert. Sie sind auf das Übermitteln und Verstehen von thematisch organisierten Informationseinheiten zur Realisierung

von Handlungszielen der Partner im Rahmen übergreifender Interaktionsereignisse gerichtet. Die Elemente der Äußerungsfolgen stehen in kohäsiven Beziehungen zueinander; Kohärenz kommt auf der Basis textgeleiteter Zusammenhänge durch das Inferieren von Vorwissen über die Konstitution von Texten zustande." (Heinemann und Heinemann 2002, S. 111)

Diese Definition verbindet verschiedene Aspekte, wie das Konzept des Diskurses, die Abgeschlossenheit von Texten, die handlungstheoretischen Komponenten, kognitive Aspekte des Vorwissens, Textmuster sowie kohäsive und kohärente Beziehungen als Textualitätskriterien. Heinemann und Heinemann geben somit auf der einen Seite eine sehr umfassende Definition des Textbegriffes, die auf der anderen Seite jedoch viele Aspekte zusammen fasst ohne sie in einen Zusammenhang zu bringen. Definitionen des Textbegriffs sollten immer unter dem Ziel eines klaren Erkenntnisgewinns stehen, der für die Arbeit mit Texten gewinnbringend einzusetzen ist. Daher kann es sinnvoll sein, eher bestimmte Kriterien in den Vordergrund zu stellen und nicht möglichst viele Aspekte einzubeziehen.

Neben der Entwicklung einer umfassenden Textdefinition beschäftigt sich die Textlinguistik mit den einzelnen Merkmalen der Textualität, den sogenannten Textualitätskriterien. Was einen Text von einem Nicht-Text unterscheidet, ist dabei die leitende Frage. Eine Einführung in die Begrifflichkeiten der Textlinguistik kommt somit nicht ohne die Darstellung dieser Textualitätsmerkmale aus, die im Folgenden skizziert werden sollen.

Textualitätsdimensionen erfassen die Kriterien für die Textualität eines Textes. Der meist zitierte und bereits in einer frühen Phase der Textlinguistik erarbeitete Vorschlag stammt von Beaugrande und Dressler aus dem Jahre 1981. Dieses Modell wird in der Textlinguistik oftmals als Meilenstein für die kognitive Wende in der Textlinguistik bezeichnet. (vgl. Heinemann und Heinemann 2002, S. 95) Beaugrande und Dressler entwickelten sieben Kriterien der Textualität, die einen Text bei ihrer Erfüllung als kommunikativ kennzeichnen.

„Wir definieren einen Text als kommunikative Okkurenz, die sieben Kriterien der Textualität erfüllt. Wenn irgendeines der Kriterien als nicht erfüllt betrachtet wird, so gilt der Text nicht als kommunikativ. Daher werden nicht-kommunikative Texte als Nicht-Texte behandelt." (Beaugrande und Dressler 1981, S. 3)

Das erste von Beaugrande und Dressler formulierte Kriterium ist die Kohäsion. Sie bezeichnet die Verbindung der Wörter in der Textoberfläche. Die Autoren beschreiben die Kohäsion als die Art, wie die Komponenten des Oberflächentextes, also die tatsächlich vom Rezipienten gehörten oder gesehenen Wörter, miteinander verbunden sind. Die Oberflächenkomponenten sind durch grammatische Formen

4.1 Definition des Textes

und Konventionen voneinander abhängig, so dass die Kohäsion auf grammatischen Abhängigkeiten beruht.

Die satzübergreifenden grammatischen Relationen zwischen den Einheiten des Textes und insbesondere die Verwendung des Pronomens sind für die Kohäsion in einem Text von großer Bedeutung. Die Kohäsion als Textualitätskriterium ist somit dem Bereich der grammatisch geprägten Textualität zuzuordnen. Neben der pronominalen Verkettung ist die Kohäsion auch durch die Einheitlichkeit des temporalen Aufbaus, die Referenz, die relative Abgeschlossenheit und die Wohlgeformtheit des Textes geprägt.

Das zweite von Beaugrande und Dressler aufgeführte Textualitätskriterium ist die Kohärenz. Sie bezeichnet den semantischen Textzusammenhang. Vater bezeichnet das Merkmal Kohärenz als das dominierende Textualitätskriterium, das zentral ist für das Zustandekommen eines Textes. Auch wenn alle anderen von Beaugrande und Dressler postulierten Kriterien nicht erfüllt seien, kann es sich um einen Text handeln, wenn Kohärenz vorliegt. (Vater 2001, S. 263) Kohärenz ist daher eine wesentliche Bedingung für das Textverstehen. Der hohe Stellenwert der Kohärenz zeigte sich ja bereits in der Darstellung der Textdefinitionen, in denen oftmals der Text als kohärente Folge von Sätzen beschrieben wurde. Heinemann und Heinemann bezeichnen mit der Kohärenz die Einheitlichkeit der grammatischen Konnexion, der Lexikalisierung, der propositionalen Integration und des gemeinsamen Text-Thema-Bezugs. Vater definiert Kohärenz wie folgt:

> „Kohärenz in einem Text baut auf der Sinnkontinuität der zugrundeliegenden Textwelt auf. Sinn ist die im Textzusammenhang aktualisierte tatsächliche Bedeutung eines sprachlichen Ausdrucks." (Vater 2001, S. 43)

Die Kohärenz berücksichtigt in starkem Maße die Perspektive des Rezipienten und die Prozesse des Verstehens. Der Begriff beruht auf der Annahme, dass die von Texten übermittelten Informationen nicht komplett in der sprachlichen Gestalt greifbar sind, also dass Texte mehr meinen als sie sagen. Textverstehen ist somit mehr als das bloße Dekodieren der Zeichen. Dementsprechend ordnen Heinemann und Heinemann die Kohärenz in ihrer wissensgeleiteten Form dem Bereich der kognitiv bestimmten Textualität zu.

Mit dem dritten von Beaugrande und Dressler aufgeführten Textualitätskriterium, der Intentionalität, wird der Ausdruck der kommunikativen Absicht bezeichnet. Der Textproduzent ist bemüht, einen gegebenen Zustand im Sinne eines Ziels mittels eines Textes zu verändern. Beaugrande und Dressler definieren Intentionalität als „die Einstellung (…) des Textproduzenten, der einen kohäsiven und kohärenten Text bilden will, um die Absichten seines Produzenten zu erfüllen, d. h. Wissen zu verbreiten oder ein in einem Plan angegebenes Ziel zu erreichen." (Beaugrande und Dressler 1981, S. 8) Texte sind grundsätzlich intentional geprägt, ohne Intentionen werden keine Texte produziert.

Das vierte Kriterium nach Beaugrande und Dressler ist das Kriterium der Akzeptabilität. Es betrifft die Einstellung des Text-Rezipienten, einen kohäsiven und kohärenten Text zu erwarten, der für ihn nützlich oder relevant ist. (Beaugrande und Dressler 1981, S. 9) Dieses Textualitätskriterium ist problematisch, da es in hohem Maße subjektiv ist. Für einige sind bestimmte Texte akzeptabel, für andere wiederum nicht. Das Vorwissen des Adressaten spielt hier eine große Rolle.

Ähnlich verhält es sich mit dem fünften Textualitätskriterium, der Informativität, da auch hier ein äußerst subjektives Merkmal beschrieben wird:

„Informativität ist das Ausmaß der Erwartetheit bzw. Unerwartetheit oder Bekanntheit bzw. Unbekanntheit der dargebotenen Texte. Jeder Text ist irgendwie informativ, auch wenn nicht unbedingt überraschend neue Inhalte kommuniziert werden. Doch auch bei diesem Textualitätskriterium ist der subjektive Eindruck des Rezipienten ein wichtiger Aspekt, die Informativität ist demnach als Kriterium für die Textualität nur bedingt geeignet." (Gansel und Jürgens 2007, S. 28)

Heinemann und Heinemann beschreiben die Informativität als den textkonstitutiven Zusammenhang aufeinander folgender Sätze, Texteme oder Propositionen. Der Text wird als Folge von Informationseinheiten gesehen, die zu einem Informationsfortschritt führen. (Heinemann und Heinemann 2002, S. 98) Sicherlich kann derselbe Text für den einen Rezipienten einen hohen Grad an Informativität besitzen, für den anderen nicht – obwohl es sich um grammatisch kohäsive Äußerungen handelt. Diese Tatsache führt zu der interessanten Feststellung, dass die Verarbeitung eines kommunikativen Gegenstandes in einem Text immer relativ zum Kommunikationsbereich zu sehen ist. (Gansel und Jürgens 2007, S. 30)

Das sechste Kriterium, das Beaugrande und Dressler benannt haben, ist die Situationalität. Diese Situationsangemessenheit von Texten bezieht sich auf die Faktoren, die einem Text für eine Kommunikationssituation Relevanz verleihen. Texte sind immer auf soziale Situationen bezogen und haben keine Funktion an sich, sondern sind relativ zu den Interaktionskontexten zu sehen. Auch die Handlungsbeteiligten, die Produzenten und Rezipienten spielen dabei eine große Rolle. Bei der Beurteilung, ob es sich um einen Text oder einen Nicht-Text handelt, steht die Situativität jedoch nicht an erster Stelle. Es gibt situationsinadäquate Texte, die aber dennoch als Texte definiert werden können.

Das siebte und letzte Textualitätskriterium ist das der Intertextualität. Diese beschreibt den Ausdruck der Beziehung zu anderen, vorher produzierten Texten und wird als Merkmal der Texthaftigkeit angenommen. Man unterscheidet

4.1 Definition des Textes

noch zwischen der referenziellen Intertextualität, die die Beziehungen zwischen Einzeltexten beschreibt und der texttypologischen Intertextualität, die sich auf die Grundlage des Textsortenwissens bezieht. Mit der Textualität wird also die Wechselbeziehung zwischen Texten beschrieben.

Nach Fix müsse man die sieben Kriterien der Textualität um ein achtes Kriterium der Kulturalität von Textsorten erweitern. Der Aspekt der Kulturalität sei in besonderem Maße auch für die kulturgeschichtliche Entwicklung von Textsorten förderlich. (Fix 1999, S. 20)

Abb. 6 fasst die Kriterien eines Textes in ihrer ursprünglichen Version nach Beaugrande und Dressler sowie die erweiterten Ansichten zusammen.

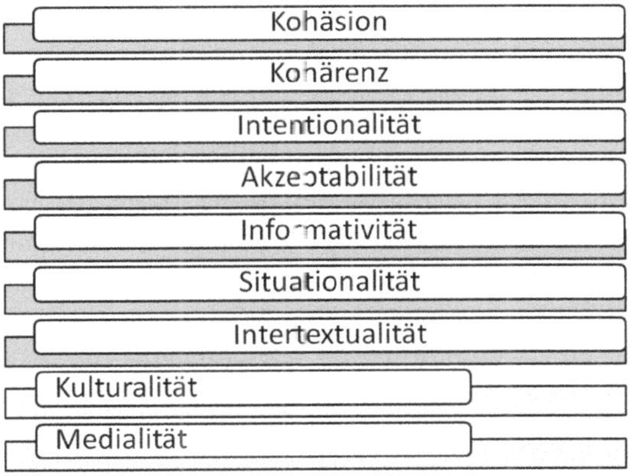

- Kohäsion
- Kohärenz
- Intentionalität
- Akzeptabilität
- Informativität
- Situationalität
- Intertextualität
- Kulturalität
- Medialität

Abb. 6 Dimensionen eines Textes
Quelle: Eigene Darstellung

Beaugrande und Dressler haben die sieben Textualitätskriterien aufgestellt mit der Behauptung, dass Texte nicht kommunikativ sind, wenn eines der Kriterien nicht erfüllt wird. Diese These ist in der heutigen Textlinguistik nicht mehr haltbar. Eine Konfiguration von allgemein gültigen Textmerkmalen lässt sich aber dennoch ableiten. Nicht umsonst wird in der Textlinguistik auch in neueren Übersichten immer auf diesen Kriterienkatalog aufgebaut.

Geht es um Merkmale der Textualität wird in der Regel eine Grundunterscheidung zwischen den textinternen und textexternen Merkmalen getroffen. Ein kurzer Blick sei daher noch auf diese Unterscheidung und ihre Differenzierungen geworfen.

„Die Beschäftigung mit weiteren textlinguistischen Problemen führt gewöhnlich zur Trennung nach textexternen und textinternen Merkmalen sowie zur Abhebung jener Bereiche, die etwa den von Klaus Brinker entwickelten Textdefinitionen entsprechen. Während die textexternen Faktoren im Rahmen der Textkommunikation und teilweise auch der Textpragmatik erforscht werden, kommen die textinternen Faktoren in der Textsemantik/Textthematik, in der Textgrammatik und in der Textstilistik zur Geltung." (Sowinski 1983, S. 55)

Eine gute Übersichtsdarstellung liefert Adamzik, die von der Grundunterscheidung „textintern" und „textextern" ausgehend, die Strukturierung der Merkmale mehrerer Vertreter der Textlinguistik skizziert.

Abschließend lässt sich festhalten: Wie auch die Text-Definitionen entzieht sich die Festlegung von Textualitätsdimensionen einer eindeutigen, auf alle potenziellen Textexemplare zutreffende Auflistung von Merkmalen. Schon gar nicht lässt sich auf diesem Wege trennscharf zwischen Texten und Nicht-Texten unterscheiden.

Da es sich bei den Texten des Untersuchungskorpus um Texte der Corporate Websites der Unternehmen handelt, ist auch der Aspekt der Medialität wichtig – gerade wenn man sich mit Textsorten beschäftigt, die im Online-Bereich publiziert werden. Bittner weist beispielsweise zu Recht darauf hin, dass Texte durch ihre Kommunikationsform determiniert sind, also durch eine Kombination aus Medium, Zeichensystem, Zeichentyp und Interaktionsmodus. (Bittner 2003, S. 29)

Auch Gansel und Jürgens weisen auf die Wichtigkeit der Einbeziehung der Medialität und der Gestaltungsform bei der Beschreibung von Texten hin:

„Der Text lässt sich also unter medialen Gesichtspunkten einerseits nicht nur auf das sprachlich Formulierte reduzieren, sondern muss andererseits von den Gestaltungsprinzipien des jeweiligen Mediums her betrachtet werden." (Gansel und Jürgens 2007, S.16)

Die Beurteilung und Analyse von Texten ist demnach vielschichtig und lässt sich nicht nur auf die Sätze und Wörter reduzieren. Auch das mediale Umfeld wirkt auf die Textgestaltung und die Rezeption ein. Die Textlinguistik nähert sich Texten daher mittels unterschiedlicher Dimensionen, die alle textinternen, aber auch externen Faktoren umfassen. Im folgenden Teilkapitel werden die vier Ebenen der Textanalyse beschrieben.

4.2 Die Mehrebenenanalyse von Textsorten

Die Textlinguistik beschäftigt sich mit der Analyse von Texten auf verschiedenen Ebenen. Einigkeit besteht darin, dass die Untersuchung von Texten auf diese Art erfolgen muss, damit die funktionalen Aspekte ebenso berücksichtigt werden wie thematische und sprachliche. Den Kern dieser Perspektive der kommunikationsorientierten Textlinguistik fasst Brinker zusammen:

> „Unter pragmatischer (sprechakttheoretischer) Perspektive erscheint der Text nicht mehr als grammatisch verknüpfte Satzfolge, sondern als (komplexe) sprachliche Handlung, mit der der Sprecher oder Schreiber eine bestimmte kommunikative Beziehung zum Hörer oder Leser herzustellen versucht. Die kommunikationsorientierte Textlinguistik fragt also nach Zwecken, zu denen Texte in Kommunikationssituationen eingesetzt werden können und auch tatsächlich eingesetzt werden, kurz: sie untersucht die kommunikative Funktion von Texten." (Brinker 2014, S. 15)

Die zentrale Klassifizierung erfolgt nach der Textfunktion. Brinker unterscheidet zwischen fünf verschiedenen Textfunktionen: der Informations-, Appell-, Obligations-, Kontakt-, und der Deklarationsfunktion. Darüber hinaus wird der Text klassifiziert nach seiner Kommunikationsform, das heißt nach Medium, Kommunikationsrichtung oder nach der Sprachform. Die Klassifikation nach der Form der thematischen Entfaltung erfolgt in vier Vertextungsmustern: Ein Text kann deskriptiv mit einer sachlichen Darstellung des Themas geschrieben sein, er kann narrativ den Prozess dramaturgisch fokussieren, er kann explikativ ein Textthema erläutern oder argumentativ unter Bezugnahme von Argumenten von einer bestimmten These zu überzeugen versuchen.

Die Analyse von Texten mit textlinguistischen Kriterien ist fruchtbar, weil insbesondere die Ausbildung neuer Textsorten in den Public Relations voran schreitet. Eine strukturierte Analyse ist jedoch bisher nur mit wenigen Textsorten, wie der Pressemitteilung oder dem redaktionellen Gewinnspiel unternommen worden. (Christoph 2009, Neumann 2011, Urbahn 2013) Die Systematisierung der Textsortenkompetenz geht somit dem Wunsch der Professionalisierung der PR einher (Urbahn 2013, S. 152)

Die Grundlage für die Textanalyse in der vorliegenden Untersuchung basiert auf der kommunikationsorientierten Perspektive nach Brinker mit einem besonderen Schwerpunkt auf funktionalen Aspekten. Das entwickelte Analysemodell bezieht sich auf Mehrebenen-Modelle der Textlinguistik, wie sie von Heinemann und Heinemann ausführlich beschrieben werden. (Heinemann und Heinemann 2002) Textsorten werden darin als Textklassen auf niedriger Abstraktionsklasse definiert, die sich aufgrund von komplexen Merkmalsbündeln konstituieren. Heinemann und

Heinemann setzen vier Basis-Ebenen für die Erfassung von Merkmalen an, die sie als grundlegend für Texte und Textmuster ansehen: Funktionalität, Situationalität, Thematizität und Formulierungsadäquatheit. Diese Dimensionen eignen sich für die Beschäftigung mit Textsorten aus verschiedenen Gründen besonders gut: Zum einen besteht in der Textlinguistik Einigkeit darüber, dass diese Ebenen grundlegend für die Textbeschreibung sind. Zum anderen ist dieser Ansatz offen angelegt, so dass es möglich ist, textsortenspezifische Besonderheiten zu betrachten und das Modell anzupassen und gegebenenfalls zu erweitern. (Neumann 2010, S. 145) Heinemann und Heinemann beschreiben ihre vier Basis-Ebenen wie folgt:

1. Funktionalität: Die spezifische Funktion des Textes. Texte werden von den Handelnden nur produziert, um mit ihrer Hilfe über Partner bestimmte Zwecke zu erreichen. Unter funktionalem Aspekt können Textmuster als Modell zur Lösung spezifischer kommunikativer Aufgaben gelten.
2. Situativität: Hier geht es um die situative, interaktionale und diskursive Einbettung des Textes.
3. Thematizität: Die Text-Thema-Geprägtheit wird untersucht unter Bezugnahme auf den Diskurs und unter Einschluss von Text-Thema-Entfaltung und Textstrukturierung.
4. Formulierungsadäquatheit: Hier spielt das Wissen um spezifische Formulierungsmaximen und Formulierungsspezifika für die Lösung bestimmter kommunikativer Aufgaben eine große Rolle. (Heinemann und Heinemann 2002, S. 134)

In ihrem Modellierungsansatz betonen sie, dass die verschiedenen Ebenen in einem „Miteinander der Dimensionen/Ebenen" aufeinander bezogen sind, ohne ein hierarchisches Verhältnis. Gleichfalls betonen sie die Subdifferenzierung einer jeden Dimension unter „kategorialen Differenzierungsaspekten".

4.2.1 Situationalität

Texte sind immer auf soziale Situationen bezogen und haben keine Funktion an sich, sondern sind immer relativ zu ihren Interaktionskontexten zu sehen. Auch die Handlungsbeteiligten, die Produzenten und Rezipienten spielen dabei eine große Rolle.

Die Situationalität umfasst die kommunikativen Rahmenbedingungen des Textes. Einbezogen werden Untersuchungen des medialen Umfelds, also des Kommunikationskanals, des Mediums und der Untersuchung der Kommunikationsteilnehmer, der Textproduzenten und Textrezipienten. Ein weiterer Analyseaspekt ist das

Layout und die Text-Bild-Relation. Alle Faktoren münden in der Erfassung der interaktionalen Gesamtkonstellation, die ausführlich beschrieben wird.

In der Textlinguistik spielt der Kommunikationsbereich bei der Beschäftigung mit Textsorten eine zentrale Rolle, definiert als situativ und sozial geprägte Ensembles von Textsorten. Ein wichtiger Aspekt ist in diesem Zusammenhang, dass Textsorten von den Angehörigen einer Sprachgemeinschaft in bestimmten Situationen und Kommunikationsbereichen vorgefunden werden, so dass sich die Merkmale der Textsorte aus der Einbettung in den Kommunikationsbereich heraus ableiten. In der Textlinguistik werden unter anderem Politik, Wirtschaft, die Kommunikation in einer Institution, Alltagskommunikation oder die Familie als Kommunikationsbereiche genannt.

4.2.2 Funktionalität

Die Funktionalität ist eine zentrale Dimension für die Untersuchung von Textsorten. Heinemann und Heinemann stellen heraus, dass Texte nur produziert werden, um mit ihrer Hilfe bestimmte Zwecke zu erfüllen: „Unter funktionalem Aspekt können Textmuster daher als Modelle zur Lösung spezifischer kommunikativer Aufgaben gelten." (Heinemann und Heinemann 2002, S. 134)

Die Textfunktion ist in der Textlinguistik als zentrales Kriterium in der Beschäftigung mit Textsorten auf viele Weisen definiert worden. Auch die breite Fächerung der einzelnen Hauptfunktionen variiert von Autor zu Autor. In dieser Arbeit wird der Schwerpunkt auf den Textfunktionsbegriff nach Brinker gelegt. Dieser Ansatz und auch die hier vorgeschlagene Klassifikation der Textfunktionen sind für die hier vorliegende Textsorte zielführend.

Wie lässt sich dementsprechend die Textfunktion definieren und verorten? Zunächst ist festzustellen, dass sich der Begriff der Textfunktion sowohl an textinternen als auch an textexternen Faktoren orientiert. Der Funktionsbegriff schließt Absender und Rezipienten ein, bei Gansel heißt es:

„Er ist produzenten- und rezipientenorientiert, intentional und konventionell und entspricht dem sprechakttheoretischen Begriff der Illokution bzw. des illokutiven Aktes." (Gansel und Jürgens 2007, S. 82)

Diese Einschätzung bezieht sich auf die Definition der Textfunktion nach Brinker, als „die im Text mit bestimmten konventionell geltenden, d. h. in der Kommunikationsgemeinschaft verbindlich festgelegten Mitteln ausgedrückte Kommunikationsabsicht des Emittenten" (Brinker 2014, S.93).

Brinker macht deutlich, dass ein Text durchaus mehrere Textfunktionen beinhalten kann, dass der Kommunikationsmodus des Textes insgesamt aber in der Regel durch eine Funktion bestimmt wird. Die dominierende Kommunikationsfunktion bezeichnet er als Textfunktion.

Um sich den Texten zu nähern und die verwirklichten Funktionen im Text festzustellen, ist die Analyse der Illokutionen hilfreich. Der Begriff stammt aus Sprechakttheorie von Austin und Searle, die eine sprachliche Äußerung immer als Handlung, als Sprechakt verstehen. (Austin 1979) Dieser ist intentional, er verfolgt einen bestimmten Zweck, er erfüllt also eine kommunikative Funktion. Die Illokution ist die kommunikative Funktion des Sprechaktes. Sie wird durch einen Äußerungsakt, die Lokution, zum Ausdruck gebracht, dem ein propositionaler Akt zugrunde liegt. Austin und Searle definieren fünf Illokutionstypen: Information, Appell, Obligation, Kontakt und Deklaration. Diese Klassifikation findet auch bei Brinker Eingang, indem er aus den fünf Illokutionstypen Textfunktionstypen ableitet. Diese können im Text durch verschiedene Indikatoren ermittelt werden. Die Idee einer Hierarchie besteht darin, dass sich aus den verschiedenen Einzelillokutionen von komplexen Texten eine Gesamtillukotion herauskristallisiert. Hier spielt der auch von Brinker vertretene Standpunkt eine Rolle, dass sich bei Texten immer eine dominante Textfunktion ermitteln lässt. Die Einzelillokutionen stützen diese dominante Funktion oder sind ihr zuzuordnen. Motsch führt dazu aus:

> „Die Illokutionen eines Textes stehen nicht einfach nebeneinander, sondern sie gehen bestimmte Beziehungen untereinander ein. Besondere illokutive Strukturen ergeben sich aus dem Handlungscharakter von Illokutionen. Sie kommen dadurch zustande, daß der Erfolg einer Handlung durch andere Handlungen gestützt wird. […] Wir bezeichnen die gestützte Handlung als dominierende, die stützende als subsidiäre Illokution." (Motsch 1996, S. 21)

In der Analyse geht es darum, die Handlungsstruktur eines Textes zu ermitteln und somit auch seine Funktion zu ermitteln. Wie Gansel am Beispiel des Medikamentenbeizettels ausführt, können diese nicht als informierende Texte aufgefasst werden – auch wenn das die Kategorisierung „Gebrauchsinformation" suggeriert. Durch eine kausale Bezogenheit von Informationshandlungen und Aufforderungshandlungen kann eine Steuerungsfunktion identifiziert werden. (Gansel und Jürgens 2007, S. 86) Die Textfunktion erschließt sich somit aus der Analyse der Illokutionsstruktur des Textes.

Die in der Textlinguistik definierten Funktionstypen finden sich teilweise bei vielen Autoren in vergleichbarer Weise, teilweise in leicht modifizierter oder erweiterter Form. Wie schon festgestellt, arbeitet Brinker mit fünf Funktionstypen (Informationsfunktion, Appellfunktion, Obligationsfunktion, Kontaktfunktion,

4.2 Die Mehrebenenanalyse von Textsorten

Deklarationsfunktion). Gansel und Jürgens beschreiben nach Heinemann und Viehweger vier elementare Textfunktionen (Sich-Ausdrücken im Sinne von Selbstdarstellung, Kontaktieren, Informieren, Steuern). Diese Klassifizierungen werden ergänzt durch die Funktion des ästhetischen Wirkens oder, anders formuliert, der Unterhaltungsfunktion. Damit wird das Ziel verfolgt, bewusst auf eine Änderung der Gefühlslage beim Rezipienten einzuwirken. Da diese Funktion nicht nur für literarische Texte eine Rolle spielt, sondern speziell der massenmedialen Kommunikation, zum Beispiel auch Werbetexten und Reportagen, zugeordnet wird, ist die Relevanz auch für die Selbstbeschreibungen, die Core Story der Unternehmen zu prüfen.

Auch Heinemann und Heinemann benennen fünf Hauptfunktionen der Funktionalität: sich Ausdrücken, Kontaktieren, Informieren, Steuern und Ästhetisch wirken (Heinemann und Heinemann 2002, S. 147).

Hausendorf und Kesselheim fassen die Funktionen von Texten in sechs unterscheidbare Dimensionen (Hausendorf und Kesselheim 2008, S. 139-169):

- „Darstellung": die Nützlichkeit des Texts ergibt sich daraus, dass er über Sachverhalte und Gegenstände in der Welt informiert
- „Beleg": die Nützlichkeit des Texts ergibt sich aus seiner authentischen Verbindung zum Autor (er belegt eine Festlegung des Autors, er ermöglicht Rückschlüsse zum Autor)
- „Steuerung": die Nützlichkeit des Texts besteht darin, dass die Leserinnen und Leser zu einer bestimmten Handlung, einem Verhalten oder einer Einstellungsänderung bewegt werden sollen
- „Kontakt": die Nützlichkeit des Texts besteht in der Herstellung oder Gestaltung der Beziehung von Autorin/Autor und Leserinnen/Leser
- „Unterhaltung": die Nützlichkeit des Texts besteht in dem ästhetischen Genuss, den die Beschäftigung mit ihm verspricht,
- „Reflexion": die Nützlichkeit des Texts besteht darin, dass er seine Ausdrucksmittel (Sprache) zum Thema macht.

Wie die Darstellung unterschiedlicher Ansätze der Textlinguistik zeigt, sind die wesentlichen Funktionen konsensual bei den meisten Autoren nahezu identisch, wenn auch unterschiedlich benannt. Die verschiedenen Facetten in Bezug auf die funktionale Reichhaltigkeit einer Geschichte fassen Quasthoff und Hausendorf eindrucksvoll zusammen:

> „Indem man eine Geschichte erzählt, kann man u. a.
> - eine Behauptung in einer Argumentation belegen
> - illustrieren
> - sich streiten

- sich rechtfertigen
- über jemanden klatschen
- ein Stück Biographie von sich preisgeben
- einen Traum bearbeiten
- ein Selbstbild von sich präsentieren
- Status und Rollen festlegen
- sich einer gemeinsamen sozialen Identität vergewissern
- jemanden durch eine gelungene Vorführung unterhalten
- historische Ereignisse individuell aufarbeiten
- gemeinsam über dasselbe Ereignis informieren
- sich am Unterricht beteiligen
- ein Problem präsentieren
- eine Aussage vor Gericht machen
- eine institutionelle Beratung in ein privates Gespräch umwandeln
- eine fremde Sprache lernen"

(Quasthoff und Hausendorf 2005, S. 10f)

In der vorgestellten funktionalen Bandbreite des Erzählens finden sich einerseits mehrere Ansätze, die für diese Untersuchung von Interesse sind. Andererseits aber auch Hinweise auf die Frage, welche Funktionen die Unternehmen mit den Selbstdarstellungen der Unternehmenshistorie konkret erfüllen wollen. Sechs kommunikative Funktionen wurden empirisch induktiv ermittelt: Die affektive Entlastung, Selbstdarstellung, Belustigung und Unterhaltung, Information, Beleg (von Argumenten) und Erklärung. Bei der Nutzung des Erzählens für die Darstellung einer Unternehmenshistorie sind die kommunikative Funktion der Selbstdarstellung, Unterhaltung aber im wesentlichen die Information und Argumentation anzunehmen, die mittels der empirischen Analyse der sprachlichen Umsetzung der Texte zu überprüfen sind.

4.2.3 Themenentfaltung

Bei der Thematizität stehen Fragen der thematischen Geprägtheit, der Text-Thema-Entfaltung und der Textstrukturierungen als zentrale Aspekte dieser Dimension im Fokus. Textgegenstand, Textthema und Teilthemen werden analysiert.

Im Alltagsverständnis wird mit dem Thema eines Textes der „Gegenstand" eines Textes bezeichnet. Es bezieht sich nicht nur auf den kommunikativen Hauptgegenstand, den dominierenden Referenzträger, sondern bezieht sich auch auf das, was über den zentralen Gegenstand ausgesagt wird, d. h. den Grund- oder Leitgedanken eines Textes. Brinker greift in seiner Definition des Themas auf das Alltagsverständnis zurück:

4.2 Die Mehrebenenanalyse von Textsorten

„Ausgehend von diesem alltagssprachlichen Gebrauch des Wortes definieren wir ‚Thema' als Kern des Textinhaltes, wobei der Terminus ‚Textinhalt' den auf einen oder mehrere Gegenstände bezogenen Gedankengang eines Textes bezeichnet. Das Textthema (als Inhaltskern) ist entweder in einem bestimmten Textsegment realisiert, oder wir müssen es aus dem Textinhalt abstrahieren, und zwar durch das Verfahren der zusammenfassenden (verkürzenden) Paraphrase." (Brinker 2014, S. 55)

Zur Behandlung der Kategorie „Thema" sind in der Textlinguistik verschiedene Ansätze entwickelt worden. Furthmann (2007, S. 200f.) beschreibt in Bezug auf Schroeder vier verschiedene Konzepte, die jeweils unterschiedliche Aspekte akzentuieren. Neben dem dargestellten Ansatz Brinkers mit der Auffassung von Thema als Basisaussage oder größtmöglicher Kurzfassung eines Textes, gibt es Ansätze, die das Thema als einen im Text behandelten Gegenstand, einen fokussierten Referenzträger betrachten. Eine dritte Gruppe der Modelle zum Themenkonzept fasst das Thema als eine Frage oder „das Fragliche" auf, das im Text beantwortet wird. So lässt sich beispielsweise die thematische Struktur von Texten als Frage-Antwort-Strukturen ableiten. Als vierte Richtung wird ein offener Themenbegriff nach Lötscher beschrieben, den beispielsweise Furthmann für die Analyse der Pressehoroskope heran zieht. Nach diesem Ansatz werden in Texten auf unterschiedliche Weise Sachverhaltslücken geschlossen. Objekte werden behandelt, da über sie zu wenige Informationen vorliegen, weil sie unbestimmt oder strittig sind. Das Thema ist nach diesem Ansatz ein „mangelhaftes Objekt", dessen Mangel in der Behandlung des Textes geschlossen wird.

Der Begriff der thematischen Entfaltung beschreibt die gedankliche Ausführung des Themas und ist wesentlich durch kommunikative und situative Faktoren bestimmt. Die Entfaltung des Themas kann nach Brinker als die Verknüpfung und Kombination relationaler, logisch-semantisch definierter Kategorien beschrieben werden. Er benennt vier Grundformen der thematischen Entfaltung, die sich im Sprachgebrauch entwickelt haben und von Rezipienten durch Alltagswissen unterschieden werden können: die deskriptive, die beschreibende, die narrative, die erzählende, die explikative, erklärende und die argumentative, begründende Entfaltung eines Themas. Weiterhin führt er aus, dass bei allen Texten eine der Grundformen dominiert, so dass man von einer primären Textstruktur der jeweiligen Grundform sprechen kann. Allerdings finden sich in den Textsorten des Alltagsgebrauchs auch solche, bei denen zwei Arten der Themenentfaltung miteinander verbunden sind. In der Untersuchung der Basiserzählung eines Unternehmens und der Technik des Storytelling liegt die Annahme zugrunde, dass es sich bei der Art der Themenentfaltung um eine narrative Vertextungsstrategie handelt. Die narrative Themenentfaltung ist für Alltagserzählungen charakteristisch. Zurückgegriffen wird grundlegend auf die Definition von Labov und Waletzky, nach der Erzählen „verbale Technik zur Erfahrensrekapitulation und als Technik zur Konstruktion narrativer Einheiten" bezeichnet wird. (Lobov und Waletzky 1973, S. 78f) Die Erzählung wird nach diesem Ansatz in folgende Kategorien gegliedert:

1. Orientierung (Angaben zu Ort, Zeit, handelnden Personen usw.)
2. Komplikation (Darstellung eines ungewöhnlichen Ereignisses)
3. Evaluation (Bewertungen, emotionale Einschätzung und Stellungnahme des Erzählers zu den erzählten Ereignissen)
4. Resolution (Auflösung der Komplikation in positiver oder negativer Hinsicht)
5. Coda (Stellungnahme des Erzählers vom Erzählzeitpunkt aus)

Brinker modifiziert dieses Modell, indem er drei thematische Grundkategorien der narrativen Themenentfaltung festlegt: Situierung, Repräsentation und Resümee. Die Situierung ist rein thematisch definiert und nicht mit der Orientierung bei Labov und Waletzky gleichzusetzen, da diese lediglich die kommunikative Funktion der Situierung bezeichnet. Situierende Elemente können kontinuierlich oder diskontinuierlich vorkommen oder auch gänzlich fehlen. Im Mittelpunkt der Erzählung steht die Repräsentation des Ereignisses, das sich aus einer oder mehreren Ereignisphasen konstituiert. Die Kategorie Resümee bezeichnet die zusammenfassende Einschätzung vom Erzählzeitpunkt aus (Brinker 2014, S. 71).

4.2.4 Formulierungsadäquatheit

Die vierte Ebene der Textanalyse wird als die Dimension der Formulierungsadäquatheit bezeichnet (vgl. Kap.4.2). Hierbei geht es um die Beschäftigung mit den sprachlichen Merkmalen auf der internen Textebene und den formulierungsspezifischen Besonderheiten des Textes. Viele Textsorten zeichnen sich durch eine eindeutige Textsortenkennzeichnung aus, die dem Fließtext vorangestellt ist. Dem Rezipienten wird somit eine eindeutige Einordnung der Textsorte erleichtert. Über einer Pressemitteilung steht in der Regel „Pressemitteilung" oder „Presseinformation", über dem Wetterbericht findet sich der Hinweis „Das Wetter" oder „Wettervorhersage", beim Pressehoroskop wird mit dem Verweis „Horoskop" oder „Ihre Sterne" gearbeitet. Und auch einige klassische journalistische Textsorten, wie der Kommentar, werden in den Zeitungen durch eine Textsortenkennzeichnung erkennbar gemacht. In Werbeanzeigen findet sich eine solche Kenntlichmachung in der Regel nicht. In einigen Fällen kennzeichnet jedoch der Verlag werbliche Inhalte durch die Kennzeichnung „Anzeige" oder „Promotion", wenn es sich um

4.2 Die Mehrebenenanalyse von Textsorten

Texte handelt, die das redaktionelle Layout nachahmen. Somit wird eine Trennung von werblichen und redaktionellen Inhalten in der Zeitschrift verdeutlicht.

In der Untersuchung der Textexemplare zur Unternehmensgeschichte werden stilistische Aspekte analysiert, insbesondere die Textsortenzuordnung und sprachlichen Mittel, die auf eine Textsortenspezifik der Selbstdarstellungen oder historischen Ausführungen deuten können.

Wie in dem Modell von Heinemann und Heinemann beschäftigen sich auch neuere Ansätze der Textanalyse mit den verschiedenen Dimensionen, die für die Analyse leitend sein können. Ein Beispiel für einen derartigen Mehr-Dimensionen-Ansatz ist das „Schweizer Textbeschreibungsmodell" (Wagner 2011 S. 81f). Das Modell wurde mit dem Ziel entwickelt eine Vergleichbarkeit unterschiedlicher Textsorten aus dem On- und Offlinebereich herzustellen. Es umfasst vier Dimensionen, die in Tabelle 1 mit ihren Unterkategorien dargestellt werden:

Tab. 1 Das Züricher Textbeschreibungsmodell

Kommunikationssituation (zentrale Dimension)		
Kommunikationsform	**Textcharakterisierung**	**Textrealisierung**
Medialität (mündlich / schriftlich)	Textsorte	Typographie
Richtung (dia-monologisch)	Textfunktion	Orthographie
Zeit (synchron / asynchron)	Textthema	Morphosyntax
	Thematische Struktur	Lexik
	Textstil	

Quelle: eigene Darstellung nach Wagner 2011, S. 82

Die Kommunikationssituation steht hier als zentrale Kategorie ganz oben, während die Kommunikationsform, die Textcharakterisierung und die Textrealisierung getrennt analysiert werden können. Sie befinden sich jedoch in einem interdependenten Verhältnis zueinander. Die Kommunikationsdimension umfasst nach dem Modell sämtliche Merkmale des Entstehungsprozesses eines Textes von der Schreibaufgabe über die Adressaten bis zum Produktionsmittel. Die zweite Analysekategorie geht auf Brinker zurück, der jedem Medium eine Kommunikationsform zuordnet, die die zentralen Unterkategorien Medialität, Richtung der Kommunikation und Zeit umfasst. Unter der Hauptkategorie Textcharakterisierung summieren sich die zuvor dargestellten Dimensionen der Textsortenzuordnung, der Textfunktion, des Textthemas und des Textstils. In der Textrealisierung als vierter Dimension wird die konkrete sprachliche Ausgestaltung des Textes untersucht. Die Kategorie Orthographie und Morphosyntax verzeichnet den Grad der Normkonformität der verwendeten sprachlichen Mittel sowie die Komplexität des Satzbaus (Wagner 2011, S. 83f).

Die vorliegende Arbeit lehnt sich u. a. an Brinker an, der die Textfunktion als zentrale Kategorie für die Beschreibung von Textsorten vorgibt. Im Wesentlichen schlägt Brinker drei Schritte in der Textanalyse vor:

Zunächst erfolgt die Analyse des Kontextes durch eine Beschreibung der kontextuellen Merkmale, insbesondere im Hinblick auf die geltenden Interaktionsbedingungen. Wichtig ist dabei, dass eine Reflexion der Konsequenzen, die sich daraus für die Textkonstitution ergibt, weiter geführt wird.

Im zweiten Schritt werden die Textfunktion und die untergeordneten kommunikativen Funktionen in den Blick genommen. Die Bestimmung der Textfunktion erfolgt auf der Grundlage sprachlicher, nicht-sprachlicher und kontextueller Indikationen, z. B. sog. explizit performativen Formeln oder Satzmustern, Modi, bestimmten Adverbien und Partikelwörtern sowie Einstellungsbekundungen, Layout, oder Abbildungen. Kontextuelle Indikatoren können dabei auch der institutionelle Rahmen des Textes, das Weltwissen (Hintergrundwissen über die Thematik), das Textsortenwissen allgemein usw. sein. Häufig ist die Textfunktion nicht direkt, sondern indirekt signalisiert. Hier gilt es den Grad dieser Direktheit zu ermitteln.

Als dritten Schritt beschreibt Brinker die Analyse der thematischen und grammatischen Textstruktur. Folgende Aspekte sind in der Untersuchung relevant:

„• *Bestimmung des Textthemas und eventuell vorhandener Teilthemen / Themenhierarchie*
- *Beschrei*bung der Themenentfaltung und des thematischen Entfaltungstyps (deskriptiv, narrativ, explikativ, argumentativ)
- Beschreibung der Art (Modalität) der Themenentfaltung (sachbetont, meinungsbetont, wertend, ernsthaft, spaßig, ironisch etc.)
- Beschreibung der die Thematik ausdrückenden sprachlichen Mittel im Einzelnen (sog. *Schlüsselwörter und nicht-sprachliche Textteile) im Hinblick auf ihre thematische Funktion.*" (Brinker 2014, S. 156ff)

Der Gesamtblick auf Texte, der sowohl textexterne und textinterne Faktoren einbezieht, erscheint als nutzbringend, um sich den Texten der Unternehmensgeschichte zu nähern. Das Textthema als inhaltlicher Faktor ist eingebettet in eine Untersuchung des „Wie" der Kommunikation und schlussendlich in die Einordnung der Funktionalität der Texte.

4.3 Unternehmensgeschichte: Das Untersuchungsmodell

Die Untersuchung der organisatorischen Basisgeschichte und ihrer Vertextungsmuster wird anhand eines Dimensionenmodells erfolgen, das auf den vorgestellten Ansätzen beruht. Angelehnt an die Vorgehensweise bei Brinker wird das entwickelte Modell leicht modifiziert, indem die im Züricher Textbeschreibungsmodell beschriebene Kommunikationssituation und die Textrealisierung ergänzt werden. Da es sich bei den Textexemplaren in dieser Untersuchung um multimedial eingesetzte Texte mit einem hohen Bildanteil handelt, wird insbesondere auch die Text-Bild-Relation in der Unterkategorie „Textrealisierung" in den Blick genommen. Die Frage, inwiefern sich sprachliche Merkmale in der Erzählung der Basisgeschichte eines Unternehmens beurteilen lassen, erfasst die Dimension der Sprache – analog zur Dimension der Formulierungsadäquatheit bei Heinemann und Heinemann. Das Modell setzt bewusst einen Schwerpunkt bei der Themenentfaltung, da sich die zentrale Fragestellung mit dem Einsatz von narrativen Vertextungsstrategien im Rahmen der Storytelling-Praxis von Unternehmen befasst. Die Abb. 7 stellt das für diese Untersuchung leitende Textbeschreibungsmodell dar.

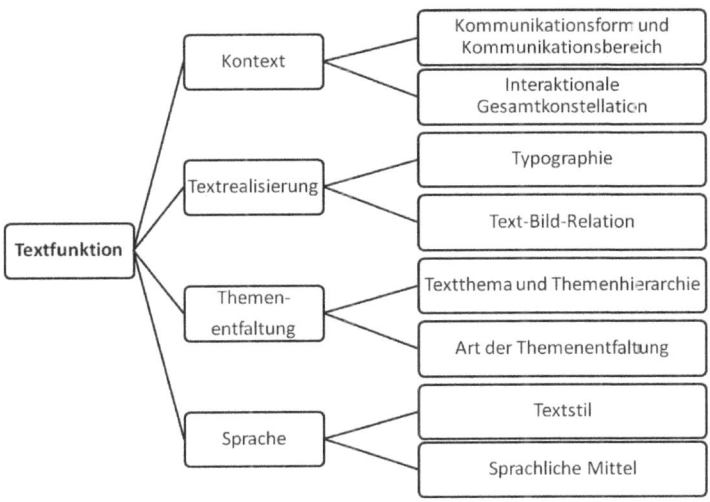

Abb. 7 Analysemodell für die organisatorische Basiserzählung
Quelle: eigene Darstellung

Die Textfunktion steht in diesem Modell als zentrale Kategorie am Anfang, ist aber ebenso das Ergebnis der Analyse. Denn alle durch die Textanalyse gewonnenen Erkenntnisse sind der Bestimmung der Textfunktion zuträglich. So setzt die Analyse in ihrer zeitlichen Abfolge die Bestimmung der Textfunktion ans Ende der Ausführungen.

Schritt 1: Kontext

Im ersten Schritt wird der Kommunikationsbereich der Corporate Website analysiert und die interaktionale Gesamtkonstellation heraus gearbeitet. Die Leitfragen sind: Wie wirken sich die kontextuellen Faktoren auf die Texte aus und inwiefern beeinflussen diese textexternen Faktoren die Vertextungsmuster der Unternehmensgeschichte?

Schritt 2: Textrealisierung

Im zweiten Untersuchungsschritt liefert die Überkategorie „Textrealisierung" Erkenntnisse über die formale Textgestaltung, die sich wiederum auch auf die funktionale Einordnung auswirken. Wenn die Beiträge als multimodale Texte verstanden werden, spielt zusätzlich die Text-Bild-Relation und die typographische Gestaltung eine entscheidende Rolle.

Schritt 3: Themenentfaltung

Im dritten Untersuchungsschritt liegt der Schwerpunkt auf der Analyse der Vertextungsmuster, also u. a. auf der Beantwortung der Frage, welche Relevanz die Narration, Argumentation oder Deskription als jeweils bestimmende Art der Themenentfaltung in den Texten der Unternehmensgeschichte hat. Thematische Aspekte, wie die Identifizierung des Textthemas und der Themenhierarchie lassen eine erste Kategorisierung in verschiedene Typen zu.

Schritt 4: Sprache

Im vierten Untersuchungsschritt werden der Textstil und die sprachlichen Mittel analysiert. Das Ziel ist es auch hier, unterscheidbare Muster aufgrund der Stilistik herauszuarbeiten. Die analytischen Leitfragen sind dabei: Welche spezifischen sprachlichen Mittel kennzeichnen die Unternehmenshistorie? Welche Rolle spiele Lexik und Syntax in der Vertextung? Die Antworten auf diese Fragen vervollständigen die linguistische Landkarte, die als Basis eine Beurteilung der Textfunktion zulässt.

Dies führt wiederum zu den eingangs formulierten Fragen zurück, die sich mit der Beurteilung der praktischen Anwendung von Textstrategien befassen. Kurz gesagt: Gehen die Texte der Unternehmensgeschichte über eine reine Informationsfunktion hinaus: Sollen demnach die Leser in Form von narrativen Texten mit appellativer Textfunktion von den Unternehmenswerten auf einer emotionalen Ebene überzeugt werden? Oder deuten die Ergebnisse der Textanalyse auf eine eher „herkömmliche" informativ geprägte Funktionalität der Unternehmensgeschichte hin? Für die Beantwortung dieser Fragen liefert die textlinguistische Analyse mit dem vorgestellten leicht modifizierten Ansatz wichtige Hinweise.

4.4 Zusammenfassung

- Ein Text ist eine Einheit sprachlicher Kommunikation, die aus bestimmten Anlässen nach globalen Textmustern als kommunikative Handlung erstellt wird.
- Texte erfüllen sieben Textualitätskriterien: Sie sind kohäsiv und kohärent, werden durch Intentionen gesteuert, sind für die Rezipienten akzeptabel und informativ. Texte sind abhängig von der Kommunikationssituation und intertextuell eingebunden in die Beziehung zu anderen Texten.
- Texte sind geprägt durch textinterne und textexterne Faktoren.
- Textsorten sind Texte mit gemeinsamen Merkmalsbündeln, die konventionell geltende Muster enthalten. Die Gemeinsamkeiten beziehen sich auf die äußere Textgestalt, charakteristische Formulierungsbesonderheiten, inhaltlich-thematische Aspekte, situative Bedingungen und kommunikative Funktionen.
- Die linguistische Textanalyse basiert auf der Untersuchung verschiedener Dimensionen eines Textes: Die Kommunikationssituation, die Textfunktion, die Thematizität und sprachliche Formulierungsspezifika.
- Das Untersuchungsmodell der Texte zur Unternehmensgeschichte basiert auf den vier Dimensionen der textlinguistischen Analyse. Es erweitert jedoch den Aspekt der Textrealisierung durch den multimedialen Bezug der Texte. Die Textfunktion nimmt dabei eine übergeordnete Rolle ein und steht daher an zentraler Stelle des Modells.
- Alle diese Erkenntnisse werden mittels des eigens entwickelten „Analysemodells für die organisatorische Basiserzählung" in ein Instrument integriert, mit Hilfe dessen eine wissenschaftlich fundierte Untersuchung der narrativen Elemente von Texten der Unternehmenskommunikation möglich wird.

Literatur

Adamzik, K. (1995). Textsorten – Texttypologie. Eine kommentierte Bibliographie. Münster: Nodos.
Austin, J. L. (1979). Zur Theorie der Sprechakte. Stuttgart: Reclam.
Beaugrande, R., & Dressler, W. (1981). Einführung in die Textlinguistik. Tübingen: Ulrich Niemeyer.
Bittner, J. (2003). Digitalität, Sprache, Kommunikation. Eine Untersuchung zur Medialität von digitalen Kommunikationsformen und Textsorten und deren varietätenlinguistischer Modellierung. Berlin: Erich Schmidt Verlag.
Brinker, K. (2014). Linguistische Textanalyse. Eine Einführung in Grundbegriffe und Methoden, 7. Aufl., Berlin: Erich Schmidt Verlag.
Christoph, C. (2009). Textsorte Pressemitteilung – Zwischen Wirtschaft und Journalismus, Konstanz: UVK Verlagsgesellschaft.
Fix, U. (1999). Textsorte – Textmuster – Textmustermischung. Konzept und Analysebeispiele. In: M. Pérennec (Hrsg.), Textlinguistik: An- und Aussichten. Cahiers d'études Germaniques 1999/2, No. 37, S. 11–26
Furthmann, K. (2006). Die Sterne lügen nicht. Eine linguistische Analyse der Textsorte Pressehoroskop. Göttingen: V&R unipress.
Gansel, C., & Jürgens, F. (2007). Textlinguistik und Textgrammatik. Eine Einführung. 2. Aufl., Göttingen: Vandenhoeck & Ruprecht.
Gansel, C. (2008). Textsorten in Reisekatalogen – Wirklichkeitskonstruktion oder realitätsnahe Beschreibung. In: C. Gansel (Hrsg.), Textsorten und Systemtheorie. Göttingen: V&R unipress.
Hausendorf, H., & Kesselheim, W. (2008). Textlinguistik fürs Examen. Göttingen: Vandenhoeck & Ruprecht.
Heinemann, M., & Heinemann, W. (2002). Grundlagen der Textlinguistik. Interaktion, Text, Diskurs. Tübingen: Niemeyer.
Heinemann, W. (2000). Textsorte – Textmuster – Texttyp. In: K. Brinker, G. Antos, W. Heinemann, & S. F. Sager (Hrsg), Text- und Gesprächslinguistik. Ein internationales Handbuch zeitgenössischer Forschung. 1. Halbbd., Berlin: De Gruyter.
Heinemann, W., & Vieweger, D. (1991). Textlinguistik. Eine Einführung. Tübingen: Niemeyer.
Kron, O.(2002). Probleme der Texttypologie. Integration und Differenzierung handlungstheoretischer Konzepte in einem Neuansatz. Frankfurt am Main: Peter Lang.
Labov, W., & Waletzky, J. (1973). Erzählanalyse. In: J. Ihwe (Hrsg.). Literaturwissenschaft und Linguistik. (S. 79-126) Frankfurt a. M.: Fischer.
Motsch, W. (1996). Ebenen der Textstruktur. Tübingen: Niemeyer.
Neumann, A. (2011). Das redaktionelle Gewinnspiel als Textsorte im Spannungsfeld zwischen Massenmedien und Markenkommunikation – Eine textlinguistische und systemtheoretische Untersuchung. Frankfurt a. M.: Peter Lang.
Quasthoff, U., & Hausendorf, H. (2005). Sprachentwicklung und Interaktion. Eine linguistische Studie zum Erwerb von Diskursfähigkeit. Radolfzell: Verlag für Gesprächsforschung.
Sandig, B. (2006). Textstilistik des Deutschen. 2. Aufl., Berlin: De Gruyter.
Sowinski, B. (1983). Textlinguistik. Eine Einführung. Stuttgart: Verlag W. Kohlhammer.

Urbahn, K. (2013). Textmuster. Schreiben in verständlichen Textsorten. In: P. Stücheli-Herlach, & Perrin, D.(Hrsg.), Schreiben mit System. PR-Texte planen, entwerfen und verbessern. (S. 131-150). Wiesbaden: Springer VS.

Vater, H. (2001). Einführung in die Textlinguistik, 3. Aufl., München: Wilhelm Fink Verlag.

Wagner, F. (2011). Sprachliche Charakteristika von Wirtschaftstexten in neuen Medien. In: S. Demarmels, & W. Kesselheim (Hrsg.), Textsorten in der Wirtschaft. Zwischen textlinguistischem Wissen und wirtschaftlichen Handeln (S. 80-97). Wiesbaden: Springer VS.

Analyse von Texten zur Unternehmensgeschichte 5

Als Herzstück der textlinguistischen Beschäftigung mit den Texten zur Unternehmensgeschichte liefert das folgende Kapitel eine umfassende Analyse der Texte zur Historie der Dax30-Unternehmen auf der Basis des textlinguistischen Analysemodells. Die Texte werden anhand der verschiedenen Textebenen untersucht. Die Ergebnisse, die mittels von exemplarischen, prototypischen Textauszügen vorgestellt werden, liefern ein detaillierten Blick auf die Vertextungsstrategien der Unternehmen in Punkto eigener Geschichte. Dabei spielen die textexternen Faktoren des Kommunikationsbereiches, als auch die textinternen Faktoren, wie sprachliche Merkmale, Art der Themenentfaltung und textgestalterische Merkmale eine Rolle. Die Ergebnisse münden in die Einordnung der Textfunktion als wesentliches Kriterium für die Beurteilung von Texten.

5.1 Überblick und Untersuchungskorpus

Die Textexemplare, die für diese Untersuchung ausgewählt wurden, entstammen den Corporate Websites (im Folgenden auch als Unternehmenshomepage bezeichnet) von Dax30-Unternehmen. Die Quelle wurde deswegen ausgewählt, weil die Internetpräsenz im World Wide Web heute ein nahezu verpflichtendes Instrument der extern gerichteten Onlinekommunikation von Unternehmen ist. Sie dient entweder als zentrale Informationsplattform, auf der Unternehmen sich selbst, ihre Leistungen, Produkte und Marken darstellen. Oder sie ist eine Einstiegsplattform, von der sich viele Onlineaktivitäten verzweigen. So gut wie immer spielt die Corporate Website eine zentrale Rolle in der externen Online-Kommunikation von Großunternehmen. Auch für die Unternehmenskommunikation bzw. die Medienarbeit spielt die Homepage eine hervorgehobene Rolle, da Journalisten als eine wichtige Zielgruppe das Internet inzwischen als bedeutendste Informationsquelle für ihre Arbeit nutzen (Bernet und Keel 2009, S. 11).

Die inhaltliche Gestaltung der Corporate Website obliegt dem Unternehmen selbst, das heißt sie fällt in den Bereich „owned media", also dem Kommunikationsbereich des Corporate Publishings, bei dem das Unternehmen die Hoheit über die Inhalte besitzt. Die Unternehmenshomepage integriert die unterschiedlichen Typen öffentlicher Kommunikation, wie Public Relations, Werbung, Marketing und Journalismus (Buchele und Alkan 2012, S. 219). Sie wird dadurch zu einem interessanten Instrument und Untersuchungsgegenstand, weil sich in ihr die ganze Breite an digitalen Textsorten, Formaten und Kommunikationsformen zu einem Rezeptionsangebot vereinen.

Die Zielgruppen einer Corporate Website sind vielfältig, ihre Informationsbedürfnisse sind ein wesentlicher Faktor bei der Entwicklung einer Corporate Website:

> „Erfolgreiche Internet-Auftritte vereinen die Kommunikationsinteressen und -ziele des Unternehmens mit den spezifischen Interessen der Nutzer – und richten Aussehen, Inhalte, Technologien und Navigationsstrukturen konsequent am Nutzer aus." (Buchele und Alkan 2012, S. 219).

Die Rolle der Homepage in der digitalen Gesamtkommunikation eines Unternehmens ist deshalb als zentral zu bezeichnen. Von hier aus lassen sich Inhalte adaptieren, verlängern und verlinken, zudem bietet sie eine Plattform als zentralen Dreh- und Angelpunkt für diverse Kommunikationsaktivitäten. (vgl. Schach 2015, S. 106)

Die Entscheidung für die Corporate Website als Quelle für die Textexemplare beruht auch auf der Annahme, dass sich die Unternehmen in diesem zentralen Online-Kanal ausgesprochen professionell darstellen und auch die organisatorische Basisgeschichte hier zu finden ist. Die Bezugsgruppe der Website ist zudem dispers und wenig eingegrenzt, da sie einen offenen Zugang bietet. Somit gelangen nicht nur die klassischen Bezugsgruppen auf die Seite – z. B. Aktionäre und Investoren, die an der Unternehmensentwicklung interessiert sind – sondern ebenso Kunden oder Journalisten, die etwas über das Unternehmen hinter den Marken oder Produkten erfahren wollen. Der Aufbau einer Unternehmenshomepage ist zudem von einer quasi-prototypischen Struktur gekennzeichnet, die immer eine Unterkategorie mit Informationen über das Unternehmen bereit hält.

Der Untersuchungskorpus setzt sich aus 29 Textexemplaren zusammen. Die Anzahl ergibt sich daraus, dass der Dax30-Konzern E.ON auf seiner Corporate Website keine Unternehmenshistorie oder Texte zur Gründungsgeschichte bereit hält, die über eine einfache Unternavigation zu finden sind. Viele Unternehmen, insbesondere diejenigen mit einer langen Firmenhistorie haben Corporate Publishing Produkte, wie Corporate Books und andere Publikationen, heraus gegeben, die sich ausführlich mit der Tradition und Geschichte des Unternehmens befassen. Diese Publikationen sind bewusst vor der Analyse ausgeschlossen, da sich diese spezielle redaktionelle Darstellungsform nicht mit den anderen webbasierten Texten vergleichen lässt. Der vollständige Untersuchungskorpus ist in Tabellenform mit den Quellennachweisen im Kap. 8 aufgeführt.

Untersuchungszeitraum wäre ja bei der Betrachtung von Onlineangeboten auch noch wichtig, oder?

5.2 Textlinguistische Analyse der Unternehmensgeschichte

Im Folgenden wird eine exemplarische Textsortenanalyse der Textexemplare des Untersuchungskorpus vorgestellt. Es geht darum, von einem kleinen Korpus ausgehend eng an den textinternen Merkmalen zu zeigen, welche Textmuster sich identifizieren lassen. Die Vorstellung der Ergebnisse erfolgt immer an ausgewählten Beispielen, die als prototypisch für bestimmte Merkmale gelten können.

Zunächst werden analog zum vorgestellten Untersuchungsmodell die kontextuellen Faktoren der Texte ausführlich beschrieben. Hier sollen die Fragen beantwortet werden, ob und in welchen der ausgewählten Textexemplare des Korpus sich die Basisgeschichte des Unternehmens finden lässt.

Im nächsten Schritt liegt der Schwerpunkt der Analyse auf der Auseinandersetzung mit den textinternen Dimensionen, also den Phänomenen der Textoberfläche. Die detaillierte Auseinandersetzung mit einzelnen Textexemplaren bietet die Grundlage für eine Ausweitung der Perspektive auf die Texte insgesamt. Hier geht es dann auch um die Beantwortung der Fragen, welche textsortenspezifischen Merkmale sich identifizieren lassen und ob man überhaupt von einer Textsorte sprechen kann.

Die detaillierte Textanalyse mündet abschließend in eine Kategorisierung und Beschreibung dieser narrativen Typen. Ziel der Analyse ist es, anhand des vorgestellten Analyseansatzes eine Verortung der Basisgeschichte in den Textsorten zu beurteilen und die Vertextungsstrategien zu identifizieren.

5.2.1 Digital strukturiert: Der Kontext

Zum Kontext, der Kommunikationssituation gehören sowohl der Absender (Organisation), die Adressaten (Zielgruppen), die Nachricht und die situativ-strukturellen Bedingungen, unter denen die Nachricht verfasst und rezipiert wird, als auch der Kommunikationsprozess als solcher. Die Abb. 8 zeigt in einer Übersicht die wesentlichen Elemente der Kommunikationssituation, die als externe Faktoren den Text in seiner Gestaltung prägen:

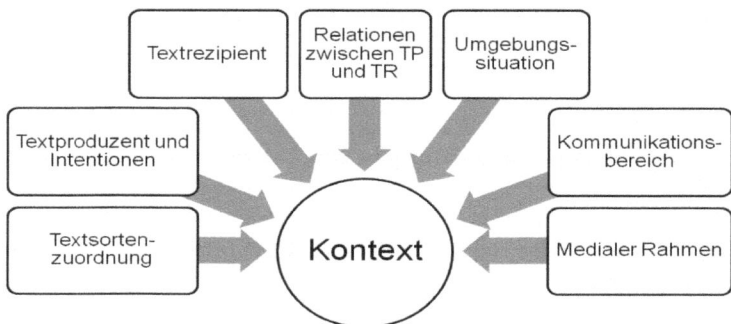

Abb. 8 Die Situationalität von Texten, Quelle: Eigene Darstellung

Bevor die einzelnen Faktoren in Bezug auf die Texte zur Unternehmensgeschichte betrachtet werden, gilt es zunächst festzuhalten, in welchem Kontext der unternehmerischen PR die Texte stehen. In Übereinstimmung mit Ebert lassen sich speziell für PR-Texte verschiedene Grundsätze oder Eigenheiten zusammenfassen (vgl. Ebert 2014, S. 42): Texten ist Handeln, das auf die Bestätigung (Stabilisierung) oder auf die Veränderung von Situationen abzielt. Bestimmte Strukturverhältnisse beeinflussen die Deutung der Situation und der Nachricht. Im Bereich der PR-Texte liegt eine im besonderen Maße intentionale Kommunikation vor, die sich nach den strategischen Grundüberlegungen zur Positionierung eines Unternehmens richtet.

Einen großen Einfluss auf die Textgestalt übt zunächst der digitale Kommunikationskanal aus. Die Texte der Unternehmenshistorie sind auf der Corporate Website erschienen, die in der Online-Kommunikation eine zentrale Rolle einnimmt. Sie dient entweder als alleinige Informationsplattform, auf der Unternehmen sich selbst, die Leistungen, Produkte und Marken darstellen oder sie ist eine Ausgangsplattform, von der sich viele Onlineaktivitäten verzweigen oder darauf verweisen. Auch für die Unternehmenskommunikation bzw. die Medienarbeit spielt die Unternehmenshomepage eine wichtige Rolle, da Journalisten als eine der wichtigsten Zielgruppen das Internet als bedeutendste Informationsquelle für ihre Arbeit nutzen (Bernet und Keel 2009, S. 11).

5.2 Textlinguistische Analyse der Unternehmensgeschichte

Die Funktionslogik der Massenmedien wird als besonders zuträglich für die Umsetzung von Personalisierung und Storytelling erachtet:

> „Personen und Geschichten stellen für Massenmedien bevorzugte Bezugsinhalte dar, da sie auf Nachrichtenwerten und Erzähllogiken des Journalismus aufbauen, Zurechenbarkeit und Wiedererkennbarkeit schaffen und komplexe Zusammenhänge in kausal stringente, dramaturgisch geschlossene Erzählungen bringen." (Wehmeier und Winkler 2012, S. 385)

Die Autoren sehen einen Trend in Bezug auf das Glaubwürdigkeitskonzept. Demnach wird nicht nicht mehr so stark die Kompetenz und Verlässlichkeit als Maßstab fokussiert, sondern vielmehr Selbstähnlichkeits- und Sympathie-Aspekte werden für die Identifizierung mit Personen im Netz wichtig.

Die inhaltliche Gestaltung obliegt dem Unternehmen selbst, das heißt die Website fällt in den Bereich „owned media". Die Unternehmenshomepage integriert die unterschiedlichen Typen öffentlicher Kommunikation, wie Public Relations, Werbung, Marketing und Journalismus (Buchele und Alkan 2012, S. 219).

Online-Texte folgen dementsprechend spezifischen Zielen, die sich auch auf die Textgestalt auswirken. Die vier Ziele der Massenkommunikation, die beim Schreiben für die PR relevant sind, gelten in besonderem Maße auch für Online-Texte (Zappala und Carden 2010, S. 8):

1. Information: Das Internet kann der traditionellen Informationsvermittlung und multimedialen Selbstdarstellung dienen.
2. Instruktion: Zielgruppen können durch die Interaktivität zu bestimmten Themen geschult oder instruiert werden, wozu diverse Anwendungen, wie Foren, FAQ-Listen oder Blogs integriert werden.
3. Persuasion: Im Internet lässt sich die eigene Position formulieren, begründen und verhandeln, was einen großen Spielraum für überzeugende Kommunikation schafft.
4. Unterhaltung: Die Chancen zur Unterhaltung der Nutzerschaft sind auf einer Website besonders hoch, da hier audiovisuelle Elemente oder „Gamification", beispielsweise durch Online-Spiele, eingesetzt werden können.

Homepages können prinzipiell verschiedenen vorab festgelegten Zielorientierungen der Kommunikation dienen:

1. Informationsorientierung zur Selbstdarstellung des Unternehmens sowie der Information zentraler Zielgruppen über Geschäftsfelder, Produkte und Leistungen, Engagement und weitere Themen des Unternehmens

2. Vertriebsorientierung zum Verkauf von Produkten oder Dienstleistungen des Unternehmens, häufig in Form von Online-Shops

Je nach Zielsetzung kann die Website unterschiedlichen thematischen Aufbau und Gestaltung aufweisen. Bei der Corporate Website lassen sich drei Varianten identifizieren. Diese sind stark an der Imagekommunikation oder der Informationsvermittlung orientiert sind. Oder sie sind als Themenplattform gestaltet, die keinen rubrikhaften Aufbau besitzt, sondern analog eines Weblogs aktuelle Themen in den Vordergrund stellen. Im Detail lassen sie sich so beschreiben:

a. Imagekommunikation
Der Nutzer taucht ein in eine Markenwelt, die mit vielen flashanimierten und audiovisuellen Elementen wie Videos vermittelt wird. Zentrales Element und Gestaltungsmerkmal auf der Startseite ist oftmals die aktuelle Werbekampagne des Unternehmens.

b. Informative Unternehmenshomepage
Die Seiten besitzen eine übersichtliche Struktur, die dem Nutzer in einer klaren Legende die klassischen Themenbereiche einer Unternehmenshomepage zeigt. Die Startseite weist einen übersichtlichen Aufbau und viele Verlinkungen auf, die den Nutzer sofort zu den informativen Themenbereichen leiten. Viele Webpräsenzen großer Unternehmen folgen diesem klaren Informationsschwerpunkt.

c. Themenplattform
Die Beiträge erscheinen wie für einen Weblog üblich in chronologischer Reihenfolge und nicht nach Themen untergliedert. Es finden sich eine Vielzahl unterschiedlicher Textformate und Themen, die beispielsweise News aus dem Unternehmen, Interviews, Zeitungsartikel und aktuelle Themen rund um die Branche aufgreifen. Die redaktionelle Anmutung der Startseite wird geprägt von einem aktuellen und modernen, portalartigen Aufbau, der durch Hervorhebung der Themenkompetenz die Positionierung als Experte in einem Themenfeld unterstützt. Die eigentlichen Informationen zum Unternehmen werden dem Nutzer jedoch in herkömmlicher Strukturierung angeboten, so dass die themenbasierte Konzeption hier nur einen Teil des Homepage-Aufbaus umfasst.

Die Tab. 2 fasst die unterschiedlichen Merkmale dieser Kommunikationsangebote zusammen:

5.2 Textlinguistische Analyse der Unternehmensgeschichte

Tab. 2 Varianten der Corporate Website

	Imageseite	Informationsseite	Themenplattform
Kommunikatives Ziel	Inszenierung der Markenwelt	Kommunikation der Unternehmensleistung	Expertise in einem Themenfeld
Textfunktion	Appell	Information	Kontakt
Formate	Bilderwelten, multimediale, audiovisuelle Formate	Text und Bild	Interaktive Formate, Kompetenzformate, redaktionelle Inhalte
Inhalte	Markenimage, Produkte	Unternehmen, Dienstleistungen oder Produkte, Engagements, Daten und Fakten	Verschiedene Aspekte des Kompetenzfelds

Quelle: Schach 2015, S. 108

Die Corporate Websites der Dax30-Unternehmen sind derzeit ausschließlich der informationsgeprägten Variante zuzuordnen. Dies ist eine relevante Kategorisierung im Rahmen der Kontextanalyse, da diese auch bei der späteren Bestimmung der Textfunktion wichtige Hinweise liefert. Wenn das Gesamtkommunikationsangebot der Seite primär dem Ziel dient, die Leser über das Unternehmen zu informieren werden, so lässt sich auch eine stark informative Zielsetzung hinter den Texten zur Unternehmenskommunikation vermuten. Eingebunden in eine strukturierende Rubrikenstruktur auf der Corporate Website, die alle wesentlichen Information rund um das Unternehmen bereit hält, ist auch den Texten der Unternehmensgeschichte zunächst ein informationsgetriebene Intention zu unterstellen.

Ein weiterer Aspekt des medialen Kontexts ist die Medienrezeption bei Online-Angeboten, die gegenüber Print-Produkten differenziert betrachtet werden muss. Eyetracking-Studien zeigen beispielsweise, dass Internet-Nutzer Texte auf Webseiten weniger lesen, als vielmehr „scannen". Das heißt, dass sie diese vertikal von oben nach unten nach interessanten Inhalten durchsuchen. Derartige Besonderheiten des jeweiligen Rezeptionsprozesses sind bei der Konzeption der Inhalte, beim Aufbau und dem Design einer Corporate Website zu berücksichtigen. In Anknüpfung an Buchele und Alkan lassen sie sich für die Analyse in drei Segmenten zusammenfassen:

a. Rezeptionssituation
Das Leseverhalten am Bildschirm unterscheidet sich deutlich vom Lesen gedruckter Informationen. User scannen den Text, sie lesen nur etwa 20 bis 50 Prozent der Wörter.
b. Selektionsdruck
Beim Lesen einer Website überschneiden sich zwei Handlungen, die beim Lesen gedruckter Publikationen getrennt sind. Der Leser nimmt gleichzeitig Informationen auf und muss sich auf der Website orientieren.
c. Modularität
Das World Wide Web ist ein Hypertext-System, in dem Informationseinheiten per Link verknüpft werden. Der Leser gelangt von den unterschiedlichsten Ausgangspunkten aus auf die Website. Die Information muss abgekapselt sein und auch ohne größeren Zusammenhang verstanden werden. Die Verlinkungen bringen zusätzliche Leser, sie führen aber auch leicht vom Text weg. (vgl. Buchele und Alkan 2012, S. 230)

Laut diverser Nutzungsstudien entscheiden Internetnutzer im Schnitt in wenigen Sekunden, ob sie die Inhalte interessant finden und weiter auf der Seite bleiben. Bei Webtexten sind daher einige spezifische Merkmale zu beobachten, die die Aufmerksamkeit des Users binden, ihn auf der Seite halten und durch Inhalte überzeugen:

1. Zielgruppenorientierung
Gute Internetpräsenzen zeigen dem Nutzer in sehr kurzer Zeit, wie er persönlich von dem Angebot oder den Inhalten profitieren kann. Im Rahmen der Selbstdarstellung eines Unternehmens besteht die Tendenz, den Absender der Information, also das Unternehmen mit seinen Produkten und Leistungen, in den Mittelpunkt der Texte zu stellen. In der Praxis und besonders in einem textlichen Relaunch eines Internetauftritts gehen viele Unternehmen den Weg ihre Texte mit größerem Augenmerk auf die Nutzerorientierung umschreiben zu lassen.

2. Aktualität
Für ein gutes Suchmaschinenranking sind regelmäßig aktualisierte Inhalte entscheidend, was für die Unternehmen gleichermaßen Chance und Risiko bedeutet. In Internettexten, die mit wenigen Clicks im Content-Management-System veröffentlicht werden, können aktuelle Inhalte schnell aufgegriffen werden. First-Mover zu sein hilft den Unternehmen sich als Branchenexperten gegenüber dem langsameren Wettbewerb erfolgreicher zu positionieren. Aktueller Content trägt zum positiven Markenimage bei, weil der Nutzer das Gefühl hat, für werthaltige Inhalte immer wieder auf die Seite zurückkehren zu können. Allerdings

muss diese Aktualität durch eine ausreichende Bereitstellung von personellen Ressourcen im Unternehmen zu leisten sein.

3. Kürze und Prägnanz
80 Prozent der Leser scrollen nicht und lesen nur die Inhalte, die sie auf dem Bildschirm sehen. Kürze und Prägnanz im Aufbau von Texten ist daher äußerst wichtig. Bei längeren Texten gibt es die Möglichkeit die Content-Struktur so anzupassen, dass die Inhalte auf mehrere Seiten verteilt werden. Es gilt den Leser durch eine treffende Headline, einen interessanten Teaser und einen guten Textaufbau in kürzester Zeit von der Relevanz der Inhalte zu überzeugen. Das gelingt durch kurze Sätze und kurze Wörter. Sätze über 15 Wörter Länge sollten überprüft werden. Bei langen, auf den ersten Blick unverständlichen Wörtern, kann ggf. mit Bindestrichen gearbeitet werden.

4. Binnen-Struktur
Der Einbau von sinnvollen Verlinkungen in Webtexten zu interessanten Inhalten erleichtert den Nutzern die Recherche. Eine optimale Binnen-Verlinkung zu Unterseiten des Internetangebots hält den Nutzer auf der Seite und verhindert, dass Nutzer die Seite schnell wieder verlassen. (vgl. Schach 2015. S. 110)

Webtexte legen einen Schwerpunkt auf Design und Usability im Sinne eines erweiterten Textbegriffs, der nicht nur die sprachlichen Zeichen einbezieht, sondern ebenso Layout, Typographie, Visualisierungen, Infografiken, Fotos, Illustrationen, Tabellen und Diagramme. Kurz: Der Text ist „eine Aussageeinheit, die aus sprachlichen (mündlichen und schriftlichen) und nicht-sprachlichen Elementen bestehen kann." (Weber 2008, S. 195). Er muss daher als Gesamtdesign betrachtet werden und dementsprechend analysiert werden.

Verschiedene Formatierungsmöglichkeiten lassen dabei auch längere Texte übersichtlich und schnell erfassbar werden. Nach einer suchmaschinenoptimierten und treffenden Headline, sowie einem optisch abgegrenzten Intro folgen kurze Absätze mit prägnanten Zwischenüberschriften. Aufzählungen, Top-Listen, Grafiken und Fotos lockern den Text auf und wirken auf den ersten Blick einladend auf den Nutzer. Weil das Leseverhalten im Internet bestimmt ist durch eine chaotische und modulare Auswahl, sollten sich die Texte der Homepage daran orientieren. Aufgrund dessen gilt: Die einzelnen Module „müssen erstens als Informationsbausteine einzeln verständlich sein und zweitens nützliche Anknüpfungspunkte im Sinn von weiterführenden Links bieten." (Keel 2013, S. 137).

Online-Texte weisen die Besonderheit auf, dass sie als Hypertexte kodiert werden. Aus textlinguistischer Perspektive sind diese durch bestimmte Kriterien gekennzeichnet. Hypertexte sind nicht-linear organisierte Texte, die durch Computertechnik verwaltet werden. (Storrer 2008, S. 318) Das bedeutet, dass der Autor eines Hypertextes seine Daten auf mehrere Module verteilt, die im Internet als Seiten bezeichnet werden. Jedes Modul eines Hypertextes kann mit anderen Modulen durch Verknüpfungen, also Verlinkungen, verbunden sein. Nicht-linear heißt bei Hypertexten, dass jedes Modul mehrere Links enthalten kann, sodass die Nutzer je nach Vorlieben und Interessen selbst entscheiden können, welche Module sie in welcher Reihenfolge abrufen wollen. Die Textmodule an sich müssen demnach so konzipiert sein, dass sie auch bei unterschiedlicher Nutzerführung sinnvoll sind.

Typische Hypertexte sind multimodal kodiert, das heißt es müssen nicht nur Text und Bild, sondern auch Ton- und Videoelemente und deren Verlinkung mit in die Analyse einbezogen werden. In Teilkapitel 5.2.2, in dem es um die Textgestalt geht, wird auf diesen Punkt eingegangen. Prinzipiell sind bei der Planung und Strukturierung von Hypertexten thematische und funktionale Aspekte wichtig:

> „Weil sich die Planung nicht an einem festen Leseweg orientieren kann, ist die Grundlage für die Hypertextplanung oft ein thematisch und funktional hierarchisches Grundgerüst, dem man die Module zuordnen kann. Dieses Grundgerüst kann man dann nach verschiedenen Prinzipien um weitere Links ergänzen." (Storrer 2008, S. 327)

Das bedeutet auch, dass sich die Analyse nur auf kleinere Textbausteine als Bestandteile von Hypertexten anwenden lässt.

Wie bereits bei der Beschreibung des Untersuchungskorpus vorgestellt, bietet die Textsorte der Chronik mit ihrer Struktur durch eine klare zeitliche Achse optimale Möglichkeiten, kleine Textabsätze zu formulieren. Gleichzeitig ist diese modulare Struktur jedoch einer nachvollziehbaren Darstellung eines historischen Gesamtkontextes eher weniger zuträglich. Die Segmentierung in kleine Teiltexte ist aber ein wesentliches Merkmal des Großteils der Texte zur Unternehmenshistorie, die auf der Corporate Website veröffentlicht werden. Sie resultiert aus den Rezeptionsbedingungen der Plattform und hat Auswirkungen auf die Gliederung der Texte an sich.

Doch nicht alle Texte zur Unternehmensgeschichte sind in Hypertexten strukturiert: Textlinguistisch zu unterscheiden sind sogenannte E-Texte, die keine Hypertexte im Sinne der Basisdefinition sind, da sie nicht nicht-linear sind. Dabei handelt es sich um digitale Ausprägungen „traditioneller" Textarten. In den Texten des Untersuchungskorpus zeigt sich eine Verteilung von Hypertexten und E-Texten, die sich wie folgt darstellt: 76 Prozent der Texte in dem Untersuchungskorpus sind als Hypertexte strukturiert. Mit einer oftmals aufwendigen Verknüpfung von Schrift-Text, Bild, Animation, Video und Ton sind die Texte stark modular aufgebaut und auch in ihrer grafischen Gestaltung komplex. Bei 24 Prozent der Exemplare finden sich E-Texte, also linear aufgebaute Texte, die sich wie nicht-digitale Texte

5.2 Textlinguistische Analyse der Unternehmensgeschichte

linear lesen lassen. Die häufigsten Beispiele der E-Texte sind in pdf-Form gestaltete Broschüren oder Mitteilungen, die digital zur Verfügung gestellt werden, oder Chroniken, die ohne Verlinkungen oder modulare Textstruktur komplett auf einer Seite dargestellt werden. Ungeachtet dessen werden die Kriterien für das Verfassen von erfolgreichen Online-Texten jedoch in den untersuchten Textexemplaren erfüllt.

Eine primäre Analysekategorie des Kommunikationsbereichs oder des Kontextes von Texten ist die Textsortenzuordnung. Sie erfolgt auf der Website durch die Kategorisierung in die Rubrik bzw. die Unterseite in der Navigation. Die Tab. 3 zeigt die Verteilung der sprachlichen Kategorisierung der Texte im Untersuchungskorpus.

Tab. 3 Textsortenzuordnung der Unternehmensgeschichte auf der Corporate Website

Navigation Unterkategorie	Anzahl Textexemplare
Geschichte	13
Unternehmensgeschichte	6
Historie	3
Unsere Geschichte	2
Meilensteine und Errungenschaften	1
Unternehmen	1
Corporate History	1
Konzerngeschichte	1

Quelle: Eigene Darstellung

Die Übersicht zeigt, dass weitaus häufiger mit dem Begriff der „Geschichte" gearbeitet wird, als mit dem eindeutigeren Begriff der „Historie": Die meisten Unternehmen verwenden „Geschichte" oder „Unternehmensgeschichte". Zwei Unternehmen stellen mit der Bezeichnung „Unsere Geschichte" eine noch persönlichere Beziehung zum Unternehmen bzw. den Mitarbeitern her. Die bereits in Kapitel 2.1 beschriebene Doppeldeutigkeit des Begriffs „Geschichte" wird an dieser Stelle ausgeklammert. Von der Navigationsbezeichnung, bzw. der Textsortenzuordnung her ist im ersten Schritt nicht zu erkennen, ob es sich bei dem Text um eine historische Aufarbeitung der Unternehmensentwicklung handelt oder um eine „echte" Geschichte, in Form einer Erzählung.

Der Textproduzent der Texte zur Unternehmenshistorie ist das Unternehmen. Die Verfasser der Texte auf Seiten der Unternehmen sind eindeutig in der Abteilung der Unternehmenskommunikation zu verorten, da es sich um ihre primäre Aufgabe handelt, die allgemeinen Selbstdarstellungen des Unternehmens zu verfassen und zu administrieren. Die verwendeten Textbausteine sind in vielen Fällen in weiteren unternehmenseigenen Publikationen zu finden und sind häufig auch in den Texten der Medienarbeit anzutreffen. Teilweise bestehen Teile der Basispressemappe aus identischen Textpassagen. All dies suggeriert, dass es sich um die von der Unternehmenskommunikation verantworteten, breit abgestimmten und damit konsensualen Formulierungen der Selbstdarstellung des Unternehmens handelt.

Die Intentionen des Textproduzenten können zu diesem Zeitpunkt der Kontextanalyse auf zwei Ebenen beschrieben werden: Zum einen möchten die Unternehmen über ihre Firmenhistorie informieren, zum anderen geht es aber auch um die Kommunikation der Unternehmenswerte und Botschaften, des Alleinstellungsmerkmals sowie der Geschichte hinter dem Unternehmen, in Form von Personalisierung durch den oder die Unternehmensgründer oder die Ursprungsidee. Darüber, inwieweit die jeweilige Intention sprachlich realisiert wird, gibt die Analyse der Textfunktion Auskunft (Kap. 4.2.4.).

Die Intentionen des Unternehmens lassen sich jedoch noch weiter differenzieren. Durch die Einbeziehung von wegweisenden historischen Entwicklungen, die sich zeitgleich zur Unternehmensgründung ereignet hatten, möchten sich viele Unternehmen als Wegbereiter dieser historisch bedeutsamen Entwicklungen positionieren. In vielen Fällen ist es tatsächlich so, dass eine Erfindung oder ein neues Verfahren die weitere Entwicklung einer Branche entscheidend mit beeinflusste, z. B. die Entwicklung des ersten Motors von Carl Benz. Eine Markt- und Meinungsführerschaft wird häufig implizit durch die Beschreibung des gesellschaftlichen und marktlichen Umfeldes des Zeitpunkts der Unternehmensgründung erreicht oder explizit auch sprachlich in Verbindung gebracht. Die Innovationsführerschaft, die die Unternehmen vermitteln möchten, zählt daher ebenfalls zu den zentralen Intentionen der Textproduzenten. Eine Meinungsführerschaft, also dass das Unternehmen in einem bestimmten Themenfeld zum Opinion Leader wird, soll somit aus der Historie erklärt, belegt und argumentiert werden.

Die Textrezipienten sind kaum bis gar nicht eindeutig zu definieren. Die Texte einer Webpräsenz richten sich demnach an unterschiedliche Zielgruppen, die nur schwer in ihren spezifischen Merkmalen einzugrenzen sind. Die in dieser Untersuchung zugrundliegenden Textexemplare orientieren sich offensichtlich ebenfalls an einer breiten Öffentlichkeit, deren Identität dem Unternehmen als Absender in der spezifischen Kommunikationssituation weitgehend unbekannt ist. Es können über die Corporate Website zwar Nutzungs- und Zugriffsdaten erhoben werden, soziodemographische Merkmale der Nutzer bzw. Leser der Texte liegen hingegen nicht vor. Der Mangel an Informationen über die Leserschaft bedingt allerdings eine Erwartungshaltung, die in die Schreibaufgaben einfließt und sich stilistisch ausprägt. Dieser wird durch Annahmen und allgemeingültige Werte ausgeglichen, wie Wagner exemplarisch beschreibt: „So erwarten zum Beispiel Firmen aus dem

5.2 Textlinguistische Analyse der Unternehmensgeschichte

Unterhaltungs- und Freizeitbereich bei ihrem Publikum eher eine konsum- und unterhaltungsorientierte Grundhaltung und gestalten ihre Texte entsprechend so, dass sie mit vielen Neuigkeiten und Events aufwarten können. Finanzdienstleister treten hingegen eher seriös auf, da deren potentielle Kunden über ein erhöhtes Sicherheitsbedürfnis verfügen." (Wagner 2011, S. 87)

Die Medialität der untersuchten Texte ist ausschließlich schriftlich angelegt und folgt einer asymmetrischen Kommunikation, die zeitlich und räumlich getrennt ist. Im Rahmen der Corporate Website sind zwar durch einen hohen Bildanteil, Animationen und ggf. Verlinkungen auch multimediale Angebote verknüpft, die eigentlichen Texte sind jedoch nicht auf einen Dialog ausgelegt und durch eine mediale und konzeptionelle Schriftlichkeit geprägt. Nach dem Modell von Koch und Oesterreicher beschreibt die Konzeption eines Textes den Duktus, die Modalität der Äußerungen. (vgl. Koch & Oesterreicher 1994) Diese kann auch bei einem schriftlichen Text konzeptionell mündlich sein, wenn die Art des Schreibens den Bedingungen der gesprochenen Sprache folgt. Dann werden orthographische Regeln nicht so streng befolgt und es finden sich sehr häufig umgangssprachliche Ausdrücke, Dialekt oder Inflektive in den Online-Texten wieder. Dies ist bei den untersuchten Selbstdarstellungen und der Darstellung der Unternehmenshistorie nicht der Fall. Der mediale Rahmen ist somit relativ eng auf einen reinen Schrifttext mit entsprechender Bebilderung begrenzt.

Koch und Oesterreicher haben allgemeine Kommunikationsbedingungen, die sie in Form einer Liste von Parametern wiedergegeben haben (Koch und Oesterreicher 2008, S. 201). Dieses Schema und die Verortung der vorliegenden Textbeispiele der Unternehmensgeschichte zeigt Tabelle 4.

Tab. 4 Einordnung der Unternehmensgeschichte in Kommunikationsbedingungen mit Einfluss auf Medium und Konzeption

Kommunikative Nähe	Kommunikative Distanz
Privatheit	Öffentlichkeit
Vertrautheit der Kommunikationspartner	Fremdheit der Kommunikationspartner
starke emotionale Beteiligung	geringe emotionale Beteiligung
Situations- und Handlungseinbindung	Situations- und Handlungsentbindung
referenzielle Nähe	referenzielle Distanz
raum-zeitliche Nähe (face-to-face)	raum-zeitliche Distanz
kommunikative Kooperation	keine kommunikative Kooperation
Dialogizität	Monologizität
Spontanität	Reflektiertheit
freie Themenentwicklung	Themenfixierung

Quelle: Eigene Darstellung nach Koch und Oesterreicher 2008, S. 201

In allen Ausprägungen sind die Texte der Unternehmensgeschichte der geschriebenen Konzeption, der kommunikativen Distanz zuzuordnen. Wie schon ausgeführt liegt das auch im Besonderen an den fehlenden Informationen zur Zielgruppe und an der medial asymmetrischen Kommunikationssituation. Dass sich die kommunikative Distanz als wesentliches Merkmal des situativen Kontextes sich auch in der sprachlichen Gestaltung ausprägt, soll in den folgenden Kapiteln überprüft werden.

Folgender Steckbrief zeigt zusammenfassend die interaktionale Gesamtkonstellation der Texte zur Unternehmensgeschichte, die auf den Corporate Website veröffentlicht werden.

1. *Textsortenzuordnung: Webtexte / Chronik*
2. *Textproduzenten (TP)*
   TP: Wirtschaftsunternehmen
   INT des TP:
   - Information über Unternehmenshistorie
   - Kommunikation der Unternehmenswerte und Alleinstellungsmerkmal
3. *Textrezipient (TR)*
   Disperses Publikum (Online-Nutzer ohne Zielgruppenspezifizierung)
4. *Relationen zwischen TP und TR*
   Asymmetrisch / zeitlich und räumlich getrennt
5. *Umgebungssituation und Tätigkeits-Situation*
   LOC: Website, Einbindung in die Navigationsunterstruktur als Rubrik
   TEMP: zeitlich unbegrenzt verfügbar
   MOD: Hypertexte oder E-Texte: Text steht häufig in Verbindung zu einem Bild, Grafik oder Animation
6. Kommunikationsbereich
   Internet, Corporate Website, Unterkategorie
7. Medialer Rahmen
   Hypertexte (oder E-Texte) unterstützt durch Grafik, Bild, Video, Animation und/oder Ton

5.2.2 Text und Bild: Die Textrealisierung

Egal ob im Print- oder Online-Bereich: Die Unternehmenskommunikation fasst in Folge des fortschreitenden Trends zur Visualisierung den Text nicht mehr allein als sprachliche Zeichen auf, sondern muss sich vielmehr eines ganzheitlichen Textdesign befleißigen:

5.2 Textlinguistische Analyse der Unternehmensgeschichte

> „Design soll hier als ganzheitlicher, emergenter Gestaltungsprozess aufgefasst werden: Wie man ein Thema in Wort, Bild und Layout plant und umsetzt; auch Format, Papier und Druckfarbe gehören zu diesem Designprozess dazu. Das Ganze, was aus diesem Zusammenspiel von Wort, Bild und Layout entsteht, ist dann mehr als die Summe seiner Teile." (Weber 2012, S. 193)

Der Textbegriff wird auch in der Textlinguistik heute nicht mehr nur als rein sprachliche Gestalt untersucht, sondern eine multikodale Perspektive auf den Text eingenommen. Diese Vorstellung basiert auf der Grundannahme, dass Texte nie nur sprachlich existieren, sondern immer auch andere Zeichen beteiligt sind. Im Gespräch ist das beispielsweise die Gestik oder Mimik, bei schriftlichen Texten können das Bilder, die Typographie und Textgestaltung sein. Man kann somit nicht einen Kode, den sprachlichen, aus dem Kontext heraus lösen und isoliert betrachten.

Auch die nicht-sprachlichen Zeichen sind ein Teilbereich der Textanalyse, der in dieser Untersuchung mit dem Begriff der Textrealisierung zusammen gefasst wird. Dabei spielen die Typographie und Orthographie ebenso eine Rolle, wie die Text-Bild-Relation, bzw. die Einbindung in Animationen auf den Corporate Websites. Sandig spricht von Bild und Text als Gesamttext von „Sprach-Bild-Texten", die sich in verschiedener Weise wechselseitig ergänzen. (Sandig 2006, S. 455)

Bilder können durchaus, wie Texte anhand der Textualitätskriterien von Beaugrande und Dressler bewertet werden, da sie intentional zu bestimmten Zwecken, aus bestimmten Perspektiven mit bestimmten Modalitäten hergestellt werden. In der Text-Bild-Relation unterscheidet man zwischen „einfachen Texten" mit einer einzigen modalen Gestaltung (Wort, Bild und Ton) und „Gesamttexten", die multimodal gestaltet sind. Bilder werden in der Regel als Ganzheiten wahrgenommen, ihre Verarbeitung ist eher emotional, Sprachtexte werden sukzessive rezipiert, ihre Verarbeitung ist stärker rational und analytisch:

> „Bilder sind prototypischerweise ikonische, d. h. analogisch abbildende Informationen, Sprachtexte sind prototypischerweise mit symbolischen, auf Konventionen beruhenden Zeichen gebildet. Bilder sind als räumliche Darstellung visuell wahrnehmbar, konkret; sie zeigen Einzelnes und sind affirmativ." (Sandig 2006, S. 452)

Die Texte im Untersuchungskorpus lassen sich im Sinne dieser Unterscheidung in drei zentrale Darstellungsformen kategorisieren:

Variante 1: Chronik (reiner Text)

Diese Variante findet in dem Untersuchungskorpus nur peripher statt. In einem nicht-modular aufgebauten Text werden keine Bilder zur Illustration verwendet, sondern lediglich die Jahreszahlen mit entsprechend kurzen Informationen versehen.

In Form einer Chronik werden die wesentlichen Meilensteine des Unternehmens in Chronikform eher stichpunktartig und in kompakten Sätzen oder Begriffen dargestellt.

Variante 2: Chronik (Text und Bild)

Bei der Chronik, die Text und Bild verknüpft, kann man von einem multimodalen Gesamttext sprechen, in dem die Bild- und Textgestaltung eine Ganzheit darstellt. Diese Gesamttexte sind geprägt von einem für Hypertexte typischen modularen Aufbau, da der Leser die zeitliche Reihenfolge der Rezeption selbst bestimmen kann. In der Text-Bild-Relation sind Text und Bild in dieser zweiten Variante nahezu ebenbürtig, eine eindeutige Dominanz von Text und Bild ist nicht auszumachen. In der Text-Bild-Variante können darüber hinaus auch Videos, also Bewegtbild statt Einzelbild eingebunden sein.

Variante 3: Flash-Animation / Zeitstrahl

Die dritte Variante der Textrealisierung ist stark geprägt von den grafischen Möglichkeiten der Flash-Animation im Internet. Dieser multimodale Gesamttext wirkt zunächst über die animierten Fotos oder Bildelemente, erst im zweiten Schritt über die Texte an sich. Hier ist die bewegte Inszenierung eindeutig dominant und der Bildanteil am höchsten. Grundlage der Animation ist meist ein Zeitstrahl, der die Entwicklung des Unternehmens und die wichtigsten Stationen in einer durch den Nutzer steuerbaren Animation darstellt. Diese sind in der Regel sehr aufwendig und graphisch eindrucksvoll aufgebaut. Ein Beispiel für diese Variante ist beim Unternehmen Deutsche Post DHL Group zu finden, was Abb. 9 zeigt.

Wenn der Nutzer auf die sich bewegenden Bilder im Zeitstrahl klickt, öffnet sich ein Dialogfeld mit einem kurzen Text zu dem jeweiligen Jahr. Dieser Text wird gemeinsam mit dem Bild als pdf angeboten. Die Deutsche Post bietet darüber hinaus eine Darstellung ohne Flash-Animation an, die sich die Nutzer über ein automatisiertes Tool vorlesen lassen können. Die Vertonung ist deutlich erkennbar nicht eigenständig produziert worden, da phonetische Fehler und Ungenauigkeiten bei wesentlichen Begriffen erkennen lassen.

5.2 Textlinguistische Analyse der Unternehmensgeschichte

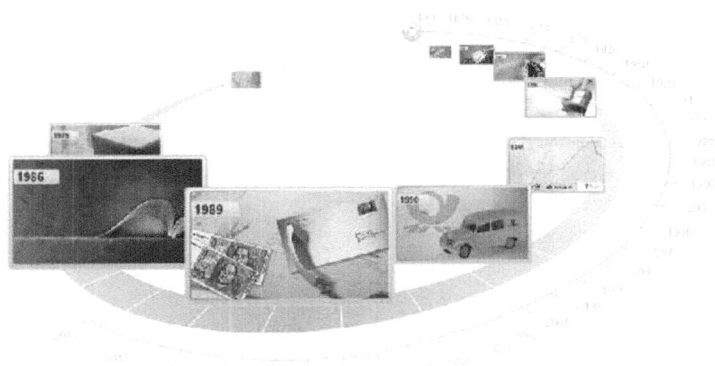

Abb. 9 Textrealisierung der Unternehmensgeschichte von Deutsche Post DHL Group als animierter Zeitstrahl

Quelle: http://www.dpdhl.com/de/ueber_uns/geschichte.html (Zugriff: 15.05.2015)

Wie in den Varianten schon beschrieben, gibt es im Grunde keinen als prototypisch zu bewertenden Text-Bild-Zusammenhang. Allgemein kann dieser Zusammenhang nach Nöth anhand folgender Typen beschrieben werden:

1. Redundanz: Sie liegt vor, wenn Bilder textergänzend verwendet werden. Die zweifache Kodierung kann die Information intensivieren oder aber als dekorative Funktion vom Inhalt des Textes weg führen.
2. Dominanz: Man unterscheidet zwischen Bild- und Textdominanz.
3. Komplementarität: Sie liegt vor, wenn kein Teil ohne den anderen in sich vergleichbar ist, wenn beide sich in ihrem medienspezifischen Potential ergänzen. (Nöth 2000, S. 492ff)

In der Regel sind die Bilder zur Unternehmensgeschichte redundant. Sie stehen spiegelbildlich zur Information des Textes und dienen der Illustration des Beschriebenen oder Erzählten, ohne darüber hinaus zu weisen.

Eine Bild- oder Textdominanz lässt sich, wie schon beschrieben, in der Variante 2 nicht ausmachen, in der Variante 3 kann man jedoch von einer deutlichen Dominanz der Bilder bzw. Animationen sprechen. In Variante 1 werden keine Bildelemente eingesetzt. Insgesamt sind bei Variante 2 und 3 der Text- und Bildteil, komplementär, sie ergänzen sich in ihrem jeweiligen medienspezifischen Potential. Die historischen Bilder gewähren einen Blick in die Geschichte, der für eine emotionale Rezeption der Geschehnisse elementar ist. Sie dienen nicht nur der Illustration, sondern sie unterstreichen die Information des Textes wesentlich. Sie sind jedoch im Gegensatz zum Schrifttext als alleinige Information nicht verständlich, der hingegen schon. So wird auf der einen Seite mit einer hohen Bilderdichte gearbeitet, auf der anderen Seite obliegt aber die Informationsdominanz dem Text.

Wie sind die eingesetzten Bilder nun funktional zu bewerten? Es gibt verschiedene Bildfunktionen, die sich unterscheiden lassen: Doelker (vgl. Doelker 2002, S. 70 ff.) bezeichnet sie entweder als Spurbilder, die ein bestimmtes Ereignis in einem Stadium abbilden. Oder als Schaubilder, mit denen abstrakte Inhalte durch Bilder veranschaulicht werden können, oder aber als Phantasiebilder, die eine fiktionale Welt abbilden. Eine weitere Form sind Zierbilder, die in der Begrifflichkeit der Unternehmenskommunikation auch als „Mood-Bilder" bezeichnet werden könnten.

Bei der Motivwahl werden in den untersuchten Exemplaren zumeist die am relevantesten eingeschätzten Bilder aus dem Unternehmensarchiv eingesetzt. Sie sind nach der Kategorisierung von Doelker als Spurbilder gekennzeichnet, die die wesentlichen Entwicklungen im Unternehmen abbilden. Mehrere Motivarten lassen sich dabei bei den Dax30-Unternehmen identifizieren: Portraits von Gründern und wichtigen Persönlichkeiten der Unternehmensgeschichte, Fotos von wichtigen historischen Ereignissen mit direktem inhaltlichen Bezug zum Unternehmen oder nur mit zeitlichen Bezug, Abbildungen von Produkten, historischen Zeitungsartikeln, Werbeanzeigen und -plakaten, Patente und Verträge, Gemälde des Unternehmenssitz, Fotos der Belegschaft und von Aktionen und Veranstaltungen, Abbildungen des Unternehmenssitzes, Produktionsstätten und Auslandsniederlassungen.

Der deutlich bestimmende Anteil der untersuchten Bilder ist den Spurbildern zuzuordnen, die eine Illustration des Erzählten oder Beschriebenen liefern. Dennoch ist die visuelle Dominanz der Bilder nicht von der Hand zu weisen. Häufig werden sie als Strukturelement zur Orientierung in den einzelnen Phasen eingesetzt. Neben den Spurbildern gibt es mit den Zierbildern eine zweite Variante, bzw. Bildfunktion, die in den Texten zur Unternehmensgeschichte – wenn auch in viel geringerer Ausprägung – zu finden ist. Sie kommen immer dann zum Einsatz, wenn ein bestimmtes Thema illustriert werden soll. Diese Mood-Bilder haben keinen direkten Bezug zum Unternehmen sondern kommunizieren das Thema des Textes in unterstützender Weise. Zierbilder werden unter anderem eingesetzt, um die Themen Nachhaltigkeit, die Forschungsaktivitäten oder historische Ereignisse, wie etwa die Währungsumstellung zu illustrieren.

Die Orthographie folgt den allgemeinen Regeln der deutschen Sprache, ist in der Regel, aber nicht immer fehlerfrei. In den Schrifttypen und Schriftgröße sind

5.2 Textlinguistische Analyse der Unternehmensgeschichte

die Texte zur Unternehmensgeschichte der Typographie des gesamten Webauftritts angepasst. Bei der Auswahl der Schriften und der Farbgebung der Rubriken wird in der Regel das festgelegte Farbspektrum des Corporate Designs bedient. Die Schriftarten sind online-kompatibel, serifenarm und modern. Da in der Textstruktur der Hypertexte häufig mit Headlines und Teasern gearbeitet wird, sind die Überschriften in der Regel gesondert gekennzeichnet, durch eine andere Farbgebung oder durch Versalien. Die Texte, bzw. die Textrealisation der Unternehmensgeschichte sind demnach in ihrer Typographie in das Gesamtkommunikationsangebot eingegliedert.

Eine wesentliche Erkenntnis der Untersuchung der Text-Bild-Relation ist jedoch die wesentlich höhere Bilderdichte im Vergleich zu den anderen Seiten der Website. Wenige Unterseiten, die sich unter der gleichen Oberkategorie „Unternehmen" oder „Über uns" befinden, sind mit einer ähnlich hohen Anzahl an Bildern, Bildergalerien, Animationen und Publikationen bedacht, wie die Unternehmenshistorie. Sie machen die Informationen besonders anschaulich, sind aber auch ein Hinweis darauf, dass hier offensichtlich nicht nur die reine Faktenlage bzw. neutrale Information eine Rolle spielt, sondern ein anschauliches „Erleben" der Geschichte angestrebt wird. Ein Beispiel, in dem die Struktur der chronikartigen Darstellung deutlich wird, ist die Aufbereitung der Geschichte des Unternehmens Volkswagens. Der Screenshot in Abb. 10 zeigt die Übersicht der historischen Etappen rund um den reinen Text, hinter der sich eine Vielzahl von Einzelinformationen und Bildmaterialien verbirgt.

Nutzern der Seite werden eine animierte Chronik mit Ton, ausführliche Texte als pdf-Download, Schriftenreihen und Publikationen angeboten. Sie können sich eine Sammelmappe mit individuellen Informationen zusammen stellen. Aus PR-Perspektive erscheint diese sowohl inhaltlich vielfältige als auch in Bezug auf die Formate sehr aufwändige Realisation der Unternehmensgeschichte folgerichtig. Denn Volkswagen setzt auch in der Gesamtkommunikation auf die Positionierung als Erfinder des Autos für die Massen, eben des Volkswagens.

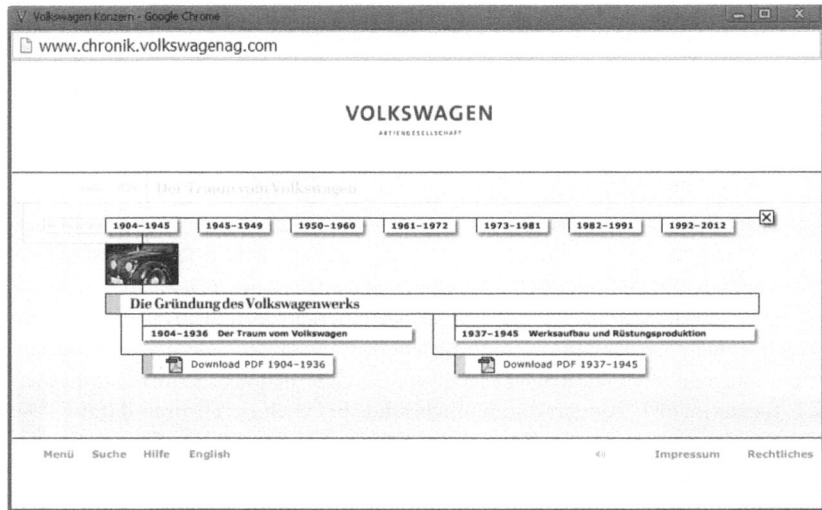

Abb. 10 Darstellung der Unternehmenshistorie der Volkswagen AG
Quelle: http://www.volkswagenag.com/content/vwcorp/content/de/the_group/history.html
(Zugriff: 15.05.2015)

5.2.3 Narration vs. Argumentation: Die Themenentfaltung

In der Betrachtung der Themenentfaltung steht die Ermittlung des Textthemas an erster Stelle. Das Textthema meint den Textinhalt, bezogen auf Gegenstände, Personen, Sachverhalte, Ereignisse, Handlungen oder Vorstellungen. Ein Text kann dabei durchaus verschiedene Teilthemen besitzen, die in verschiedenen Textsegmenten realisiert und hierarchisiert werden: „Das Text-Thema ist eine nichtsprachliche Größe, die durch den Text versprachlicht wird und eingebettet ist in einen bestimmten Wissenszusammenhang. Nicht nur der Gesamttext, sondern jeder Teiltext bis hinunter zum Satz hat ein Thema". (Vater 2001, S. 76)

Es kann sein, dass das Textthema in einer zusammenfassenden verkürzten Paraphrase kommuniziert wird. Mit dem Textthema wird in der Regel die kleinstmögliche Kurzfassung des Textinhalts bezeichnet. Das ist in den Texten zur Unternehmensgeschichte das Unternehmen selbst. Es ist verknüpft mit der jeweiligen Branche und geprägt durch die dort relevanten inhaltlichen Diskurse. In Bezug auf den Untersuchungskorpus lassen sich im Wesentlichen drei verschiedene Ansätze differenzieren, wie das Textthema gestaltet ist:

5.2 Textlinguistische Analyse der Unternehmensgeschichte

1. **Das Unternehmen als ausschließliches Textthema**
   Der Text beschreibt hauptsächlich die Entwicklung des Unternehmens. Auch wenn eine Situierung des Unternehmens in Raum und Zeit erfolgt, wird kein oder wenig Bezug auf die Persönlichkeiten der Gründer genommen bzw. die Geschichte der Gründer nicht weiter ausgeführt. Der Text orientiert sich eng an den Meilensteinen der Unternehmensentwicklung und stellt wenige Verbindungen zwischen diesen her.

2. **Das Unternehmen und sein Gründer**
   Bei diesem thematischen Ansatz steht die Geschichte des Gründers im Vordergrund, zumindest zu Beginn des Textes. Es erfolgt eine starke Personalisierung und der Leser erfährt etwas über die Hintergründe sowie die Geschichte der Person selbst. Eine Geschichte lebt von einem Helden, der eine Herausforderung meistert. Dieses ganz wesentliche Element einer guten Geschichte kann der Unternehmensgründer bedienen.

3. **Das Unternehmen im historischen Kontext**
   Der Schwerpunkt der Erzählung liegt auf dem Unternehmen und dem historischen Kontext. Längere Textpassagen erzählen die wirtschaftlichen oder gesellschaftlichen Hintergründe, die zu der Unternehmensgründung geführt haben. Dieser thematische Ansatz ergibt dann Sinn, wenn das Unternehmen einen bedeutenden historischen Teil zu einer Innovation oder Entwicklung beigetragen hat, die die Welt verändert hat. Häufig handelt es sich um Wegbereiter einer Produktentwicklung, ganz deutlich beispielsweise bei Daimler Benz.

Alle drei thematischen Ansätze bieten Grundlagen für die Aufbereitung einer Unternehmenshistorie. Jedes Unternehmen hat aber aus der Gründung heraus unterschiedliche Vorbedingungen, die einen der Ansätze wahrscheinlich und glaubwürdig darstellbar macht. Es finden sich auch Mischformen und der Text kann durchaus ein Textthema und verschiedene Teilthemen besitzen.

Aus kommunikationsstrategischer Perspektive ist es jedoch zu empfehlen, soweit möglich, die Varianten 2 und 3 einer zu engen Erzählung rund um das Unternehmen vorzuziehen. Mit einer Personalisierung durch die Gründergeschichte oder einer historischen Einbettung lässt sich die Relevanz des Unternehmens erzählerisch in einen größeren Kontext einbinden und somit die organisatorische Basiserzählung greifbar, nachvollziehbarer und wirkungsvoller gestalten. Die quantitative Verteilung der untersuchten Themenansätze bei den Dax30-Unternehmen sieht wie folgt aus: 38 Prozent der Texte fokussieren das Unternehmen als ausschließliches Textthema, 21 Prozent befassen sich mit dem Unternehmen und seinem Gründer und 41 Prozent stellen das Unternehmen im historischen Kontext dar. Fast zwei Drittel der Unternehmen bedienen sich demnach einer der kommunikationsstrategisch empfehlenswerten Varianten 2 und 3.

Eine Themenentfaltung ist die gedankliche Ausführung des Themas, die durch kommunikative und situative Faktoren gesteuert wird (vgl. Kap. 4.2.3). Verknüpfungen bzw. Kombination relationaler, logisch-semantisch definierter Kategorien geben die internen Beziehungen einzelnen Teilinhalte bzw. Teilthemen zum thematischen Kern des Textes an. Die Grundformen der thematischen Entfaltung sind die deskriptive (beschreibende), narrative (erzählende), explikative (erklärende) und argumentative (begründende) Vertextungsstrategie. Für jede von ihnen sind bestimmte semantisch-thematische Kategorien bzw. Verbindungen von Kategorien charakteristisch, die im Alltagsgebrauch von Sprachteilnehmern erkannt werden. (Brinker 2014, S. 56)

In den betrachteten Texten der Unternehmensgeschichte sind zwei Vertextungsmuster prägend: die Argumentation und die Narration. Daher lohnt es, beide im Folgenden noch einmal kurz zu skizzieren und anhand von Beispielen aus dem Untersuchungskorpus vorzustellen.

Die Basiserzählung eines Unternehmens, die Core Story, ist schon begrifflich mit der narrativen Vertextung verknüpft. Die einzelnen Komponenten einer Geschichte werden „in einem kulturell überlieferten Grundmuster, einem Basis-Narrativ, miteinander in eine fassbare Verbindung gebracht: Dieses Grundmuster zeigt auf, wie die Kulmination, also die Verbindung von Konflikt und Konfliktlösung der Erzählung konstruiert ist (Brinker 2014, S. 74).

Das narrative Vertextungsmuster ist durch drei Kriterien gekennzeichnet:

1. Das Thema von Erzählungen wird durch ein abgeschlossenes, singuläres Ereignis repräsentiert.
2. Eine Erzählung muss die Minimalbedingungen von Ungewöhnlichkeit erfüllen. (Interessantheitskriterien)
3. Der Erzähler einer Geschichte muss in irgendeiner Weise beteiligt sein.

Bei der Narration (Gülich und Hausendorf 2000, S. 369, Heinemann und Viehweger 1991, S. 241) handelt es sich um die chronologisch geordnete Reihung von Illokutionen, die zusammen ein Ereignis repräsentieren. In einer vereinfachten Struktur bedeutet das:

A Danach B Danach C Danach Y ...
(Legende: B setzt semantisch A voraus, Y die Kette ABC)

5.2 Textlinguistische Analyse der Unternehmensgeschichte

Die Aneinanderreihung solcher Ereignis-Teileinheiten wird in der Erzähltheorie mit dem Terminus Plot beschrieben. Eine Erzählung besteht demnach aus einer zeitlichen Abfolge von Handlungen, die sich zu einem komplexen einmaligen Ereignis verknüpfen. Diese Ereignisse verbinden sich in ihrer logischen, kausalen, zeitlichen Aufeinanderfolge zu Ereignisketten.

Bei den narrativen Vertextungsmustern gibt es unterscheidbare Varianten. Das gleiche Ereignis, der gleiche Plot (z. B. ein Verkehrsunfall) kann nach unterschiedlichen narrativen Teilmustern gestaltet werden kann. Heinemann und Heinemann differenzieren in Narration I und Narration II:

„Man kann über den Unfallhergang BERICHTEN (=NARR I [REFFERIEREN] genannt, beispielsweise in Form eines Berichts für die Verkehrspolizei) oder ERZÄHLEN (= hier als NARR II bezeichnet, z. B. als unmittelbar Betroffener bzw. Augenzeuge in der Form einer Erlebnisdarstellung einer vertrauten Person gegenüber)." (Heinemann und Heinemann 2002, S. 187)

Gansel und Jürgens unterscheiden in ergebnisorientierte und ereignisorientierte Vertextungsmuster. Die Tabelle 5 stellt die beiden Varianten mit ihren spezifischen Merkmalen gegenüber.

Tab. 5 Ergebnis- und ereignisorientierte Vertextungsmuster im Vergleich

Ergebnisorientiertes Vertextungsmuster	Ereignisorientiertes Vertextungsmuster
Sachlich-registrierende, objektive Darstellung	Erlebnisperspektive des Produzenten
Keine explizit subjektive Bewertungselemente (Wertung ggf. durch Anordnung der Fakten)	Subjektiv-wertende Elemente, Evaluation
RAHMEN (kommunikative Einbettung), CONS (Konsequenz, Zweck)	Situierung, Repräsentation, Evaluation
Textsorten: Verlaufsprotokolle, Sitzungsprotokolle, Praktikumsberichte, Wetterberichte	Prototypisch für ästhetisch wirkende Texte, mündliche Alltagskommunikation

Quelle: eigene Darstellung nach Gansel und Jürgens 2007, S. 150

Nach dem Modell von Brinker besteht die narrative Themenentfaltung aus drei thematischen Grundkategorien. Die Situierung ist thematisch definiert und umfasst nicht nur die Orientierung in Raum und Zeit. Die Situierung ist aber nicht zwingend: situierende Elemente können kontinuierlich oder diskontinuierlich vorkommen oder auch gänzlich fehlen. Die Repräsentation des Ereignisses steht im Mittelpunkt der Geschichte, häufig konstituiert sich das Ereignis aus verschiedenen Phasen. Die Kategorie Resümee bezeichnet die zusammenfassende Einschätzung vom Erzählzeitpunkt aus (Brinker 2014, S. 71). Graphisch lassen sich die Grundkategorien im Schaubild in Abb. 11 verdeutlichen.

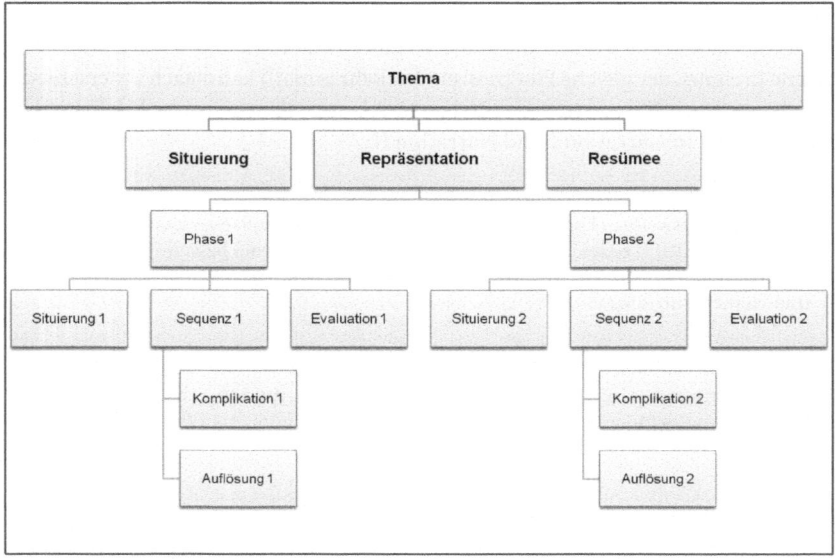

Abb. 11 Narratives Vertextungsmuster
Quelle: Eigene Darstellung nach Brinker 2014, S. 66)

Ein weiteres Vertextungsmuster, das für die Texte der Unternehmensgeschichte wesentlich ist, ist die Argumentation. In den Texten zur Unternehmenshistorie oder der Gründungsgeschichte zeigt sich häufig eine als typisch zu bezeichnende Kombination eines argumentativen Einleitungsabsatzes mit einem weiteren narrativen Verlauf. Bei 62 Prozent der Textexemplare ist ein solcher argumentativer Einstieg auszumachen. Egal ob sich in den folgenden Textabschnitten eine eher ergebnisorientierte oder ereignisorientierte Darstellung anschließt, wird in den Einleitungsabsätzen mit argumentativen Verfahren die Relevanz des folgenden Textes, also der Bedeutung des Unternehmens im Kontext der historischen Entwicklung, verdeutlicht.

Nach dem Argumentationsmodell von Toulmin besteht die allgemeine Struktur der Argumentation aus sechs logisch-semantisch definierten Kategorien:

5.2 Textlinguistische Analyse der Unternehmensgeschichte

1. Claim – These, Behauptung: Das Textthema.
2. Grounds (Data) – Argumente
3. Warrant – Schlussregel
4. Backing – Aussagen, die die inhaltlichen Standards des Argumentationsbereichs stützen
5. Qualifier – Modaloperator, Wahrscheinlichkeitsgrad von der These.

Zusätzlich können Ausnahmebedingungen formuliert werden, sogenannte Rebuttals, die die Schlussregel einschränken. Der Claim und die Argumente sind jedoch als die Grundlage von argumentativen Texten zu bezeichnen. Die Schlussregel und die Backings können auch implizit ausgedrückt werden oder lediglich mitgedacht sein. (Toulmin 1969, S. 98f)

Häufig wird in den Texten eine Enthymenargumentation verwendet, die klassisch auf einem dreigliedrigen Argumentationsschritt basiert: Eine strittige Aussage wird mit Hilfe einer unstrittigen Aussage, einem oder mehreren Argumenten belegt. Somit wird die strittige Aussage in die Konklusion überführt, einen nicht mehr strittigen Schlusssatz.

Viele Texte aus dem Untersuchungskorpus sind jedoch geprägt von narrativen Vertextungsmustern des Typs I, der ergebnisorientierten Vertextung. Die Unternehmenshistorie wird unter Nutzung der narrativen Grundkategorien textlich entwickelt, die Erlebnisperspektive und subjektiv-wertende Elemente finden sich in vielen Texten nur sehr peripher wieder.

Bei den untersuchten Textexemplaren fällt zunächst auf, dass erzählerische Verknüpfungen in weiten Passagen der Texte fehlen. Dagegen zeigt sich eine klare Dominanz beschreibender Textverknüpfungen, die den Leser gleichsam durch einen „Vorstellungsraum" führen. (Rehbein 1984, S. 134) Die Textstruktur ist analog einer Chronologie in verschiedene Teiltexte aufgeteilt, die auf der sprachlichen Ebene wenig bis ganz keine Verknüpfungen zeigen.

Folgendes Textbeispiel des Unternehmens Beiersdorf zeigt ein ergebnisorientiertes Vertextungsmusters des Typs Narration I, wonach das Ereignis hauptsächlich referiert wird:

Im Jahr 1880 ließ sich der brandenburgische Paul C. Beiersdorf, der Namensgeber der Firma, in Hamburg nieder und übernahm eine Apotheke in der Mühlenstraße. Mit seinen physikalischen Kenntnissen und Fähigkeiten baute er in kurzer Zeit ein Laboratorium auf und bot Ärzten seine Dienste an.

In enger Zusammenarbeit mit dem damals führenden Dermatologen Prof. Paul Gerson Unna entwickelte er ein Verfahren zur Herstellung von medizinischen Pflastern, und meldete dafür sein erstes Patent an. Das Datum der Patentschrift, der 28. März 1882, gilt zugleich als Gründungsdatum der Firma. Ein Jahr später verkaufte Beiersdorf die Apotheke und zog mit dem Laboratorium nach Altona, heute ein Stadtteil von Hamburg.

Der Apotheker Dr. Oscar Troplowitz erwarb 1890 das Laboratorium von Paul C. Beiersdorf und baute dieses rasch zu einem führenden Markenartikel-Unternehmen aus. 1892 baute er eine neue Fabrik in Eimsbüttel, wo bis heute der Hauptsitz des Unternehmens liegt. Produziert wurden Konsumgütermarken wie Labello, NIVEA aber auch Pflaster und Arzneimittel. Troplowitz war eine Unternehmerpersönlichkeit: Er war kunden- wie marktorientiert und dachte von Beginn an international. Er behielt dabei auch die wissenschaftlich fundierte Weiterentwicklung seiner Produkte im Auge. Die von Paul C. Beiersdorf begonnene Zusammenarbeit mit Prof. Paul Gerson Unna führte er fort und stellte auf dessen Empfehlung hin den Chemiker Dr. Isaac Lifschütz ein. Dieser erfand den Emulgator Eucerit, der Basisstoff bzw. Schlüssel für die Einzigartigkeit der NIVEA Creme ist.

Am Beginn des internationalen Erfolges des noch jungen Unternehmens steht bereits 1893 ein Vertrag mit dem U.S.-amerikanischen Handelshaus Lehn & Fink. 1906 wurde Dr. Hanns Mankiewicz, der Schwager von Troplowitz, Teilhaber der Firma. Mankiewicz kümmerte sich vor allem um die markenrechtlichen Belange des Unternehmens. Er gehört zu den Gründungsmitgliedern des Verbands der Fabrikanten von Markenartikeln – des heutigen Markenverbandes – dem Beiersdorf seit 1905 angehört.

Die bedeutendste Leistung von Troplowitz und Mankiewicz in jener Zeit war die Etablierung heute so bekannter Marken wie Labello (1909) oder NIVEA (1911). Ausgehend von Innovationen wurden Markenartikel von stets zuverlässiger Qualität und hohem Nutzen für breite Konsumentenschichten geschaffen. Troplowitz war davon überzeugt, dass dies ein erfolgreiches Konzept für die Zukunft darstellen würde. Insbesondere in den Artikeln der kosmetischen Pflege sah er große Chancen. Mit dieser Arbeit wurde eine Grundlage für die strategische Ausrichtung der Firma in heutiger Zeit gelegt.

Nach dem Tode von Dr. Oscar Troplowitz und Dr. Mankiewicz 1918 wurde die Firma zuerst in eine GmbH und am 1.6.1922 in eine Aktiengesellschaft umgewandelt.

5.2 Textlinguistische Analyse der Unternehmensgeschichte

Damit begann die kontinuierliche Weiterentwicklung in ein internationales Unternehmen sowie der gleichzeitige gezielte Auf- und Ausbau des Unternehmens zu einem führenden Hersteller von Markenartikeln zur Haut- und Schönheitspflege."
Quelle: http://www.beiersdorf.de/ueber-uns/unsere-geschichte/gruendungsgeschichte (Zugriff am 14.04.2015)

Die Beschreibung der historischen Unternehmensentwicklung des Unternehmens Beiersdorf zeigt eindeutig ein ergebnisorientiertes Vertextungsmuster, in dem eine sachlich-registrierende, objektive Darstellung die wesentlichen Entwicklungsschritte des Unternehmens nachzeichnet. In dem Text sind die klassischen Kernelemente einer Erzählung – Situierung, Sequenz und Resümee – nicht zu finden, sondern eine eher protokollarische Beschreibung des Ergebnisses am Schluss des Textes. Deutlich wird auch, dass der Text keine subjektiv-wertenden Elemente enthält, also die Perspektive des Textproduzenten bzw. der Bezug zum Erzählten nicht hergestellt wird. Gleichermaßen ist der Text stellenweise durchzogen von Hochwertwörtern und Formulierungen, die eine eindeutig appellative Textfunktion nahelegen, indem nämlich die wegweisenden Errungenschaften in der Historie als Begründung des Erfolgs des Unternehmens dargestellt werden, z. B. „die bedeutendste Leistung", „Etablierung heute so bekannter Marken", "Innovationen", „stets zuverlässiger Qualität", "erfolgreiches Konzept", „führender Hersteller" etc.

Die Bewertung der Unternehmensentwicklung erfolgt demnach seitens der Verfasser nicht im Sinne eines narrativen Resümees oder einer persönlichen Involviertheit, sondern in Bezug auf die Relevanz der Ergebnisse in den vorgestellten Meilensteine. Die Teilthemen an sich bieten hier durchaus die Elemente einer guten Story, von der „Unternehmerpersönlichkeit Troplowitz" über die „Hamburger Bühne mit internationalem Bezug" zu den wichtigen Erfindungen in der Unternehmensgeschichte, die erfolgreiche Marken hervor gebracht hat. Troplowitz ist durchaus als Held dieses Textes anzusehen, da seine Leistung für die Weiterentwicklung von Beiersdorf entscheidend war. Dennoch wird auf narrative Sequenzen weitestgehend verzichtet – es überwiegt der sachliche Duktus des Textes.

Ein wiederum stark ereignisorientiertes Vertextungsmuster zeigt die Firmenhistorie des Unternehmens Munich Re, der Münchener Rückversicherung.

130 Jahre Munich Re – eine spannende Geschichte
1) Ganz klein fing alles an im April 1880: zwei Zimmer, vier Mitarbeiter, Stehpulte, Petroleumlampen, kein Telefon. (2) Doch hinter diesem kleinen Unternehmen steht (etwas ganz Großes: Die Gründung der Münchener Rückversicherungs-Gesellschaft

läutete eine neue Ära der Rückversicherung ein. (3) Unabhängig von Erstversicherern, mit einer breiten Risikostreuung, einem effizienten Vertragswesen und mit viel Nähe zum Kunden möchte Carl von Thieme erfolgreich sein. (4) Das Konzept stimmt. (5) Die Münchener Rück, heute Munich Re, entwickelt sich innerhalb weniger Jahre zu einem weltweit führenden Unternehmen und prägt bis heute die Entwicklung der Versicherungsindustrie. (6) Aber auch harte Rückschläge müssen verkraftet werden: große Schadenereignisse, zwei Weltkriege sowie starke Turbulenzen an den Finanzmärkten. (7) Doch Munich Re meistert all diese Krisen und setzt nach jedem Rückschlag neue Akzente in der Unternehmensentwicklung. (8) Vom 4-Mann-Betrieb zu einem der weltweit führenden Risikoträger: eine Unternehmensgeschichte – spannend bis zum heutigen Tag.

Gründungsjahre

(9) Als Carl von Thieme im April 1880 die Münchener Rückversicherungs-Gesellschaft, heute Munich Re, gründet, sieht der Versicherungsmarkt alles andere als rosig aus. (10) Die damals wichtigsten Sparten Feuer und Transport laufen schlecht. (11) Viele junge Unternehmen überleben die Krise nicht. (12) Doch von Thieme sieht trotzdem eine große Zukunft für das Versicherungsgeschäft: Er ist überzeugt davon, dass der Bedarf an Risikodeckung mit dem Beginn des industriellen Zeitalters und der damit zu erwartenden Internationalisierung steigen wird. (13) Da in Deutschland neben einer einzigen größeren nur wenige kleine mit geringem Kapital ausgestattete Rückversicherungsgesellschaften tätig sind, stehen dem deutschen Versicherungsgewerbe für die Deckung des Rückversicherungsbedarfs in der Hauptsache nur ausländische Rückversicherer zur Verfügung. (14) Das soll sich durch die Münchener Rückversicherungs-Gesellschaft ändern. (15) Von Thieme entwickelt ein neues Unternehmenskonzept: unabhängig von Erstversicherern und dadurch in der Lage, Risiken über Regionen und Branchen hinweg zu streuen. (16) Mit einer hohen Effizienz durch standardisierte Verträge und einem ausgeprägten partnerschaftlichen Verhältnis zu den Kunden. (17) Das Konzept geht auf, das Geschäft in Deutschland und Europa wächst schnell. (18) Fünf Jahre nach Gründung ist Munich Re bereits der größte Rückversicherer der Welt.

Quelle: http://www.munichre.com/de/group/company/history/index.html (Zugriff am 14.04.2015)

Der Text zu den unternehmerischen Anfängen von Munich Re ist in zwei Teiltexte gegliedert, die auch optisch getrennt und mit eigenen Zwischenüberschriften gekennzeichnet sind. Die Überschrift „130 Jahre Munich Re – eine spannende Geschichte"

5.2 Textlinguistische Analyse der Unternehmensgeschichte

leitet den Text mit der Information ein, dass tatsächlich eine Erzählung folgt. Mit dem Hinweis auf die „Spannung" wird hier der Begriff der „Geschichte" eher auf eine Erzählung ausgelegt, als auf eine historische Formulierung.

Der erste Teiltext (1-8) ist jedoch zunächst geprägt von einem argumentativen Vertextungsmuster. Das Motiv „von einer kleinen Idee zu einem großen, erfolgreichen Unternehmen" wird in Form einer These (in 1-2) vorgestellt:

(1) Ganz klein fing alles an im April 1880: zwei Zimmer, vier Mitarbeiter, Stehpulte, Petroleumlampen, kein Telefon.

(2) Doch hinter diesem kleinen Unternehmen steht etwas ganz Großes: Die Gründung der Münchener Rückversicherungs-Gesellschaft läutete eine neue Ära der Rückversicherung ein.

Das kleine Unternehmen mit einer großen Idee, die eine neue Ära einleitet: das wäre die thesenartige Formulierung des Themas dieses Textes. Gleichzeitig liefert der erste Satz bereits einen Beleg, dass es sich tatsächlich um ein kleines Unternehmen gehandelt hat, da konkrete Details der Gründungssituation genannt werden. In den Abschnitten (3) bis (5) werden Argumente für den Erfolg gegeben, indem das Konzept positiv beschrieben wird und die Führungsrolle des Unternehmens bereits wenige Jahre nach der Gründung als Erfolgsbeweis angeführt wird. In (6) erfolgt eine Einschränkung durch Rückschläge, die jedoch in (7) wiederum in ein Argument überführt wird, indem deutlich wird, dass das Unternehmen aus jeder Krise mit neuem Elan hervor gegangen ist. Im abschließenden Satz (8) folgt die Schlussregel oder Conclusion, ein nicht mehr strittiger Schlusssatz.

Der zweite, narrative Teiltext wird übertitelt mit „Gründungsjahre".

Der Held der Geschichte ist der Gründer Carl von Thieme. Es folgt in (9) die Situierung mit der Nennung des Gründungsdatums und der Beginn der Situationsbeschreibung auf dem Versicherungsmarkt:

(9) Als Carl von Thieme im April 1880 die Münchener Rückversicherungs-Gesellschaft, heute Munich Re, gründet, sieht der Versicherungsmarkt alles andere als rosig aus.

Die folgenden Sätze sind Teil der Repräsentation der narrativen Sequenz. Sie sind Teil der Komplikation, der versicherungswirtschaftlich schwierigen Situation, der Krise, die viele Unternehmen nicht überleben:

(10) Die damals wichtigsten Sparten Feuer und Transport laufen schlecht.
(11) Viele junge Unternehmen überleben die Krise nicht.

In den folgenden Sätzen wird die Auflösung der Komplikation beschrieben, indem die Innovationsstärke und Vision des Helden der Geschichte:
(12) Doch von Thieme sieht trotzdem eine große Zukunft für das Versicherungsgeschäft: Er ist überzeugt davon, dass der Bedarf an Risikodeckung mit dem Beginn des industriellen Zeitalters und der damit zu erwartenden Internationalisierung steigen wird.

In Satz (13) geht es nochmals um die Komplikation, die Beschreibung der Gründe für die Schwierigkeiten, da Rückversicherungen nahezu ausschließlich von ausländischen Gesellschaften angeboten werden.

(13) Da in Deutschland neben einer einzigen größeren nur wenige kleine mit geringem Kapital ausgestattete Rückversicherungsgesellschaften tätig sind, stehen dem deutschen Versicherungsgewerbe für die Deckung des Rückversicherungsbedarfs in der Hauptsache nur ausländische Rückversicherer zur Verfügung.

In Satz (14-16) wird der Lösungsansatz des Unternehmensgründers beschrieben, die Auflösung der Komplikation:

(14) Das soll sich durch die Münchener Rückversicherungs-Gesellschaft ändern.
(15) Von Thieme entwickelt ein neues Unternehmenskonzept: unabhängig von Erstversicherern und dadurch in der Lage, Risiken über Regionen und Branchen hinweg zu streuen.
(16) Mit einer hohen Effizienz durch standardisierte Verträge und einem ausgeprägten partnerschaftlichen Verhältnis zu den Kunden.

Im Satz (17) erfolgt die Evaluation, das Konzept geht in positiver Art und Weise auf, die erfolgreiche Unternehmensentwicklung schreitet voran:

(17) Das Konzept geht auf, das Geschäft in Deutschland und Europa wächst schnell.

Der letzte Satz des Absatzes zu den Gründerjahren stellt das Resümee der Gründungsgeschichte dar.

(18) Fünf Jahre nach Gründung ist Munich Re bereits der größte Rückversicherer der Welt.

Im Text der Münchener Rückversicherung wird der Unterschied zur rein ergebnisorientierten Vertextung besonders deutlich: Hier liegt ein Schwerpunkt auf der Herausforderung, die Komplikation, die der Held der Geschichte durch

5.2 Textlinguistische Analyse der Unternehmensgeschichte

seinen visionären Einsatz und seine sich als richtig erweisende Geschäftsstrategie aufgelöst. Implizit wird die Leistung von Carl von Thieme nicht nur in Bezug zum eigenen Unternehmen, sondern ebenfalls in Bezug auf die gesamtwirtschaftliche Entwicklung heraus gestellt – indem nämlich die Probleme der Unternehmen in der Situation durch das Geschäftsmodell gelöst wurden.

Der Text ist ebenso geprägt von positiven Formulierungsmustern, die die Leistung unterstreichen, jedoch ohne übermäßig werbliche Wortfelder zu bemühen. Der Text ist geprägt von einer eher sachlichen Tonalität mit kaum emotional-subjektiven Elementen. Diese dürfte jedoch auch der Versicherungsbranche und der B2B Kommunikation geschuldet sein, die in der Regel einen eher sachlichen Schreibstil verwenden.

Eine ganz andere Tonalität, aber ein vergleichbarer Textaufbau mit einer prototypischen Kombination von argumentativem Einstieg und narrativen weiteren Teiltexten lässt sich am Textbeispiel des Unternehmens adidas verdeutlichen. Die Unterscheidung von argumentativer und narrativer Vertextung lässt sich nach Auffassung von Krüger auch in Bezug auf die inhaltliche Ausführung beschreiben:

> „Während im argumentativen Modus ein Sachverhalt möglichst abstrakt und allgemeingültig dargestellt und erklärt werden soll, erfolgt die Darstellung im narrativen Modus möglichst konkret und beispielhaft. Im argumentativen Modus wird also eine bewusste Verallgemeinerung (i. d. R. auf Grundlage allgemeiner Gesetzmäßigkeiten und Argumenten) vorgenommen, während eine solche Gesetzmäßigkeit bei der Erzählung zunächst unausgesprochen bleibt. Der Schwerpunkt der Mitteilung liegt beim Argumentieren auf dem Ergebnis (ergänzt um dessen kausale Ursache), beim Erzählen hingegen auf dem Entstehungsprozess." (Krüger 2015, S. 80)

Der folgende Textauszug zeigt die ersten vier Teiltexte der Unternehmenshistorie.

GESCHICHTE

Wir begannen in einer Waschküche und eroberten die Welt. (1) Seit unserer Gründung haben wir große Siege gefeiert, aber auch die eine oder andere Herausforderung gemeistert. (2) Wir haben für die Besten unser Bestes gegeben. (3) Wir haben uns entwickelt und verändert. (4) Wir blicken in die Zukunft, vergessen aber niemals unsere Wurzeln. (5) Dies ist unsere Geschichte. (6)

Der Text beginnt in (1) mit der These, dass sich adidas von einer Waschküche zu einem international erfolgreichen Unternehmen entwickelt hat. Die genutzte Gegenüberstellung in einer Alliteration von der „Waschküche" in die „Welt" unterstreicht schon sprachlich die Bedeutung und Unternehmensleistung. Das verwendete Verb des „eroberns" verdeutlicht die dynamische Entwicklung und vermittelt mit den Mitteln der Sprache eine sehr aktive Rolle des Unternehmens.

In den folgenden drei Sätzen (2), (3) und (4) werden die Argumente für den Erfolg, die Eroberung der Welt genannt. Das Unternehmen hat „Siege gefeiert", „Herausforderungen gemeistert", „das Beste gegeben", sich „weiter entwickelt und verändert". Ein weiterer Grund für den Erfolg liegt in der beschriebenen Ausrichtung auf die Zukunft bei gleichzeitiger Rückbesinnung auf die Wurzeln des Unternehmens und aus dem Grundvokabular der Sportberichterstattung. In der Vertextung fällt auf, dass die Argumente vom Satzaufbau in Form einer Anapher geschrieben sind, das heißt mittels einer Wiederaufnahme derselben Ausdrücke am Anfang mehrerer Sätze – mit dem Subjekt „Wir". Zudem wird hier mit Parallelismus gearbeitet. Die gleichlaufende syntaktische Struktur lässt den Text gewissermaßen wie eine Aufzählung von Argumenten erscheinen, was der Textstruktur eine besondere Prägnanz verleiht.

Der erste Teiltext endet mit einer keiner klassischen Schlussregel, sondern ab (5) vielmehr in einer Überleitung zu den folgenden Absätzen, in denen die Details der Geschichte genauer beschrieben werden sollen. Gleichermaßen bildet er aber einen motivierenden Abschluss, der nahezu einen Gelöbnis-Charakter besitzt. In dem gesamten Text wird die Textwirkung durch die sehr deutliche Wir-Perspektive ganz entscheidend geprägt. Es macht den Anschein, dass die Leser aus dem internen Bereich eingeschworen werden auf die Geschichte, die gleichzeitig die Geschichte eines jeden Mitarbeiters ist. Externen Rezipienten vermittelt der Text, dass es sich bei dem Unternehmen um eine starke Gemeinschaft handelt, die gemeinsam für den Erfolg verantwortlich zeichnet. Darüber hinaus ist dieser extrem deutliche Einsatz der Wir-Perspektive ein Beleg für eine wenig hierarchische Unternehmenskultur und eine weniger sachliche, sondern vielmehr emotionale Corporate Language. Bezogen auf den Inhalt wird hier mit sehr allgemeinen Formulierungen gearbeitet, die wenig konkret und exemplarisch sind – das ist prototypisch für die Argumentation.

Im weiteren Verlauf werden in drei Teiltexten die ersten Jahre des Unternehmens erzählt. Jeder dieser Teilabsätze ist einer Jahresspanne zugeordnet, die explizit genannt wird. Zudem besitzt er eine Zwischenüberschrift, die das Teilthema des jeweiligen Absatzes benennt.

5.2 Textlinguistische Analyse der Unternehmensgeschichte

Textbeispiel adidas

DIE ANFANGSJAHRE
1900-1949

Jede große Geschichte hat irgendwo ihren Anfang. (7) Unsere beginnt in einer kleinen Stadt in Mittelfranken. (8) Auf Adi Dasslers erste Tüfteleien in der häuslichen Waschküche folgte 1924 die Eintragung der „Gebrüder Dassler Schuhfabrik" in das Handelsregister. (9) Damit begründete er seine Mission, jedem Athleten das bestmögliche Produkt für seinen Sport zu bieten. (10) Goldmedaillen in Amsterdam (1928, Lina Radke) und Berlin (1936, Jesse Owens) markieren die ersten Meilensteine – und sind erst der Anfang unserer Geschichte. (11)

GRÜNDUNGSVATER
1949

Am 18. August 1949 fing Adi Dassler im Alter von 49 Jahren noch einmal ganz von vorne an: Er gründete die „Adi Dassler adidas Sportschuhfabrik" und nahm mit 47 Mitarbeitern die Produktion in der kleinen Stadt Herzogenaurach auf. (12) Am selben Tag ließ er einen Schuh eintragen sowie das berühmte Markenzeichen der 3-Streifen. (13) Von bescheidenen Anfängen zu weltumspannendem Erfolg, der durch ein Wunder vorangetrieben wurde ...(14)

EIN WUNDER IN BERN
1954

Wer hätte gedacht, dass auswechselbare Schraubstollen an außergewöhnlich leichten Fußballschuhen Geschichte schreiben würden? (15) Als die deutsche Nationalmannschaft im WM-Endspiel 1954 gegen die als unschlagbar geltenden Ungarn antrat, gewann sie sehr viel mehr als nur einen Titel.(16) Ihr legendärer Sieg war noch Jahrzehnte später in aller Munde – und machte adidas mit seinem Gründer zu einem bekannten Namen auf allen Fußballplätzen.(17)"

Der Text beginnt mit einem Satz (7), der zunächst wie eine unstrittige Aussage klingt. Dass jede Geschichte irgendwo ihren Anfang hat, liegt auf der Hand. Gleichermaßen wird mit der wertenden Bezeichnung „große Geschichte" die Wertung, das Resümee gleich vorweg genommen. Das Adjektiv „groß" wird in diesem Zusammenhang als positive Wertung eingesetzt und impliziert, dass es sich bei der Unternehmensgeschichte von adidas um eine große, bedeutende, erfolgreiche Geschichte handelt.

In den folgenden zwei Sätzen (8) und (9) erfolgt die Situierung. Der Leser erfährt den Ort und den Zeitpunkt der Gründung. Auch hier wird wieder mit dem Gegensatzbild von der „großen Geschichte" und dem „kleinen Ort" gespielt. Die Beschreibung der ersten Geschäftstätigkeit als „erste Tüfteleien" stärkt noch einmal das Bild von der enormen Entwicklung von der Waschküche in die Welt. Das Motiv „from rags to riches" oder die Leistung eines echten Innovators wird hier auch sprachlich deutlich gemacht.

In (10) wird die Mission des Gründungsvaters konkret genannt. Aus kommunikationsstrategischer Perspektive erfährt hier die Mission ihre Begründung, die sich auch in der heutigen Zeit in der Unternehmensphilosophie wieder findet. Dieses Vorgehen wird in der Praxis häufig als „Reasoning" bezeichnet wird.

Mit Satz (11) geht es jetzt nach den kleinen Tüfteleien über die Mission zu den ersten Erfolgen, die als Meilensteine bezeichnet werden: Im abschließenden Satz dieses Teiltextes werden die ersten Belege geliefert, dass Adi Dassler auf dem Weg ist seine Mission zu erfüllen.

Die zwei einführenden Sätze des nächsten Teilabschnitts, bestehend aus den Sätzen (12) und (13) dienen zunächst wieder der Situierung der eigentlichen Unternehmensgründung. Der Leser erfährt, wann, wo und mit wie vielen Mitarbeitern Adi Dassler seine Geschäftstätigkeit nach dem Krieg wieder aufgenommen hat. Zudem wird die Eintragung des Markenzeichens erwähnt. Die Darstellung, dass Adi Dassler im Alter von 49 Jahren noch einmal „ganz von vorne" angefangen hat, kann als Resümee seiner Lebensleistung bezeichnet werden, die das Hauptmotiv des Textes stützt.

In (14) heißt es: „von bescheidenen Anfängen zu einem weltumspannenden Erfolg". Auch dieser Satz unterstreicht die wertenden Einflüsse des Textes und nimmt Bezug auf den Einstieg. Er dient im zweiten Teil als Überleitung zum dritten Absatz, der Repräsentation des bedeutendsten erzählerischen Elements des Textes.

Der Abschnitt (15) mit der Headline „Ein Wunder in Bern" beginnt mit einer rhetorischen Frage: Die Erfindung der besonders leichten Fußballschuhe mit auswechselbaren Schraubstollen wird implizit als keine bahnbrechende Erfindung dargestellt, die aber durch die geschichtsträchtige Fußball-WM in Bern eine neue Bedeutung erlangt.

In (16) schließt der Bezug auf die Weltmeisterschaft an, die als das „Wunder von Bern" bezeichnet wird. Dass die deutsche Mannschaft überraschend die Ungarn geschlagen hatte, was auch einen großen geschichtlichen und gesellschaftlichen Einfluss in der Zeit hatte, wird mit der Erfindung von Adi Dassler verknüpft. Die Auswirkungen der WM waren nicht nur sportlicher Natur. Das ist geschichtlich belegt.

Diese Bedeutung des Sieges wird in (17) erweitert bzw. übertragen auf den unternehmerischen Erfolg den adidas in den kommenden Jahren erzielte. Von der Erfindung Adi Dasslers (an deren Relevanz niemand so richtig glaubte) bis zum

5.2 Textlinguistische Analyse der Unternehmensgeschichte

Wunder von Bern: Hier lassen sich die Grundzüge einer Erzählung festmachen, wenn auch nur stark verkürzt und teilweise implizit.

In dem klassischen Aufbau der narrativen Vertextung kann die Erzählung schematisch wie in Tab. 6 dargestellt werden:

Tab. 6 Die Grundkategorien der narrativen Vertextung am Beispiel adidas

Grundkategorien	Inhalte
Situierung	Adi Dassler fängt im Alter von 49 Jahren am 18.8.49 in Herzogenaurach mit 47 Mitarbeitern mit der Gründung der „Adi Dassler adidas Sportschuhfabrik" neu an.
Repräsentation	
Situierung 1	Eintragung des Markenzeichens des Schuhs am 18.8.49
Sequenz 1	Erfindung des Stollenschuhs, keine glaubt an die geschichtliche Bedeutung (Komplikation), Deutschland wird Weltmeister in Bern mit diesem Schuh (Auflösung)
Evaluation 1	Adi Dassler wird bekannt auf allen Fußballplätzen
Resümee	von bescheidenen Anfängen zum Welterfolg

Quelle: eigene Darstellung

Der Text der Unternehmensgeschichte von adidas wurde eingeleitet durch einen argumentativen ersten Abschnitt, der durchaus von werblichen Formulierungen durchsetzt war und dem man eine appellative Funktion zuschreiben kann. Die argumentativen Elemente setzen sich im darauf folgenden Text fort, in dem sie als Resümee die Bedeutung der Gründungsgeschichte für den Erfolg des Unternehmens herausstellen.

Betrachtet man jedoch die drei Grundkriterien eines narrativen Vertextungsmusters, so können diese durchaus als erfüllt angesehen werden. Die Geschichte erzählt in diesem Teilzitat von abgeschlossenen, singulären Ereignissen. Die Unternehmenshistorie geht im weiteren Verlauf noch sehr viel weiter, indem die Entwicklung des Unternehmens bis zum heutigen Tag erzählt wird. Die Minimalbedingungen von Ungewöhnlichkeit sind erfüllt, die Verfasser des Textes haben die interessanten, weil auch historisch bedeutenden Ereignisse der frühen Jahre deutlich heraus gestellt. Somit erfüllt der Text das Interessantheitskriterium einer Erzählung. Gleichermaßen wird deutlich, dass der Erzähler der Geschichte, wenn auch nicht direkt als Erzähler einbezogen, durch die Wir-Perspektive einen persönlichen Bezug zum Erzählten herstellt. Es finden sich im gesamten Text Wertungen, die in einer nahezu von Stolz erfüllten Ausdrucksweise die Geschichte des Unternehmens nachzeichnen.

Das untersuchte Textbeispiel des Unternehmens adidas zeigt eindrücklich, wie eine Unternehmenshistorie in kurzen Erzählungen eine appellative Textfunktion unterstützen kann. Die Stilistik des Textes ist natürlich stark angelehnt an die Corporate Language des Unternehmens, die mit einer sehr lockeren Sprache und Tonalität auch eine junge und moderne Zielgruppe ansprechen. Somit ist das Beispiel bei weitem nicht direkt übertragbar auf andere Unternehmen, jedoch in seiner Struktur der Kombination von Argumentation und Narration ein gelungenes Beispiel für eine zielgruppenspezifische Aufbereitung von Informationen in einem interessanten textlichen Rahmen.

5.2.4 Unternehmenshistorie: Die sprachlichen Merkmale

Im folgenden Kapitel geht es um die Einordnung der Texte zur Unternehmensgeschichte in Bezug auf ihren Textstil und die sprachlichen Mittel. Dazu gehört eine genaue Betrachtung des Tempus, des Wortschatzes, der Syntax und weiterer grammatikalischer und lexikalischer Besonderheiten der vorliegenden Texte. Vor dem Hintergrund der Bewertung der Narration steht auch die Perspektive noch einmal im Fokus, also die Untersuchung, in welcher Form der Absender der Texte sprachlich involviert ist.

Prinzipiell ist Stil immer an den Text gebunden, es gibt ihn nur im Textzusammenhang. Sprachliche Mittel können außerhalb des Textes stilistisch nicht eingeordnet und bewertet werden: Text und Stil bedingen einander. In der Funktionalstilistik wird Stil als eine sich im Text herausbildende Ganzheit betrachtet. Die drei zentralen Kategorien sind dabei:

a. Stilelement (Als kleinste Einheit ist definiert durch ihre Mitwirkung am Stil des gesamten Textes im Sinne der Beziehung von Teil und Ganzem).
b. Stilganzes (Jedes sprachliche Mittel von Satzzeichen bis zu Textstrukturen können zum Textganzen beitragen).
c. Stilzüge (Sie vermitteln zwischen dem Textganzen und den einzelnen Stilelementen, wie z. B. „anschaulich", „bildhaft", „sachlich". Damit sind Charakteristika gemeint, die sich durch den gesamten Text ziehen und ihn stilistisch prägen).

Stil lässt sich nach Eroms definieren als das auf paradigmatischer Opposition der Ausdrucksverfahren beruhende, syntagmatisch fassbare, effektive, einheitliche und

5.2 Textlinguistische Analyse der Unternehmensgeschichte

je ausgewählte und unverwechselbare Merkmal von Sprache in jeweils bestimmten Funktionsbereichen." (Eroms 2007, S. 59)

In der pragmatisch-textlinguistischen Stilistik nach Sandig ist Stil die Art, wie Texte zu bestimmten kommunikativen Zwecken gestaltet sind. Dieser weite Stilbegriff bedeutet, dass Textsortenstile einbezogen und vollständige Stilinterpretationen ganzer Texte vor dem Hintergrund ihres gesellschaftlichen Handlungsbereichs vorgenommen werden sollen. (Fix 2008, S. 28). Die Grundlage dieses Ansatzes ist, dass Stil Bedeutung hat und Sinn vermittelt:

> „Stil verleiht durch Struktur-Eigenschaften von Äußerungen bzw. Texten sozialen Sinn, d. h. durch die Sprachform wird mitgeteilt, was die Handlung ist, wer die Handelnden sind, wer der intendierte Adressat und was die Situation ist." (Sandig 2006, S. 19)

Im Grunde geht es immer um eine Abweichung von bestimmten Konventionen durch sprachliche Mittel, indem nämlich beispielsweise die Wortwahl von einem neutralen Stil abweicht, um eine bestimmte Wirkung zu erzielen. Für die Analyse beschreibt Eroms folgendes Vorgehen: "Wörter, die in allen Funktionalstilen uneingeschränkt vorkommen können, also einzig durch das System bedingt sind (folglich zum Deutschen schlechthin gehören), sind stilistisch neutral. Alle Wörter, die in mindestens einem Funktionalstil nicht vorkommen können, geben einen Stilwert ab" (Eroms 2007, S. 60).

Nun gibt es in der Funktionalstilistik keinen definierten Funktionalstil der Unternehmenskommunikation, der sich in der Ausprägung zwischen dem Stil der Medien und dem Stil der Werbung verorten ließe. Dennoch ist die Abweichung von einem neutralen Wortschatz zu bewerten. Der Begriff des Stilwertes lässt sich gut anhand der Substantive beschreiben, die sich immer in einem Wortfeld befinden. Die Ausdrücke zusammen bilden ein Paradigma. In einem konkreten Fall wird aus diesem Wortfeld ein Ausdruck zur Erreichung eines bestimmten kommunikativen Zwecks ausgewählt. Diese Auswahl ist dann natürlich intentional gesteuert. Der Ausdruck erhält somit einen bestimmten Stilwert. Eroms nennt in diesem Zusammenhang das Beispiel „Geld" (als neutraler Ausdruck), das auch als Zahlungsmittel, Kohle, Mäuse, Zaster, Pinkepinke, Moneten etc. genannt werden kann. In einem Bankgespräch wäre z. B. auch der Ausdruck Zahlungsmittel angebracht (Signal für die Fachsprache der Banken). Im alltäglichen Gebrauch spricht man hingegen von Geld. Die saloppe Ausdrucksweise wie Moneten oder Kohle wäre jedoch in verschiedenen Situationen nicht nur „richtig" sondern auch angemessen. Bei den Adjektiven ist stärker noch als bei den Substantiven eine Wertung implizit.

Die Analyse in diesem Kapitel startet bei der allgemeinen Struktur und widmet sich dann den sprachlichen Mitteln der Texte. Die Analyse der Wortwahl in Bezug auf die Substantive, Verben und Adjektive liefert einen guten Eindruck, welche Stilzüge bei der Vertextung der Unternehmensgeschichte zum Einsatz kommen. Es stellt sich dabei die Frage, welche Rolle die Verben im Spannungsaufbau der Geschichte spielen, bzw. welche Verben als prototypisch für die Unternehmensgeschichte einzuschätzen sind. Erzähltexte werden allgemein durch Ereignis- und Geschehensverben spannend gemacht und machen die Masse des verbalen Wortschatzes aus. Diese Verben sind vielfältig. Indem entweder die Ereignisse linear nachgezeichnet oder mit temporalen Adverbien unterstützt werden kann eine abwechslungsreiche Ausdrucksweise durch eine chronologisch passende Vertextung erzielt werden,.

Eine weitere Leitfrage lautet: Welche prototypischen Formulierungsmuster lassen sich im Bezug zur Lexik, der Wortwahl ausmachen? Die Texte der Unternehmenshistorie sind den PR-Texten allgemein zuzuordnen. Auch wenn einige Unternehmen ihren eigenen Stil ausgeprägt haben, so ist anzunehmen, dass sich auch bezüglich des Wortschatzes prototypische Merkmale der Unternehmensgeschichte feststellen lassen. Unterstellen wir eine Informations- oder Appell-Funktion der Texte, dann sollte sich die Wortwahl zwischen einem neutralen Stil und der Werbungssprache bewegen. Die Eigenschaften des Funktionalstils der Werbung fasst Eroms wie folgt zusammen: Verständlichkeit, Assoziation von Hochwertbereichen und Vermittlung von Werthaltigkeit des beworbenen Produkts über sprachliche Mittel, die ein individuelles Merkmale erkennen lassen (Eroms 2008, S. 136). Diese Eigenschaften lassen sich anhand der Textexemplare belegen und zwar sowohl im argumentativen Vorspann als auch im eigentlich narrativen Text.

Die Darstellung der Unternehmensgeschichte folgt oftmals einem prototypischen Aufbau. In 62 Prozent aller Texte wird der eigentlichen Erzählung bzw. der Chronik ein Vorspann-Text vorangestellt, der durch argumentative Vertextungsmuster geprägt ist. Dieser zweiteilige Textaufbau kann als wichtiges Merkmal für die textliche Darstellung der Unternehmensgeschichte bezeichnet werden. Wie in einem Abstract, das vor den eigentlichen Text gestellt ist oder in einer Kurzzusammenfassung im Sinne der Nachrichtenpyramide (das wichtigste zuerst) wird dem Leser in konziser Form die wesentliche Kommunikationsbotschaft nahe gebracht – ohne dass er den eigentlich neutralen und primär informativen Text gelesen hat. Diese wertende Zusammenfassung bietet zudem eine Vorbereitung für den Leser, um die folgenden Fakten und Informationen in einen aus Unternehmenssicht richtigen bedeutungsvollen Zusammenhang zu bringen. Diese Kommunikationsmaxime kann als charakteristische Textformulierung für die Vertextung der Historie eines Unternehmens eingeordnet werden.

Die ersten Sätze bestehen häufig aus einer Kombination aus Indikativ und Imperativ, was den appellativen Charakter unterstreicht. Das Beispiel aus dem ersten

5.2 Textlinguistische Analyse der Unternehmensgeschichte

Absatz der Siemens Unternehmensgeschichte zeigt eine solche Kombination aus deutlich semantischer Wertung und direkter appellativer Ansprache der Rezipienten:

> *„Von der kleinen Berliner Hinterhofwerkstatt zur Weltfirma – nur wenige Industriekonzerne können auf eine so lange Erfolgsgeschichte zurückblicken wie unser Unternehmen. Wir laden Sie ein zu einer spannenden Zeitreise durch mehr als 165 Jahre Siemens."*
>
> Quelle: http://www.siemens.de/ueberuns/geschichte/seiten/home.aspx (Zugriff: 01.06.2015)

Die direkte Leseransprache der einleitenden Sätze setzt sich jedoch im weiteren Verlauf der meisten Texte nicht fort.

Die führt zur Frage, aus welcher Perspektive die Unternehmenshistorien erzählt werden. Erzählen hat nach Hausendorf immer einen konkreten Anlass, den der Erzähler sich auch selbst schaffen kann. Darüber hinaus werden Handlungen und Ereignisse in ihrem Ablauf „rekonstruiert". Damit ist gesagt, dass sie immer perspektiviert sind. Durch Perspektivierungen lassen sich mit den Stilwerten des Erzählens Stileffekte verbinden. Da es sich bei den Texten zur Unternehmensgeschichte nicht um persönliche und erlebte Geschichten eines Erzählers handelt, ist dies narrative Instanz selbst bzw. ihre Sicht auf die Handlung nicht explizit realisiert. Dennoch spielt die Analyse der sprachlichen Umsetzung der Erzählperspektive eine wichtige Rolle. In den untersuchten Texten zur Unternehmensgeschichte zeigt sich zunächst, dass zu einem bedeutenden Anteil in einer sehr neutralen Perspektive über das Unternehmen oder den Gründer gesprochen wird. In lediglich drei Textexemplaren wird durchgängig durch die „Wir"-Perspektive ein persönlicher Bezug hergestellt.

Nahezu alle Texte zur Unternehmensgeschichte sind durch eine prägnante, anhand der Kriterien der Online-Kommunikation kurz gehaltene, Überschrift übertitelt. Diese lassen sich in fünf unterscheidbare Kategorien differenzieren, die aber immer das Textthema, die Geschichte, kommunizieren und nicht auf spezifische Inhalte des Textes Bezug nehmen. Die Überschriften in der Unternehmensgeschichte gliedern sich in folgende Varianten:

1. Titel mit Bezug zum Thema bzw. Textart
   Hier wird in einer sachlichen Überschrift ohne textlichen Bezug zum Unternehmen auf die Textrubrik verwiesen, zum Beispiel „Geschichte" oder „Meilensteine".

2. Titel mit Bezug zum Unternehmen
   Hier wird der Name des Unternehmens in den Text einbezogen, z. B. „BASF: Stationen der Geschichte"

3. Titel mit Bezug zum Unternehmen und Einordnung auf der Zeitachse
   Hier wird neben dem Namen des Unternehmen auch auf den zeitlichen Rahmen des Textes verwiesen, z. B. Commerzbank-Geschichte von 1870 bis heute"

4. Titel mit wertenden Elementen
   Hier wird durch aufwertende Wörter der Erfolg der Unternehmensgeschichte heraus gestellt, z. B. „Unternehmensgeschichte – über 140 Jahre Markenerfolg" (Henkel) oder „Rückblick auf über 140 Jahre dynamische Entwicklung" (Continental)

5. Rhetorische Titel
   In diesen Beispielen wird dem Text der Unternehmensgeschichte eine durch Wortspiele und Sprachwitz rhetorisch ansprechende Überschrift vorangestellt, z. B. „Die Zeit im Fluge" (Lufthansa) oder „Das Salz der Erde – Gründerjahre der Kali- und Düngemittelindustrie (K+S).

Insgesamt lässt sich also eine große Bandbreite an sprachlichen Variationen bei den Überschriften ausmachen. Deshalb lässt sich an dieser Stelle kein eindeutiges, für alle Texte geltendes, sprachliches Muster definieren. In den Varianten 4 und 5 zeigt sich jedoch eine deutliche Abweichung von einem neutralen Wortschatz, indem wertende oder mit Bedeutung versehene Substantive und Adjektive verwendet werden.

Ein einheitlicher Textstil kann den Texten der Unternehmensgeschichte ebenfalls nicht zugeschrieben werden. Das Spektrum erstreckt sich über zwei Stilzüge, den sachlich, neutralen Stil und den wertend, anschaulichen Stil. Diese unterschiedlichen Muster sind unter anderem die Basis für die Typenbildung in Kapitel 6 und sollen im Folgenden anhand von Beispielen aus den untersuchten Texten detaillierter herausgearbeitet werden.

1 Sachlich-neutraler Stil

Texte im sachlich, neutralen Stil sind bestimmt durch eine Vertextung mit einem hohen Anteil an Nominalkonstruktionen. Sie erinnern an einen Bericht oder Protokoll, in dem sich vollständige Sätze und Nominalkonstruktionen abwechseln. In diesen Texten werden wenig semantische Aufwertungen, Phraseme oder Wortspiele eingesetzt. Sie sind geprägt von einer konzeptionellen Schriftlichkeit, eine direkte Ansprache der Leser findet nicht statt. Insgesamt sind diese Texte durch hauptsächlich passive Satzkonstruktionen geprägt, selbst wenn sich inhaltlich Personen für eine aktive Konstruktion anbieten. Die Auswahl der Verben ist bestimmt durch einen fachlichen Bezug, der durch die jeweilige Branche geprägt

5.2 Textlinguistische Analyse der Unternehmensgeschichte

ist, z. B. „erfolgen", „ankündigen", „votieren", „billigen", „operieren", „stattfinden" oder „erhalten". Von der Wortwahl wird dem Nominalstil entsprechend sehr viel mit Substantiven gearbeitet, wie „Gründung", „Einführung", „Eröffnung". Ein Beispiel aus dem Text von K+S zeigt das deutlich:

> *„Im Westen waren Rationalisierungen und Standortstillegungen notwendig, um die Konkurrenzfähigkeit zu sichern."*

Es werden häufig Wörter gebraucht, die als Plastikwörter nach Pörksen (2004) bezeichnet werden. Plastikwörter sollen den Eindruck einer wissenschaftlichen Qualität und Fundiertheit erwecken, obgleich der inhaltliche Gehalt meist als niedrig einzustufen ist. Beispiele sind Sicherheit, Fortschritt, Entwicklung. Sie zeugen von dem protokollarischen Stil, der wenig aktiven Schreibstil zulässt. Teilweise lassen sich hier auch Wörter identifizieren, die ganz deutlich für einen protokollarischen Stil sprechen, wie z. B. „Beschluss zur Neuausrichtung". Im neutralen Textstil sind jedoch ungeachtet dessen semantische Aufwertungen auszumachen, wie beispielsweise „weltweiter Erfolg", „Spitze" oder „Exportschlager". Diese sind jedoch nicht dominant für den Gesamttext. Aus der imageprägenden PR-Sprache stammende Satzteile, wie beispielsweise „Verbindung von Funktionalität und Repräsentation" sind möglich, bestimmen aber nicht den Stilzug in der Gesamtsicht. Wertungen sind im neutralen Stil insgesamt nicht dominant.

Die Syntax ist Zuge der Aufarbeitung in Chronik-Form oftmals geprägt durch Satzverkürzungen, die sich mit vollständigen Sätzen abwechseln. Teilweise fehlen die Artikel zum Satzbeginn, so dass die Satzbausteine eher wie Stichwörter wirken. Es besteht somit ein enger Bezug der Textbausteine zu den Jahreszahlen oder Zeiträumen des Geschehens, so dass auch kein durchgängige kausale Verknüpfung zwischen den einzelnen Textbausteinen zu erkennen ist. Der Stil orientiert sich stark an der historischen Chronik.

2 Wertend-anschaulicher Stil

Die Texte im wertend, anschaulichen Stil sind insgesamt durch eine normative Tonalität geprägt, da sie deutlich mit wertenden Substantiven und Adjektiven durchsetzt sind. Die Funktionalität geht weit über die Information hinaus, indem auch kleine narrative Episoden in den Text eingebunden werden. Der stark modulare Aufbau, der in Kapitel 5.2.2 bereits beschrieben und begründet wurde, kann hier neutrale Passagen und eindeutig wertende Passagen verknüpfen. Zudem sind die Headlines sprachlich häufig von einer größeren Varianz in Bezug auf die Wahl der sprachlichen Mittel. Aktive und passive Satzkonstruktionen kommen gleichermaßen zum Einsatz, die aktive Ausrichtung ist jedoch dominant. Das zeigt sich auch in der Analyse der eingesetzten Verben, wie „entwickeln", „gründen", „revolutionieren", „verwirklichen", „wagen", „experimentieren", „herausfinden", „gestalten", „gelingen".

In den Texten mit wertenden Stilzügen lassen sich sehr häufig positive Wertungen identifizieren, die sich auf charakteristische Art und Weise durch die Texte ziehen. Dazu zählen:

- wertende Adjektivattribute wie „wachstumsstarke Geschäftsfelder", „hervorragender Kundendienst", „hochqualitative Produkte", „aussichtsreiche Geschäfte", „beeindruckende Erfolgsgeschichte"
- Hochwertwörter wie „innovative Unternehmen", „weltweiter Erfolg", „Höhepunkt", „revolutionäre Neuerung", „Siegeszug", „beachtliches Wachstum", leistungsfähige Forschung"
- Steigerungsformen: „technische Höchstleistung", „Die Besten der Besten"

Ein Beispiel für die mit deutlichen semantischen Aufwertungen geprägten Texte ist ein Auszug aus der Unternehmensgeschichte der Daimler AG:

> *„Neben den Bemühungen, auf dem ausländischen Markt Fuß zu fassen, trieben beide Pioniere die kontinuierliche technische Weiterentwicklung ihrer Produkte voran. So entwickelte Wilhelm Maybach, der als Ingenieur in der DMG tätig war, mit dem Spritzdüsenvergaser einen Meilenstein der Erfolgsgeschichte. Die Innovation stellte einen bahnbrechenden Fortschritt im Motorenbau dar, dessen Prinzip bis heute noch Anwendung findet. Die ersten großen Langstreckenfahrten in Frankreich und Großbritannien demonstrierten die Überlegenheit des Benzinmotors gegenüber dem Dampfantrieb. Das hervorragende Abschneiden der Daimler-Motoren markierte den technischen Durchbruch des Automobils."*
>
> Quelle: http://www.daimler.com/dccom/0-5-1324882-49-1324893-1-0-0-0-0-0-0-0-0-0-0-0-0.html (Zugriff: 01.06.2015)

Diese Texte sind zudem durch einen hohen Anteil an Phrasemen geprägt, insbesondere in den Überschriften der Headlines. Phraseme können Begriffe auf eine besonders griffige Art versprachlichen und übernehmen verschiedene weitere Funktionen im Text. Sie dienen der kognitiven Entlastung und ermöglichen ein schnelles Verständnis durch Anknüpfung an Vertrautes. Phraseme steuern darüber hinaus die Aufmerksamkeit der Leser und machen sprachliche Äußerungen auffälliger und attraktiver. Phraseme sind auch ein gutes sprachliches Mittel, um

5.2 Textlinguistische Analyse der Unternehmensgeschichte

Emotionen zu transportieren, mit ihnen wird gewertet, vereinfacht, überzeichnet, zugespitzt und verstärkt. Sie drücken Expressivität aus. (vgl. Donalies 2009, S. 45f.)
In den Texten zur Unternehmensgeschichte lassen sich folgende Kategorien finden:
- Phraseme mit Adjektivattribut: Junges Unternehmen, tragende Säule, weltumspannender Erfolg, bahnbrechender Fortschritt, glänzendes Comeback, sprunghafte Expansion, greifbare Nähe
- Phraseme mit Präpositionalstruktur: Tür zum Weltmarkt, Reise durch die Geschichte
- Funktionsverbgefüge: Weg ebnen, in eine Marktlücke stoßen, Absatz auf breite Basis stellen, Weiterentwicklung im Auge behalten, im Zeichen stehen, das Wettrennen um die Herstellung gewinnen

In Headlines werden Phraseme häufig in Form von Redewendungen eingesetzt, wie „Klein aber oho", „Ohne Halbleiter geht nichts mehr". Hier finden sich auch Alliterationen, wie „Wege des Wachstums" oder „Krisen, Kriege, Konkurrenten".
Sprichwörter oder Metaphern lassen sich auch in den sehr anschaulich getexteten Beispielen finden: bei Adidas, z. B. „Kleider machen Leute" oder bei Lufthansa, z. B. „der Schritt nach vorn". In diesen Textexemplaren wird die konzeptionelle Schriftlichkeit der Texte durchbrochen, indem sie mit einem sehr anschaulichen, der gesprochenen Sprache nachempfundenen Textstil arbeiten, wie auch das folgende Beispiel aus der Text der Adidas AG zeigt:

„Zwei Brüder, die gemeinsam arbeiten um Sportlern das Beste zu bieten – hört sich bekannt an? Nun, dies ist eine andere Geschichte..."

Es findet hier auch eine Ansprache der Leser durch entsprechende sprachliche Mittel statt. Durch Imperative entsteht der Anschein, dass der Verfasser des Textes in einen Dialog mit dem Leser treten möchte und ihm in erzählender Art und Weise die Geschichte nahebringen möchte. Die Texte enthalten zudem ein großes Spektrum an Phrasemen und Wortspielen. Da dieser Sprachstil häufig verwendet wird, wenn es einen Akteur (das Unternehmen oder der Gründer) gibt, sind auch die Satzkonstruktionen von einem aktiven Textstil bestimmt. Die Auswahl der Verben imitiert die gesprochene Alltagssprache, wie bei dem Textbeispiel der Lufthansa AG, z. B. „schaukeln", „hocken" oder „Schulbank drücken", „ins Cockpit zwängen".
Die wesentlichen Merkmale der beiden beschriebenen Stilzüge, dem neutralen, sachlichen Stil und dem anschaulichen, wertenden Stil können in der Tabelle 7 zusammenfassend kontrastiert werden:

Tab. 7 Stilzüge der Texte zur Unternehmensgeschichte

	Sachlich-neutraler Stil	Wertend-anschaulicher Stil
Konzeption	schriftlich	schriftlich oder mündlich
Verben	meist passiv	meist aktiv
Satzbau	Satzverkürzungen und vollständige Sätze	vollständige, klare Satzstrukturen
Phraseme	kaum Einsatz	Einsatz
Semantische Auswertungen	wenig	häufig
Nominalkonstruktionen	häufig	selten

Quelle: eigene Darstellung

Ein sprachliches Merkmale, das in allen beiden Stilzügen zu finden ist, sind implizite sprachliche Hinweise auf die Innovationskraft des jeweiligen Unternehmens. Mit Adverbien der Zeit wie beispielsweise „bereits", „schon", erstmals", wird das Unternehmen als Vorreiter in einer bestimmten Branche zu einer bestimmten Zeit dargestellt. Ohne eine explizite Wertung wird es als eines der ersten im jeweiligen Tätigkeitsfeld dargestellt. Diese auffällige Häufung in den Texten findet sowohl Eingang in das sachliche Protokoll, als auch in die wertenden Textexemplare.

Abschließend kann die Analyse des Tempus noch Hinweise auf die narrative Einbindung der Texte liefern. Das bestimmende Tempus der Texte zur Unternehmensgeschichte ist das Präsens, in wenigen Texten wird mit dem Präteritum gearbeitet. Diese zwei Varianten der Tempuswahl erscheinen beide aus verschiedenen Gründen überraschend. Generell ist das obligatorische Erzähltempus im Deutschen das Präteritum. Innerhalb der Tempora der Vergangenheit ist das Präteritum heute jedoch gegenüber dem Perfekt markiert. (Eroms 2008, S.84) Denn in der gesprochenen Sprache ist das Perfekt längst zum Standard geworden. Und auch in schriftlichen Erzähltexten kommt es zunehmend zum Einsatz. Wenn in den Texten mit der Vergangenheitsform operiert wird, wäre anzunehmen, dass sich die Tempuswahl an der gesprochen Sprache, dem Standard des Perfekts, orientiert. Das ist nicht der Fall. Vielmehr wird in den Chroniken der Unternehmensgeschichte mit dem historischen Präsens, was auch dramaturgisches Präsens genannt wird, gearbeitet. Die Verwendung gibt dem Leser die Möglichkeit, die Geschehnisse in der Gegenwartsform nahezubringen. Der Leser soll durch die Verwendung des historischen Präsens die geschichtlichen Ereignisse besser nachvollziehen können.

In der Erzählung der Unternehmenshistorie, die ja als Rekonstruktion von Vergangenem in einer Geschichte aufgebaut sein sollte, ist die Wahl des Präsens jedoch abweichend vom zunächst Erwartbaren. Die zumeist kleinen Textabschnitte nehmen Bezug auf die Zeitangabe der chronologischen Zeitleiste und beschreiben

5.2 Textlinguistische Analyse der Unternehmensgeschichte

den Zustand in diesem Jahr oder diesem Jahresabstand im Präsens. Eine kohärente Erzählung mit einer Handlung, die zwar in Sequenzen strukturiert aber dennoch stringent verläuft, ist dadurch erheblich erschwert.

Erstaunlich ist auch, dass bei der Tempuswahl nicht mit der Anlehnung zur gesprochen, also persönlich erzählten Sprache, dem Perfekt, gearbeitet wird. Zusammenfassend kann man sagen, dass beide verwendeten Tempora einer Erzählung an sich nicht zuträglich sind. Zum einen, weil mit dem Präsens und dem starken Bezug zu den Jahresdaten keine durchgängige Geschichte möglich ist. Zum anderen, weil das Präteritum – im Gegensatz zum Perfekt – nicht das prototypische Tempus von gesprochen und schriftlichen Erzähltexten ist.

Die argumentativen Einleitungsabsätze unterscheiden sich in der Vertextung noch einmal vom restlichen Text. Sie sind zwar ebenfalls meist und wie das Gros der Texte im Tempus des Präsens verfasst. Hier ist die Tempuswahl jedoch prototypisch. Der Tempusbezug der Argumentation ist eigentlich die Zukunft. Aber die Argumentation vollzieht sich simultan durch das Eingehen der Rezipienten, daher herrscht das Präsens: Künftige Handlungen werden vorbereitet. (vgl. Eroms 2008, S. 94)

Zum Abschluss der sprachlichen Analyse spielt die Betrachtung dominanter Wortfelder eine besondere Rolle. Sie geben Aufschluss über die inhaltliche Darstellung und Abweichungen von dem neutralen Stil, die als Markierungen stilistisch relevant sind. Zwei Wortfelder sollen hier untersucht werden, die Aufschluss darüber geben, wie die Verfasser der Texte die wichtigen Personen, die Unternehmensgründer auf der einen Seite und das Unternehmen aus der anderen Seite bezeichnen:

- Unternehmensgründer: Gründer, Pionier, Gründungsvater, Forscher, Helden
- Beschreibung der Gründer: Forschergeist, Pioniergeist, Traum, Zukunftshoffnungen, Entdeckergeist, Unternehmergeist, Vision
- Unternehmen: unscheinbares Haus, Werkstatt, junges Unternehmen, Global Player, Weltkonzern, Marktführer
- Unternehmensentwicklung: Eckpfeiler, Grundstein, Prototypen, Erfindungen, Ära, Wurzeln, Meilensteine, Tradition, Dynamik, Geburtsstunde, Boomjahre, Gründung, Geschäftstätigkeit, Reise, Gründerjahre, Konkurrenzkampf, Siegeszug

Die Wortfelder sind von einer sehr aktiven Wortwahl geprägt, die dem Gründer und auch dem Unternehmen eine gewisse Innovationskraft und Leidenschaft zuschreiben.

Zusammenfassend lässt sich feststellen: Die identifizierten Formulierungsmustern zeigen charakteristische Verknüpfungen von lexikalischen Einheiten und typischen syntaktischen Konstruktionen einer Textsorte. Diese kann dann auch als solche erkannt und typisiert werden. Die Analyse der sprachlichen und grammatikalischen Mittel der Texte zeigt keine einheitliche Stilistik und auch keine so deutliche prototypische Struktur, dass man nicht von einer eigenständigen Textsorte „Unternehmensgeschichte" sprechen kann. Die zwei stilistischen Ausprägungen, die hier deutlich festgestellt werden konnten und mit ihren Merkmalen dargestellt wurden, bilden nun die Vorlage für die Beschäftigung mit der Textfunktion.

5.2.5 Information oder Appell: Die Textfunktion

Als letzter Schritt der Gesamtanalyse soll die dominierende Textfunktion der vorliegenden Texte bestimmt werden. Dabei geben die handlungsanzeigenden sprachlichen Mittel Aufschluss, die Brinker „Indikatoren des Sprachhandlungstyps" oder „Illokutionsindikatoren" nennt (Brinker 2014, S. 145ff). Dazu zählt er die explizit performative Formel, die aus dem illokutiven und propositionalen Teil besteht, den Satztyp und das Satzmuster, sogenannte Abtönungspartikel und den propositionalen Gehalt eines Textes. Bei der Analyse bzw. Bestimmung der dominanten Textfunktion geht es auch um die Einordnung des Textes vor dem Hintergrund der Textfunktionen der Public Relations. In der Praxis der PR kommen die Schreibabsichten bzw. Textfunktionen entweder in Reinform vor oder aber, was immer häufiger zu beobachten ist, auch in Mischformen. Viele Textlinguisten weisen der Textfunktion die wichtigste Rolle zu. Als Basiskriterium zur Differenzierung von Textsorten identifiziert beispielsweise Brinker die Textfunktion:

> „Der Terminus Textfunktion bezeichnet die im Text mit bestimmten, konventionell geltenden, d. h. in der Kommunikationsgemeinschaft verbindlich festgelegten Mitteln ausgedrückte Kommunikationsabsicht des Emittenten. Es handelt sich also um die Absicht des Emittenten, die der Rezipient erkennen soll, sozusagen um die Anweisung (Instruktion) des Emittenten an den Rezipienten, als was dieser den Text insgesamt auffassen soll." (Brinker 2014, S. 95)

Brinker unterscheidet zwischen fünf Textfunktionen: Appell, Information, Kontakt, Obligation und Deklaration. Indikatoren der Textfunktion sind bestimmte innertextliche und kontextuelle Mittel, die die Textfunktion explizit oder implizit anzeigen.

In der Unternehmenskommunikation können vier unterscheidbare Textstile beschrieben werden, die sich nach der Textfunktion zuordnen lassen. Es gibt jedoch häufig auch Mischformen, so dass nicht alle Texte einen prototypischen Charakter besitzen, mit Hilfe dessen sie klar einer Kategorie zugeordnet werden können. Häufig werden sprachliche Elemente aus verschiedenen Textstilen kombiniert. Daraus ergibt sich ein großes Spannungsfeld analog zu den unterschiedlichen Textfunktionen,

5.2 Textlinguistische Analyse der Unternehmensgeschichte

in denen die Textsorten der Public Relations verortet werden können. Die Abb. 12 zeigt das Spannungsfeld vor dem Hintergrund der vier relevanten Textfunktionen, die eine Relevanz in der externen Kommunikation besitzen:

Abb. 12 Textfunktionen und Textsorten der Public Relations
Quelle: Eigene Darstellung

Aber woran lässt sich die Textfunktion eines Textes erkennen? Die Analyse basiert auf der Zusammenführung von Hinweisen, die sich in verschiedenen Kategorien zeigen. Bei der Analyse der Textfunktion geht es um das Herausarbeiten der textuellen Grundfunktion, also der dominanten Textfunktion (neben anderen) im Text. Daher wurde die Beschäftigung mit der Textfunktion im Untersuchungsmodell an zentraler Stelle angeordnet und erfolgt im letzten Untersuchungsschritt. So können die gesammelten Hinweise der vorangegangenen Kapitel die Bestimmung der Textfunktion wesentlich unterstützen. Zur Erinnerung: es wurde bereits die Textsortenkennzeichnung untersucht, die prototypische Textgestaltung und die interne Textstrukturierung in den Blick genommen, das Textthema und die Themenentfaltung analysiert und auch die Kommunikationssituation betrachtet.

In der vorliegenden Untersuchung sind mit der Informations- und Appellfunktion zwei Textfunktionen von Bedeutung, deren Wesensmerkmale im folgenden noch einmal kurz zusammengetragen und auf ihren Bezug zu Texten der Unternehmenskommunikation vorgestellt werden sollen.

Eine Informationsfunktion drückt sich darin aus, dass der Textproduzent dem Rezipienten Wissen vermitteln, ihn über einen Sachverhalt informieren will. Das kann in direkter Form geschehen, etwa durch den Einsatz von Verben wie informieren, mitteilen, melden, berichten. Oder der Sachverhalt wird in indirekter Form als tatsächlich dargestellt. Die Darstellung kann sowohl sachbetont als auch meinungsbetont sein. Ob bei einer wertenden Aussage neben der informativen Funktion noch ein Appell eine Rolle spielt, muss nach Brinker im Kontext bewertet werden. Die Informationsfunktion ist auch im Zusammenhang der vorliegenden Textsorte differenziert zu betrachten.

Die informativen Texte der Unternehmenskommunikation orientieren sich an tatsachenbetonten Pressetextsorten. Das kommunikative Ziel besteht darin, dem Leser bestimmte Informationen in einer sachlichen Darstellungsweise näher zu bringen.

Die Appellfunktion ist davon deutlich zu unterscheiden, sie ist der bestimmende Funktionstyp in Werbetexten. Als die am häufigsten verwendeten Indikatoren für die Appellfunktion nennt Brinker den Einsatz von Imperativsätzen in Werbeslogans und Infinitivkonstruktionen (Brinker 2014, S. 113). Auch generell zeichnet sich die Werbesprache durch eine Bevorzugung kurzer und einfacher Sätze aus, die Klarheit und Einfachheit ausdrücken und somit vom Rezipienten besser verstanden und erinnert werden. Werbung wird von den werbenden Unternehmen auch häufig als Information für den Verbraucher bezeichnet. Dass dies nicht zutrifft, stellt Janich noch einmal deutlich heraus, indem sie diese Information nicht als marktwirtschaftliche Aufklärung, sondern als Instrument bezeichnet, den Umsatz zu steigern. (Janich 2005) Werbesprache ist geprägt durch semantische Aufwertungen. Von den Produkten oder Dienstleistungen, die im Text dargestellt werden, wird mit Worten gesprochen, die bei einem ausgewogenen Verhältnis zwischen Sache und Wort nicht gewählt werden würden.

Diese indirekte Form des Appells stellt Brinker auch für die Textsorte *Werbeanzeige* fest. Auch hier wird die Kaufaufforderung nur selten „in direkter Form signalisiert, etwa durch explizit performative Sätze" (Brinker 2014, S. 113)

Die direkte Aufforderungshandlung, die Appellfunktion definiert Brinker wie folgt:

> „Der Emittent gibt dem Rezipienten zu verstehen, daß er ihn dazu bewegen will, eine bestimmte Einstellung einer Sache gegenüber einzunehmen (Meinungsbeeinflussung) und/oder eine bestimmte Handlung zu vollziehen (Verhaltensbeeinflussung)."
> (Brinker 2014, S. 117)

Ist der Kaufanreiz in einem appellativen Werbetext indirekt realisiert, beispielsweise durch ein argumentatives Entfaltungsmuster, spricht man von einem persuasiven

5.2 Textlinguistische Analyse der Unternehmensgeschichte

Charakter des Textes. Bei werblichen Formulierungen handelt es sich um deutliche Belege der Appellfunktion des Textes, die eine Einstellungsänderung des Lesers hervorrufen möchte und die Organisation in einem positiven Licht darstellt. Eine deutlich affirmative Darstellung einer Organisation ist als Appell zu verstehen, da die Meinung über ein Unternehmen bzw. das Image beim Leser auch das Verhalten und die Handlungen beeinflusst. „Der Rezipient lässt sich von seinen Vorstellungsbildern leiten, die für ihn eine Art Kompass darstellen." (vgl. Mast 2004, S. 613)

Aus der Professionshistorie der Public Relations heraus, sollten klassische werbliche Texte eigentlich keine große Rolle spielen. Wenn der Vertrauensaufbau und die Glaubwürdigkeit sowie die Transparenz eines Unternehmens zu seinen Bezugsgruppen als Ziele der Unternehmenskommunikation verstanden werden, sind werbliche Texte damit schlecht vereinbar. Dennoch handelt es sich bei der Unternehmenskommunikation um intentionale Kommunikation, die heute viel stärker mit der Marketingkommunikation verknüpft ist und somit auch marketing- und vertriebsorientierte Zielsetzungen unterstützt.

Der Begriff der imageprägenden Texte wird jedoch bewusst auch von der reinen werblichen Ausrichtung abgegrenzt. Sie zeichnen sich durch eine argumentative Art der Themenentfaltung aus. Das Unternehmen, die Marke oder das Produkt sollen positiv dargestellt werden, was sich dann im Schreibstil niederschlägt. Die Verwendung von Hochwertwörtern, Schlüsselwörtern und Plastikwörtern in der Beschreibung sind häufig anzutreffen. Sprach- und Wortspiele, die Verwendung von Metaphern und weiteren werbesprachlichen Elementen sind in imageprägenden Texten durchaus zu finden. Auch die Einbindung von Claims oder Slogans kann im Zuge einer integrierten Kampagne für das Unternehmen Sinn ergeben. Wichtig ist allerdings, dass bei den Imagetexten bestimmte Merkmale eines reinen Werbetextes nicht verwendet werden und ein gewisser Informationsgehalt vermittelt werden soll.

Da die Leser heute aufgeklärter und sensibler auf durchschaubare Werbebotschaften reagieren, gilt es im Text einen optimalen Mittelweg zu finden. Die Leseransprache kann durch direkte Anrede persönlich sein und auch die Wir-Perspektive kann eine Beziehung zum Leser stärken. Generell gilt, dass Imagetexte den Leser immer auf einer emotionalen Ebene erreichen wollen, über die Kommunikation von Werten des Unternehmens oder den Versuch, die Leser über eine ästhetische, ansprechende Darstellung der Botschaften zu erreichen.

Nach Sandig, die sich auf Brinker bezieht, gibt es fünf Typen von Hinweisen auf die Textfunktion (Sandig 2006, S. 318 ff.), die noch einmal kurz beschrieben und dann anhand der Analyseergebnisse für die untersuchten Textexemplare der Unternehmensgeschichte bewertet werden müssen:
1. Explizite Kategorisierungen

Diese sind bei Dokumenten verschiedener Art notwendig, um den rechtlichen Status zu gewährleisten, z. B. bei Mahnungen, Kaufverträgen, Urkunden. Die explizite Kategorisierung wird auch Textdeklaration oder Textsortenkennzeichnung genannt. Sie ist ein wichtiger sprachlicher Indikator der Textfunktion.

Die Analyse der vorliegenden Textexemplare, ihrer Überschriften und ihre Einordnung in Rubriken der Corporate Website hat gezeigt, dass immer ein deutlich inhaltsbezogener Titel gewählt wurde. In einigen Fällen wurde ein Bezug zur Textsorte Chronik hergestellt, in den meisten Fällen fand keine direkte Textsortenzuschreibung statt. Daher können aus der Kategorisierung keine direkten Hinweise auf die Textfunktion abgeleitet werden.

2. Ausgeprägte wahrnehmbare Textgestalten
Hier geht es um wahrnehmbare prototypische Textgestalten, z. B. sieht ein Gedicht anders aus als eine Todesanzeige oder eine Kleinanzeige.

Die Textgestalt bei den Texten zur Unternehmensgeschichte auf der Corporate Website ist geprägt vom modularen Aufbau der Hypertexte und der spezifischen Rezeptionssituation. Stärker als in anderen Rubriken in der Struktur der Website wird hier mit illustrierendem Bildmaterial gearbeitet, das den reinen Text unterstützt, so dass man von einem multimodalen Gesamttext sprechen kann. Der hohe Anteil an Bildelementen, Videos, Animationen und weiteren gestalterischen Merkmalen ist ein Indiz dafür, dass die Texte über eine reine Informationsfunktion hinaus gehen und den Leser von einem bestimmten Image des Unternehmens überzeugen wollen. Bezüglich der Textgestalt lässt sich demnach eher eine Funktionsverortung im Bereich der Appellfunktion vornehmen.

3. Interne Textstrukturierungen
Oftmals zeigt die interne Textstruktur die Textfunktion über Formulierungsmuster wie lexikalische Ausdrücke, Gliederungselemente, Kollokationen usw. an.

In den Texten zur Unternehmensgeschichte konnten zwei Textstile identifiziert werden. Der neutral-sachliche Textstil ist geprägt von den Textsortenspezifika der Chronik. Die Texte haben eine sehr sachliche Tonalität. Der Satzbau orientiert sich am Nominalstil eines Protokolls, was auch zur Folge hat, dass die Sätze häufig passiv formuliert sind. Semantische Aufwertungen oder rhetorische Mittel werden selten eingesetzt. Der neutrale Textstil übernimmt eindeutig eine Informationsfunktion. In einem sachlichen Modus werden dem Leser die Fakten zur Entstehung des Unternehmens vermittelt. Der andere Teil der Texte zeichnet sich durch einen anschaulichen, anregenden Textstil aus. Hochwertwörter, semantische Aufwertungen, Sprachspiele und andere sprachliche Mittel werden eingesetzt, um mit dem Text die kommunikativen Intentionen des Unterneh-

5.2 Textlinguistische Analyse der Unternehmensgeschichte

mens zu übermitteln, um im Sinne der Appellfunktion eine Einstellungsänderung zu erzeugen. Die Satzkonstruktionen sind stärker auf einen aktiven Stil ausgelegt, in dem das Unternehmen oder die Gründer als Akteure des Textes dargestellt werden. Die Dominanz dieser Funktion in den Texten ist graduell unterschiedlich: einige sind ganz eindeutig einer dominanten Appellfunktion zuzuordnen, in anderen Texten ist diese Funktion nur leicht dominant, bzw. nahezu gleichzusetzen mit der Informationsfunktion. Die Interaktionsmodalität reicht demnach von sachlich-neutral bis zu anschaulich-wertend.

4. Art des Themas
Das Thema ist für die Bestimmung der Textfunktion wichtig, also die Art des Themas und die Auswahl sowie Anordnung der Teilthemen und die Wahl des thematischen Entfaltungsmusters.

Die Analyse der Themenentfaltung half drei verschiedene Textmuster zu unterscheiden – die ergebnisorientierte Narration (Narration I), die ereignisorientierte Narration (Narration II) und die Argumentation. Somit zeigt auch die Art der Themenentfaltung, dass die Bandbreite von der informativen bis zur appellativen Textfunktion reicht. Die Texte, die durch Argumentation und Narration II gekennzeichnet sind, zielen auf die Überzeugung der Leser – nämlich auf die Vermittlung, dass das Unternehmen entweder einen bedeutenden Beitrag zur gesellschaftlichen und wirtschaftlichen Entwicklung geleistet hat oder der Gründer durch außergewöhnlichen Unternehmergeist etwas großes geschaffen hat.

5. Textträger und Situationstyp
Kontextuelle Indikatoren der Textfunktion wie die mediale und situative Einbettung sowie der institutionelle Rahmen des Textes, also die Zuordnung zu einem bestimmten Kommunikationsbereich sind ebenso wichtig, um die dominante Textfunktion ermitteln zu können.

Der „Textträger" der Texte zur Unternehmensgeschichte, die hier untersucht wurden, ist die Corporate Website Wie schon gezeigt, sind diese Kommunikationsangebote in der Regel eher informativ angelegt, da die Corporate Websites eine relativ undefinierte und sehr breite Zielgruppe ansprich:. Sie sind dem Kommunikationsbereich der Unternehmenskommunikation zuzuordnen und sind somit in jedem Fall intentional geprägt.

Die Auflistung der Typen von Hinweisen auf die Textfunktion zeigt noch einmal die zentrale Rolle, die die Textfunktion für das Verstehen des Textes aber auch für die Analyse einnimmt. Oder wie Sandig betont:

„Das komplexe Zusammenspiel der Hinweise auf die Textfunktion erlaubt auch stilistisch gestaltetes Spiel mit Textfunktionen. Im Rahmen von „Textstrategie" unterscheidet Brinker eine vordergründige und eine hintergründige Ebene bei der Ausgestaltung einer Textfunktion." (Sandig 2006, S. 324)

Die Textfunktionen in den Texten zur Unternehmensgeschichte lassen sich zusammenfassend wie folgt beschreiben: In allen Textexemplaren ist eine Verbindung von Informations- und Appell-Funktion festzustellen. Die Texte lassen sich jedoch je nach Ausprägungsgrad in zwei Kategorien einteilen: Diejenige, in denen die Informationsfunktion deutlich dominiert und die Kategorien, bei denen man von einer direkt oder indirekt realisierten Appell-Funktion sprechen kann. Im Bezug auf das Modell der Merkmalsausprägungen von Sandig kann man daher festhalten, dass die Kategorisierung zunächst kaum einen belastbaren Hinweis auf die Textfunktion liefert.

Die Appellfunktion realisiert sich durch indirekte Aufforderungshandlungen, die sich durch semantische Aufwertungen darstellen und beim Leser eine Einstellungsänderung erzeugen sollen. Einige Texte zeichnen sich in den Einstiegsteilen durch eine argumentative Art der Themenentfaltung aus: Das Unternehmen oder auch die Marken sollen positiv dargestellt werden, was sich in den sprachlichen Mitteln niederschlägt. Wie die stilistische Analyse zeigte, weisen einige Texte einen deutlich spürbaren Anteil dieser indirekten Aufforderungshandlungen auf.

Das ereignisorientierte Vertextungsmuster der Narration II erzeugt eine implizite appellative Deutungsweise, indem beim Leser eine Wirkung bzw. Einstellungsänderung erzeugt werden soll, die über eine reine Informationsvermittlung hinaus geht. Die hohe Bilderdichte und multimodale Gestaltung unterstreicht dabei die Intention der Textproduzenten, den Leser in die Geschichte des Unternehmens eintauchen zu lassen und somit ein positives Bild des Unternehmens zu erzeugen.

In einem überwiegenden Teil der Texte zur Unternehmensgeschichte im Untersuchungskorpus ist jedoch die Informationsfunktion als dominant zu bezeichnen. Sie ist markiert durch das Vertextungsmuster der Narration I, der ergebnisorientierten, chronologischen Aufarbeitung der wesentlichen Meilensteine der Unternehmen. Die Texte sind zu weiten Teile geprägt von einem neutralen, sachlichen Textstil, der durch ein hohes Maß an Nominalkonstruktionen wenig anschaulich und in der Satzkonstruktionen stark passiv vertextet ist. Die Texte liefern einen hohen Informationswert in Bezug auf die eingebundenen Daten und Fakten, sind jedoch in ihrer fehlenden Kausalität der einzelnen Textbausteine nicht als Erzählung zu verstehen. Der Wortschatz ist in weiten Teilen neutral und unterstützt somit die Informationsfunktion. Wertende Begriffe im Sinne der von der Unternehmenskommunikation eingesetzten Bezeichnungen des Unternehmens tun dem

Gesamteindruck des Textes als reines Informationsinstrument keinen Abbruch. Die kontextuellen Faktoren der Texte, die bereits ausführlich beschrieben wurden, fördern die Ausprägung der Informationsfunktion. Denn wie bereits festgestellt, erfordert die modulare Struktur von Online-Texten eine Segmentierung in Teilabschnitte. Die breite und disperse Zielgruppe und das eher informativ geprägte Gesamtangebot der Texte der Corporate Website sind weitere Kontextfaktoren, die sich auf die Funktionalität der Texte auswirken.

Informations- und Appellfunktion sind mithin die bestimmenden Textfunktionen der Public Relations. Hier speist sich die Notwendigkeit der Informationsfunktion aus der Tatsache, dass die Texte nicht zu werblich aufgebaut sein sollten, um sie Journalisten erfolgversprechend zur Veröffentlichung anzubieten. Die Corporate Websites der Unternehmen haben jedoch als Owned Media-Instrumente mit der Kommunikationshoheit auf Seiten der Unternehmen einen größeren Spielraum. Daher ist es verwunderlich, dass hier nicht stärker deutlich appellative Texte zur Überzeugung und Einstellungsänderung der Leser eingesetzt werden. Die kommunikative Distanz und die bereits dargestellte Scheu der Unternehmen, die Glaubwürdigkeit durch den Anschein der Fiktionalität zu verlieren, können Gründe für diese kommunikative Umsetzung sein.

5.3 Zusammenfassung

- Die Texte zur Unternehmensgeschichte entstammen der Corporate Website der Unternehmen, die der Kategorie der informationsgetriebenen Unternehmenshomepage zuzuordnen ist.
- Der Kommunikationskontext begünstigt die Entwicklung von Storys nicht: Die Texte sind als Hypertexte multimodal, modular und nicht-linear angelegt, sprechen eine undifferenzierte Zielgruppe an und sind durch eine deutliche kommunikative Distanz geprägt.
- Die Analyse der Textrealisierung zeigt drei zentrale Darstellungsformen: Die Chronik mit reinem Text (Variante 1), die Chronik als Verbindung von Text und Bild (Variante 2) und die Animation/Zeitstrahl (Variante 3). In Variante 2 und 3 ergänzen sich Text und Bild komplementär, da die eingesetzten Bilder die Information des Textes stützen. Insgesamt ist die Bilderdichte als dominant gegenüber der Textdichte einzustufen.
- Es konnten drei thematische Ansätze identifiziert werden: Das Unternehmen als ausschließliches Textthema, das Unternehmen und sein Gründer und das Unternehmen im historischen Kontext. Die bestimmenden Arten der Theme-

nentfaltung sind das ergebnisorientierte Vertextungsmuster (Narration I), das ereignisorientierte Vertextungsmuster (Narration II) und die Argumentation im Einleitungsabsatz.
- Es kann kein prototypisches sprachliches Muster beschrieben werden. Die Texte sind entweder in einem neutralen, sachlichen Stil getextet oder in einem anschaulich, wertenden Textstil – mit jeweiliger Variationsbreite. Die Analyse der sprachlichen Mittel stützt die Dichotomie der Stilzüge sachlich-neutral und wertend-anschaulich.
- Die Bestimmung der Textfunktion als Kumulation der vorherigen Untersuchungsschritte zeigt eine Verbindung von Informations- und Appellfunktion in den Texten zur Unternehmensgeschichte. Die jeweils dominante Funktion ist nach Textstil und verwendeten sprachlichen Mitteln unterschiedlich zu bewerten.

Literatur

Bernet, M., & Keel, G. (2009). Journalisten im Internet 2009. Eine repräsentative Befragung von Schweizer Medienschaffenden. Zürich http://pd.zhaw.ch/publikation/upload/202327.pdf
Brinker, K. (2014). Linguistische Textanalyse. Eine Einführung in Grundbegriffe und Methoden, 7. Aufl., Berlin: Erich Schmidt Verlag.
Buchele, M., & Alkan, S. (2012). Websites als Basis der Unternehmenskommunikation im Internet. In: A. Zerfaß, & T. Pleil (Hrsg.), Handbuch Online-PR. Strategische Kommunikation im Internet und Social Web (S. 219-236). Konstanz: UVK.
Doelker, C. (2002). Ein Bild ist mehr als ein Bild: Visuelle Kompetenz in der Multimedia-Gesellschaft. 3. Aufl., Stuttgart: Klett-Cotta.
Donalies, E. (2009). Basiswissen Deutsche Phraseologie. Tübingen und Basel: Narr Francke Attempto Verlag.
Ebert, H. (2014). PR-Texte. Konstanz: UVK.
Eroms, H.-W. (2008). Stil und Stilistik. Eine Einführung. Berlin: Erich Schmidt Verlag.
Fix, U. (2008). Text und Textlinguistik. In: N. Janich (Hrsg.). Textlinguistik. 15 Einführungen, Tübingen: Gunter Narr Verlag.
Gansel, C., & Jürgens, F. (2007). Textlinguistik und Textgrammatik. Eine Einführung. 2. Aufl., Göttingen: Vandenhoeck & Ruprecht.
Gülich, E., & Hausendorf, H. (2000). Vertextungsmuster Narration. In: K. Brinker, G. Antos, W. Heinemann, & S. Sager (Hrsg.), Text- und Gesprächslinguistik, HSK-Bd. 16.1. (S. 369-385). Berlin: De Gruyter.
Heinemann, W., & Vieweger, D. (1991). Textlinguistik. Eine Einführung. Tübingen: Niemeyer.
Keel, G. (2013). Vernetzungsmuster: Schreiben für das Internet. In: P. Stücheli-Herlich, & D. Perrin (Hrsg.). Schreiben mit System. PR-Texte planen, entwerfen und verbessern (S. 131-150). Wiesbaden: Springer VS.

5.3 Zusammenfassung

Koch, P., & Oesterreicher, W. (1994). Schriftlichkeit und Sprache. In: H. Günther, & L. Otto (Hrsg.), Schrift und Schriftlichkeit. Writing and Its Use. Ein interdisziplinäres Handbuch internationaler Forschung. An Interdisciplinary Handbook of International Research. Berlin: De Gruyter.

Koch, P., & Oesterreicher, W. (2008). Mündlichkeit und Schriftlichkeit von Texten. In N. Janich (Hrsg.) , Textlinguistik. 15 Einführungen (S. 199-2015) Tübingen: Gunter Narr Verlag.

Krüger, F. (2015): Corporate Storytelling. Theorie und Empirie narrativer Public Relations in der Unternehmenskommunikation. Wiesbaden: Springer VS.

Nöth, W. (2000). Der Zusammenhang von Text und Bild. In: K. Brinker, W. Antos, S. Heimann, & S. F. Sager (Hrsg.), Text- und Gesprächslinguistik. Ein internationales Handbuch zeitgenössischer Forschung. (S. 489-496). Berlin: De Gruyter.

Pörksen, U. (2004). Plastikwörter. Die Sprache einer internationalen Diktatur, 6. Aufl., Stuttgart: Klett-Cotta

Rehbein, J. (1984). Berichten, Beschreiben, Erzählen. In: K. Ehlich (Hrsg.) Erzählen in der Schule (S. 67-124)Tübingen: Niemeyer

Sandig, B. (2006). Textstilistik des Deutschen. 2. Aufl., Berlin: De Gruyter

Schach, A. (2014). Advertorial, Blogbeitrag, Content-Strategie & Co. – Neue Texte der Unternehmenskommunikation. Wiesbaden: Springer Gabler.

Storrer, A. (2008). Hypertextlinguistik. In: N. Janich (Hrsg.), Textlinguistik. 15 Einführungen. Tübingen: Gunter Narr Verlag.

Toulmin, S. (1969). The Uses of Argument, Cambridge: Cambridge University Press

Vater, H. (2001). Einführung in die Textlinguistik, 3. Aufl., München: Wilhelm Fink Verlag.

Weber, W. (2008). Textdesign. In: Dies. (Hrsg.), Kompendium Informationsdesign (S. 193-225) Wiesbaden: Springer.

Weber, W. (2012). Strukturierungsmuster: Schreiben als Designprozess. In: P. Stücheli-Herlich, & D. Perrin (Hrsg.), Schreiben mit System. PR-Texte planen, entwerfen und verbessern (S. 191-213). Wiesbaden: Springer VS.

Wagner, F. (2011). Sprachliche Charakteristika von Wirtschaftstexten in neuen Medien. In: S. Demarmels, & W. Kesselheim (Hrsg.). Textsorten in der Wirtschaft. Zwischen textlinguistischem Wissen und wirtschaftlichen Handeln (S. 80-97). Wiesbaden: Springer VS.

Wehmeier, S., & Winkler, P. (2012). Personalisierung und Storytelling in der Online-Kommunikation. In: A. Zerfaß & T. Pleil (Hrsg.), Handbuch Online-PR. Strategische Kommunikation in Internet und Social Web. Konstanz: UVK.

Zapalla, J. M., & Carden, A.R. (2010). Public Relations Writing Worktext. A Practical Guide for the Profession. 3. Aufl., New York: Routledge

6 Narrative Typen der Unternehmensgeschichte

Es gibt kein einheitliches Vertextungsmuster der Unternehmensgeschichte. Die textlinguistische Analyse hat gezeigt, dass sich die Texte in den wesentlichen Ebenen der Funktionalität, Themenentfaltung und der textinternen Merkmale deutlich unterscheiden. Die Untersuchung der textexternen und textinternen Faktoren der Texte zur Unternehmensgeschichte lieferte jedoch ein Fundament, um drei Grundmuster der organisatorischen Basisgeschichte zu identifizieren – drei unterscheidbare Erzähltypen. Der Begriff der Erzählung trifft hier allerdings nicht im klassischen narrativen Sinne auf alle Typen zu. Die Texte zur Unternehmensgeschichte werden entweder als Gründerstory, dem narrativen Typus der Meilensteine oder als Ergebnisprotokoll vertextet. Drei narrative Typen, die sich anhand von prototypischen Merkmalen unterscheiden lassen.

Die Typenbildung stützt sich auf die Erkenntnisse der Textanalyse und bezieht die erzähltheoretische Perspektive mit ein. Jeder Darstellungstypus zeichnet sich durch bestimmte Kriterien aus, die auf der Basis des für diese Untersuchung entwickelten Textanalysemodells und der literaturwissenschaftlichen Begriffe beschrieben werden können. Insbesondere die Textfunktion und die Art der Themenentfaltung standen dabei im Fokus und erwiesen sich als nutzbringend für die Differenzierung des vorliegenden Textmaterials der Dax30-Unternehmen. Die Unternehmensgeschichte manifestiert sich bei diesen Konzernen in drei unterscheidbaren Textmustern: entweder als Typ „Gründermythos", „Meilensteine" oder als Typ „Ergebnisprotokoll". Die drei Textmuster zur Vertextung der Unternehmensgeschichte lassen sich in einer Übersicht anhand der Text-Funktion und Art der Themenentfaltung in Tab. 8 abbilden. Insgesamt kann an dieser Stelle aber bereits festgehalten werden, dass die Erkenntnisse der Erzählforschung, was eine gute Story ausmacht, und die Beschäftigung mit dem strategischen Storytelling, wie es in den Public Relations angestrebt wird, nur in dem Erzähltypus des „Gründermythos" zum Einsatz kommt.

Tab. 8 Funktionalität und Themenentfaltung der Typen der Unternehmensgeschichte

	Informationsfunktion	Appellfunktion
Narration I (Ergebnisorientiert)	Ergebnisprotokoll	Meilensteine
Narration II (Ereignisorientiert)		Gründerstory
Argumentation		Meilensteine

Quelle: eigene Darstellung

6.1 Die Gründerstory

Adi Dassler, Fritz Henkel oder Dr. Eduard Fresenius: Der Typus „Gründerstory" stellt den Unternehmensgründer in den Mittelpunkt und inszeniert ihn als Akteur, als Helden der Geschichte. Mit einem Anteil von fast einem Viertel (ca. 24 Prozent) der Texte im Untersuchungskorpus, wird dieser Typus von vergleichsweise wenigen Unternehmen umgesetzt. Der Einwand, dass nicht in jeder Unternehmenshistorie eine solche Gründerfigur existiert, kann an dieser Stelle nicht als Begründung dienen. Denn auch Unternehmen mit einer solchen prägenden Figur inszenieren diese nicht immer in als Akteur in der Geschichte.

Die Gründerstory setzt im Gegensatz zu den anderen Texttypen als einzige auf die ereignisorientierte Darstellung eines Veränderungsprozesses, also eine Handlung, die der Gründer vollzieht. Inhaltlich handelt es sich um eine Erzählung mit einem narrativen Vertextungsmuster.

6.1.1 Inhaltliche Merkmale der Gründerstory

In der Gründerstory lassen sich die klassischen Elemente einer Geschichte im Sinne der Erzählforschung erkennen. Zunächst kann der Held der Narration als handelnder Akteur und damit als wesentlicher Baustein einer Geschichte identifiziert werden. Dabei wird auch sehr deutlich, dass eine Charakterisierung oder zumindest wichtige persönliche Daten des Akteurs beschrieben werden. Ein gutes Textbeispiel liefert die Unternehmensgeschichte der HeidelbergCement AG:

6.1 Die Gründerstory

> „*1869*
> *Die Geschichte beginnt...*
> *Johann Philipp Schifferdecker kommt 1811 als Ältester von 24 Kindern in einer Bierbrauerfamilie in Mosbach auf die Welt und zieht im Alter von 27 Jahren zu seinem Onkel nach Königsberg in Preußen (das heutige Kaliningrad in Russland). Dort baut er die Bierbrauerei seines Onkels aus und verkauft schließlich 1869 im Alter von 58 Jahren seine Anteile an seinen Bruder, um in seine Heimat nach Baden zurückzukehren.*
> *Auf der Zugfahrt von Königsberg nach Heidelberg ergibt sich – so die Legende – ein Gespräch mit einem Mitreisenden, in dem Schifferdecker den Hinweis erhält, dass mit Portland-Zement ein Vermögen zu machen sei. Zu dieser Zeit wird Portland-Zement teuer aus England importiert. Die Idee zur Investition seines Vermögens in eine „Portland-Cement-Fabrik" ist geboren...*
>
> *1873–1895*
> *Die Gründerjahre*
> *1873 ist Schifferdecker zum richtigen Zeitpunkt am richtigen Ort und kann seine Idee in die Tat umsetzen. Die Stadt Heidelberg hatte versucht, durch Aufschüttung Land zu gewinnen. Das aufgeschüttete Material war jedoch abgeschwemmt worden, hatte sich im Mühlkanal der „Bergheimer Mühle" am Neckar festgesetzt und schließlich den Mühlenbetreiber in den Ruin getrieben.*
> *Für Schifferdecker ist die Mühle der ideale Standort für sein Zementwerk: Sie bietet Wasserkraft, die Möglichkeit zum Schiffstransport und die Nähe zur Bahn. Auch das Rohmaterial in der Umgebung scheint geeignet zu sein.*
> *Er ersteigert die Mühle im Konkursverfahren für 258.000 Goldmark (das entspricht heute etwa 1,1 Mio €) und baut sie zu einer Portland-Zementfabrik um. Der Grundstein für den heutigen HeidelbergCement-Konzern ist gelegt."*
>
> Quelle: http://www.buildingforgenerations.heidelbergcement.com/de (Zugriff: 01.07.2015)

Die Geschichte portraitiert zunächst den Gründer Johann Philipp Schifferdecker als Person und beschreibt sein Leben vor der Entstehung der Idee der Unternehmensgründung. Ein deutlich erkennbares Handlungsschema zeichnet sich durch einen Plot aus, der die klassischen Elemente der narrativen Repräsentation aufweist. In der Geschichte wird die Ungewöhnlichkeit des Ereignisses sprachlich ausgeführt. Das Textbeispiel der HeidelbergCement AG weist deutlich diese Merkmale im Text auf.

Der Text startet mit einer Charakterisierung des Gründers, in der persönliche Informationen zur Person verknüpft mit seiner beruflichen Vergangenheit thematisiert werden. Das Ereignis findet auf der „legendären Zugfahrt" statt, die als

Wendepunkt dieser Geschichte und als Ursprung der Geschäftsidee erzählt wird. Die Herausforderung, der glückliche Moment und die Innovations- und Entscheidungskraft des Gründers werden hier eindringlich vermittelt. Zudem handelt es sich bei dem Text, um einen echten Veränderungsprozess: Es wird eine Handlung mit einem Anfangs- und Endzustand beschrieben. Zudem wird durch die Geschichte der Zugfahrt eine ungewöhnliche Form der Ideenentwicklung für ein neues Unternehmen inszeniert – und somit das Kriterium der Ungewöhnlichkeit erfüllt.

In den Texten des Typus „Gründerstory" finden sich häufig argumentative Einstiegsabsätze, die einen Deutungsrahmen für die nachfolgenden Textabschnitte geben und die oftmals auch mit den Werten des Unternehmens verknüpft werden. Ein Beispiel für eine derartige Kommunikation von Werten bzw. von ihrer Übertragung von damals auf heute findet sich bei der Daimler AG:

> *„Von Anfang an haben sich beide Firmengründer höchsten Qualitätsansprüchen verpflichtet (‚Vom Guten das Beste', ‚Das Beste oder nichts'), die das Unternehmen bis heute prägen."*
> Quelle: http://www.daimler.com/dccom/0-5-1324882-49-1324893-1-0-0-1345593-0-0-135-0-0-0-0-0-0-0.html (Zugriff: 01.07.2015)

Die Leistung des Gründers, die in ihrer visionären Kraft später als Erzählung weiter ausformuliert wird, wurde im Einführungsabsatz werblich markiert und in einem Sinnzusammenhang zusammen gefasst. Es geht dabei immer um die Gegensätze von „klein" und „groß", im erzähltheoretischen Sinne um das Durchbrechen der Grenze zwischen der Idee und einem weltweit erfolgreichen Geschäftsmodell („Von der Apotheke zum Pharmaunternehmen"). Diese Erkenntnis wird in Kapitel 7 nochmals im theoretischen Zusammenhang der Framing-Theorie diskutiert.

Ein wesentliches Merkmal des narrativen Typus „Gründerstory" ist die kausale Verknüpfung der einzelnen Textbausteine, die sich so in keinem anderen Typus findet. Auch über verschiedene Zeitabschnitte hinweg taucht der Gründer als Akteur auf, was sich auch in sprachlichen Mittel der Wiederaufnahme zeigt. Die Texte sind somit zwar modular aufgebaut, was durch die Merkmale der Hypertexte begründet wird, erzählen aber die Entwicklung des Helden weiter. Der modulare Aufbau der Texte bewirkt teilweise eine stärkere Aufsplittung in Sequenzen, als wenn es sich um einen Schrifttext im Printbereich handeln würde. Teilweise wird die Weiterführung einer narrativen Sequenz auch aus der Perspektive des Erzählers geleistet, wie folgendes Beispiel zeigt:

6.1 Die Gründerstory

> „1958: Das war auch ein Anfang – wir werden später darauf zurück kommen"
> (adidas)

Wie es für Geschichten konstitutiv ist, finden sich in den Texten auch Konflikte in Form von Herausforderungen, die der Gründer zu lösen vermag. Eine jahrzehntelange Unternehmenshistorie besteht jedoch nicht nur aus der Leistung des Gründers. Daher gehen die meisten Texte schon in den früheren Zeitabschnitten der Historie dazu über, in eine stärker ergebnisorientierte Vertextung zu wechseln. Sie sind dann geprägt von werblichen Passagen, aber auch von sachlich orientierteren Passagen. Nur in einem Text, dem vielzitierten Beispiel der adidas AG wird im späteren Verkauf die Heldenrolle an spätere Akteure des Unternehmens übertragen, wie folgende Absätze zeigen:

> *1987 DAS ENDE DES FAMILIENBETRIEBS*
> *Im Jahr 1987 stellte Horst Dasslers plötzlicher Tod, zwei Jahre nach dem Ableben seiner Mutter Käthe, adidas vor Probleme. Nach dem Ausscheiden der Dassler-Familie führten wechselnde Geschäftsleitungen und zweifelhafte strategische Entscheidungen das Unternehmen 1992 zu einem Rekordverlust und an den Rand des Ruins. Aber wer liest nicht gerne eine gute Comeback-Geschichte?*
>
> *1993: EINE NEUE FÜHRUNG FÜR DEN SCHLAFENDEN RIESEN*
> *Robert Louis-Dreyfus. Scheinbar spielend leicht meisterte der neue CEO eine praktisch unmögliche Aufgabe. Zusammen mit seinem Partner Christian Tourres verstand er, dass die nahezu konkursreife Marke nicht neu erfunden werden musste, sondern einfach eine neue Richtung brauchte. Also verwandelte er den schlafenden Riesen von einem vertriebs- zu einem marketingorientierten Unternehmen und führte adidas zurück auf Wachstumskurs. Im Jahr 1995 – sechs Jahre nach der Umwandlung in eine Aktiengesellschaft – ging adidas an die Börse, und der neue Marketing-Slogan brachte es auf den Punkt: „We knew then, we know now".*
>
> Quelle: http://www.adidas-group.com/de/unternehmen/geschichte/ (Zugriff: 15.06.2015)

Besonders deutlich zeigt der Text, dass nach dem Tod des Unternehmensgründers eine weitere Heldenfigur eingesetzt wird, die einen unternehmensgefährdenden Konflikt lösen musste, um das Unternehmen wieder erfolgreich zu machen. Die deutliche Wortwahl bezüglich der wirtschaftlichen Probleme („zweifelhafte strategische Entscheidung", „Rekordverlust", „Rand des Ruins") sind für PR-Texte zwar ausgesprochen ungewöhnlich, der Dramaturgie dieser Erzählung aber zuträglich. Die Heldengeschichte des neuen CEO erhält somit eine noch deutlichere

Relevanz für den Fortbestand und die sich anschließende neue Erfolgsgeschichte des Unternehmens.

6.1.2 Funktionale und sprachliche Merkmale der Gründerstory

Als dominierende Textfunktion der Gründerstory kann die Appell-Funktion identifiziert werden. Darauf deuten nicht nur das Thema, die inhaltliche Ausgestaltung und die Verbindung von argumentativer und narrativer Themenentfaltung hin, sondern auch die sprachlichen Indikatoren. Der Textstil ist insgesamt locker und anschaulich. Er weicht somit deutlich vom neutralen Textstil ab und markiert eine appellative Funktion. Der Grad der Abweichung ist jedoch auch geprägt vom jeweiligen Unternehmen und der Branche. Die Texte sind zudem von aktiven Satzkonstruktionen bestimmt, da hier der Unternehmensgründer als Akteur eine wichtige Rolle einnimmt. Auch die Auswahl der Verben verstärkt den aktiven Text. Beispiele dafür sind: „gründen, herstellen, revolutionieren, entwickeln, erproben, vorantreiben, gewinnen, machen, gelingen". In den Texten dieser Kategorie finden sich ebenfalls semantische Aufwertungen, die den Gründer und auch das Unternehmen beschreiben – sowohl in den erzählerischen Passagen zu Beginn des Textes, als auch in den späteren Textabschnitten. Folgende Beispiele geben einen Eindruck von der vorherrschenden Wortwahl in den Texten:

- Beschreibung der Leistung des Gründers/Unternehmen: *Innovation, Grundstein, Meilensteine, glänzendes Comeback, soziale Pioniertaten, beeindruckende Erfolgsgeschichte, Eckpfeiler, gesellschaftlicher Fortschritt, bahnbrechende Erfindungen, Erfolgsrezept*

Insgesamt sind eindeutig werbesprachliche Ausdrücke in den narrativen Passagen der Texte eher zurückhaltend eingesetzt. Das mag der Intention zugeschrieben werden, dass der Text eher über die Geschichte wirken soll, und weniger über werbesprachliche Schlagworte. Die Innovationsführerschaft des Unternehmens wird häufig auch im weiteren Verlauf der Historie implizit durch Adverbien der Zeit ausgedrückt. Diese deuten darauf hin, dass das Unternehmen „bereits", „schon", „erstmals" eine Leistung erbracht hat.

6.1.3 Steckbrief der Gründerstory

▶ Narrative Basiselemente: Gründer als Held, Erzählung einer Veränderung, Konflikt ist die Herausforderung, Handlung erkennbar.
▶ Kommunikationsbereich: Corporate Website, multimodale Texte mit Text, Bild, Animation.
▶ Textfunktion: Appell und Information.
▶ Themenentfaltung: Narration II, ereignisorientiertes Muster.
▶ Sprachliche Merkmale: aktiver Satzbau, semantische Aufwertungen in argumentativen Passagen, sprachliche Prinzipien der Wiederaufnahme.
▶ Stil / Tonalität: anschaulich.
▶ Spezifische Merkmale: Deutliche Kommunikation des Gründungsgeistes im narrativen Zusammenhang „klein und groß."

6.2 Meilensteine des Unternehmenserfolgs

Der narrative Typus „Meilensteine des Unternehmenserfolgs" beschreibt die Historie des Unternehmens in einem positiven Licht. Inhaltlich und sprachlich übernimmt eine wertende, häufig argumentative Vertextungsstrategie eine eindeutig appellative Funktion. Der Begriff „Meilensteine" beschreibt die Wertung mit zwei inhaltlichen Bezügen: Der Text stellt zum einen die wesentlichen Erfolgsstationen der Unternehmensentwicklung vor. Zum anderen wird oftmals zusätzlich noch das Handeln des Unternehmens herausgestellt, das es zum Wegbereiter einer neuen Erfindung machte, die die Branche revolutionierte. Kurz: das Unternehmen entwickelt Meilensteine von historischer Relevanz. Etwa ein Drittel aller untersuchten Texte (34 Prozent) folgen diesem Vertextungstyp.

6.2.1 Inhaltliche Merkmale des Typs Meilensteine

Der Akteur in den Textbeispielen des Typs „Meilensteine" ist das Unternehmen in seinem historischen Bezug – je nachdem, wie stark das Unternehmen mit einer historischen Entwicklung und wegweisenden Erfindungen verknüpft ist. Es gibt dabei zwei verschiedene inhaltliche Ausrichtungen:
In einigen Texten wird sehr ausführlich über die historische Entwicklung und wichtige Erfindungen berichtet, wie beispielsweise bei der Historie des Postwesens oder der Automobilbranche. Dies geschieht mitunter sehr ausführlich, obwohl das

Unternehmen selbst hier zunächst noch keine Rolle spielt. Die Einführung der Unternehmensgründung und der daran anschließenden wichtigen Stationen wird dann im Verlauf der Darstellung immer stärker. Implizit werden somit die wichtigen Erfindungen oder die historischen Vorläufe mit dem Unternehmen verwoben.

In der zweiten inhaltlichen Variante stehen das Unternehmen und seine historischen Errungenschaften im Vordergrund. Die Relevanz dieser Leistungen wird durch den historischen Kontext herausgestellt. Ein gutes Beispiel dafür liefert folgender Textauszug aus der Unternehmensgeschichte der Deutschen Bank:

> *„Schon im Jahr der Gründung nahm die Bank Depositen „in barem Geld" an. Das klingt heute selbstverständlich, aber für das deutsche Bankwesen war es eine revolutionär anmutende Neuerung."*
>
> Quelle: https://www.deutsche-bank.de/de/media/Deutsche-Bank-Geschichte—.Chronik-von-1870-bis-heute.pdf (Zugriff: 01.07.2015)

Wie in diesem Textbeispiel sehr deutlich wird, ist hier „die Bank" der handelnde Akteur. Diese inhaltliche Personalisierung lässt sich auch im folgenden Teilkapitel belegen, in dem die syntaktischen Eigenheiten der narrativen Typen untersucht werden.

Bei dem narrativen Typ „Meilensteine" finden sich in einigen Textexemplaren sehr starke inhaltliche Bezüge zur „Core Story", der Begründung des Unternehmens und den damit verbundenen Werten. Ein prototypisches Beispiel liefert die Vertextung der Unternehmensgeschichte der Fresenius Medical Care:

> *„Fresenius Medical Care – Lebensperspektiven für Nierenpatienten*
> *Die Diagnose einer schweren Nierenerkrankung bedeutete vor 50 Jahren für die meisten Menschen den nahen Tod. Heute können viele Patienten gerettet werden und mit ihrer Krankheit leben. Die Medizintechniker von Fresenius – und heute von Fresenius Medical Care – haben maßgeblich dazu beigetragen.*
> *[...]*
>
> *Dialyse damals*
> *Bis Anfang der 1960er Jahre gibt es für Patienten mit chronischem Nierenversagen nur wenig Hilfe. Die Verfahren der Blutreinigung sind damals äußerst aufwendig und können nur wenigen Nierenkranken zur Verfügung gestellt werden. Viele Patienten sind daher zum Tode verurteilt. Noch Anfang der 1970er Jahre sterben in Deutschland 1.500 Menschen jährlich, weil für sie kein Dialyseplatz zur Verfügung steht. Die wenigen Patienten, die eine Dialyse erhalten, müssen sich damals einer*

6.2 Meilensteine des Unternehmenserfolgs

> anstrengenden Prozedur unterziehen, die bis zu 10 Stunden dauert. Dies ändert sich, als das Verfahren der Dialyse schrittweise verbessert wird.
>
> *Die ersten Geräte von Fresenius Medical Care*
> Die Unternehmensleitung von Fresenius wird Mitte der 1960er Jahre auf die verzweifelte Lage von Nierenpatienten in Deutschland aufmerksam. Viele müssen sterben, weil keine Dialysegeräte für sie zur Verfügung stehen. Fresenius übernimmt daraufhin Vertrieb und Wartung ausländischer Dialysegeräte. Über den Kontakt zu den medizinischen Anwendern sammeln Fresenius-Mitarbeiter Know-how und beginnen Ende der 1960er Jahre eigene Dialysegeräte zu entwickeln."
>
> Quelle: http://www.fresenius100.de/# (Zugriff: 01.07.2015)

In diesem Textbeispiel ist die Unternehmensleitung der Held der Erzählung, die Mitarbeiter der Fresenius Medical Care die Helfer. Der deutlich beschriebene Missstand in der medizinischen Versorgung, der Konflikt, konnte durch den Helden zunächst abgemildert (Vertrieb von ausländischen Geräten), später behoben werden (durch eigene Geräte, die noch patientenfreundlicher waren). Der erste Absatz untermauert somit durch eine historische Begründung den aktuellen Claim von Fresenius Medial Care, „Zukunft lebenswert gestalten. Für Patienten. Weltweit. Jeden Tag".

Diese Verknüpfung der Core Story mit der Unternehmensgeschichte ist jedoch nicht als prototypisch für den narrativen Typus „Meilensteine" zu bezeichnen. In den meisten Textbeispielen dieser Kategorie liegt der Schwerpunkt des Textes in der Beschreibung der jeweiligen Zustände zu den angegebenen Jahren oder Jahreszeiträumen und nicht auf einem klassischen, der Narration zugeschriebenen, Veränderungsprozess. Es gibt häufig einen Wechsel zwischen historischen Beschreibungen über bedeutende Entwicklungen ohne Bezug zum Unternehmen und stark werblichen Passagen, die sich ausschließlich um die Leistungen drehen.

Die Appellfunktion dieser Textexemplare speist sich aus einer prägnanten inhaltlichen wie auch sprachlich imagebildenden, appellativen Ausrichtung, in der das Unternehmen positiv dargestellt wird. Die Einstellung des Lesers zum Unternehmen soll beeinflusst werden und er soll nach der Rezeption des Textes ein positiveres Bild des Unternehmens haben. Die Verbindung mit den Grundwerten und Grundideen des Unternehmens spielt somit auch in der Auswahl der jeweiligen Inhalte eine implizite Rolle. In einigen Texten werden diese explizit in den Einleitungstext zur Historie eingebunden, wie das Beispiel des Unternehmens SAP zeigt:

> *Die 43-jährige Erfolgsgeschichte der SAP beruht auf einigen Grundideen:*
> - *der Glaube, dass die „Echtzeit"- Datenverarbeitung dabei helfen kann, die Menschen der Business Intelligence näher zu bringen*
> - *die Verpflichtung zu Innovation und Unternehmergeist, auf deren Grundlage die SAP die technischen Möglichkeiten immer weiter vorantreibt*
> - *ein frühzeitiges Engagement für die Zusammenarbeit und gemeinsame Entwicklung von Lösungen mit unseren Kunden."*
>
> Quelle: http://www.sap.com/corporate-de/about/our-company/history/index.html (Zugriff: 01.07.2015)

Diese Einleitung bietet einen Deutungsrahmen, der dem Leser ermöglicht, die nachfolgenden Meilensteine des Unternehmens im Hinblick auf diese Grundideen zu decodieren.

Insgesamt kann man bei dem Texttypus „Meilensteine" nicht von einem durchgängigen Storytelling sprechen. Die einzelnen Textmodule sind in der Regel nicht in einer kausalen Verknüpfung verbunden. Und auch die einzelnen Textabschnitte wirken häufig eher wie eine ergebnisorientierte Zustandsbeschreibung. Wie man jedoch auch an dem Beispiel Fresenius sehen konnte, sind hier Sequenzen möglich, die durchaus narrative Strukturen im Sinne einer Erzählung aufweisen.

6.2.2 Funktionale und sprachliche Merkmale des Typs Meilensteine

Die bestimmende Textfunktion des Typs „Meilensteine" ist die Appellfunktion. Das zeigt sich häufig bereits durch den prototypischen Einstiegsabsatz, der auf einem argumentativen Textmuster basiert und vielen Texten vorangestellt ist. In diesem ersten Absatz und auch im weiteren Verlauf der Texte findet sich eine Reihe von semantischen Aufwertungen in unterschiedlichen Wortfeldern. Ein gutes Beispiel liefert der erste Textabschnitt der Unternehmensgeschichte der Lufthansa AG:

> *„Die Zeit im Fluge*
> *Lufthansa blickt auf eine bewegte Geschichte zurück, die* **glanzvolle Höhepunkte** *erlebt hat, aber nicht ohne Brüche verlaufen ist. Die* **Herausforderungen** *an den Luftverkehr sind komplex geworden. Lufthansa hat immer wieder die* **Kraft** *gehabt*

6.2 Meilensteine des Unternehmenserfolgs

> *zu lernen und sich zu erneuern. Diese* **Fähigkeit** *hat ihr eine* **Spitzenstellung** *im internationalen Airlinegeschäft eingebracht."*
>
> Quelle: http://www.lufthansagroup.com/de/unternehmen/geschichte.html (Zugriff: 01.07.2015)

Einige Texte des narrativen Typs „Meilensteine" weisen einen sehr anschaulichen und lockeren Textstil auf, der durch eine konzeptionelle Mündlichkeit geprägt ist. Am deutlichsten wird dies am Beispiel der Lufthansa. In der Corporate History heißt es nach dem Einleitungsabsatz weiter:

> „*Die Pionierzeit: Vom Abenteuer zur Normalität*
> *Luftverkehr in offenen Maschinen, mitten im Winter, ja, ging das überhaupt? Es musste gehen, damals, Anfang der Zwanzigerjahre, gleich nach dem Krieg. Politiker und Journalisten waren die ersten, die sich – luftgekühlt sozusagen – auf unbequeme Bretter hockten, umgeben von Postsäcken und Paketen. Sie waren die wahren Pioniere. Aber es dauerte nicht allzu lange – und sie saßen in richtigen Passagierflugzeugen mit beheizbarer Kabine."*
>
> Quelle: http://www.lufthansagroup.com/de/unternehmen/geschichte.html (Zugriff: 01.07.2015)

In der Regel sind die Texte nicht so stark durchsetzt von Mitteln der gesprochenen Sprache, sondern konzeptionell schriftlich angelegt. Dennoch findet sich in diesem Texttyp der größte Anteil an semantischen Aufwertungen und Phrasemen, die die appellative Textfunktion stützen und somit auch die Relevanz des Unternehmens für die historische Entwicklung sprachlich unterstreichen.

- Beispiele für das Wortfeld Fortschritt: *Innovation, Vision, Geschäftspotential, Traum, Ära, Zukunftshoffnungen, Pionierzeit, bahnbrechende Idee, leistungsfähige Forschung, beachtliches Wachstum, Siegeszug, visionäre Kraft.*
- Beispiele für Bezeichnung der Leistungen: *technische Höchstleistung, intelligentes Vertriebsnetz, hervorragender Kundendienst, leistungsfähige Forschung, wachstumsstarke Geschäftsfelder.*

Ein gutes Beispiel für die appellative Textfunktion – also die eingesetzte Argumentation verbunden mit der Intention, den Leser von der Bedeutsamkeit und außergewöhnlichen Leistungen des Unternehmens zu überzeugen – liefert ein Textauszug aus der Unternehmensgeschichte der Bayer AG. Dort heißt es:

„In dieser Zeit entstehen zahlreiche Farbstofffabriken, doch nur innovative Unternehmen mit eigener Forschung und der Fähigkeit, die Chancen auf dem internationalen Markt zu nutzen, setzen sich auf Dauer durch. Bayer gehört dazu."
Quelle: http://www.bayer.de/de/unternehmensgeschichte-1863-bis-1881.aspx (Zugriff: 01.07.2015)

Der Textstil ist anschaulich bis werblich, da insbesondere durch die Wortwahl deutliche Abweichungen vom neutralen Stil auszumachen sind. Die Texte sind jedoch in dem Sinne graduell unterschiedlich, dass Sie in ihrer Tonalität dem jeweiligen Unternehmen bzw. der Branche angepasst sind. Weiterhin finden sich:

- Sprachspiele: *Ein „Engel" für Volkswagen* (Headline für den Text über Rudolf Engel als erster Geschäftsführer der VW-Finanzierungsgesellschaft)
- Intertextualität: *„Sie lassen das Unternehmen wachsen und wachsen und wachsen"* (Intertextueller Bezug zum Werbeclaim von Volkswagen), *„Es war einmal..."* (Einstieg in die Unternehmensgeschichte von Infineon)

Im Texttypus der Meilensteine sind zudem häufiger begleitende Materialien in Form von Textsorten oder medialen Angeboten integriert. So finden sich z. B. die Lebenserfahrungen von Werner von Siemens vereint in einer App für das iPad, bei der Deutschen Bank Frequenty Asked Questions (FAQ) als pdf, ebenso wie pdf-Imagebroschüren zum Download bei vielen weiteren untersuchten Unternehmen.

6.2.3 Steckbrief des Typs Meilensteine

▶ Narrative Basiselemente: Implizite Wertevermittlung, das Unternehmen als Akteur, keine durchgängige kausale Verknüpfung oder narrative Textstruktur.
▶ Kommunikationsbereich: Corporate Website, multimodale Texte mit Text, Bild, Animation.
▶ Textfunktion: Appell.
▶ Themenentfaltung: Argumentation und Narration I.
▶ Sprachliche Merkmale: hoher Anteil an semantischen Aufwertungen, Hochwertwörtern, Phrasemen, Sprachspielen, stellenweise konzeptionelle Mündlichkeit.
▶ Stil / Tonalität: anschaulich, werblich.
▶ Spezifische Merkmale: Imagebildender Deutungsrahmen, kleine narrative Sequenzen wechseln sich mit argumentativer und ergebnisorientierter Vertextung ab.

6.3 Das Ergebnisprotokoll der Unternehmensgeschichte

Das Unternehmen und seine wirtschaftliche Entwicklung ist das bestimmende Thema des Typs „Ergebnisprotokoll der Unternehmensgeschichte". Diese Kategorie ist geprägt durch eine ausschließlich sachliche und neutrale Darstellung der Historie des Unternehmens. Das Ergebnisprotokoll macht einen Anteil von 41 Prozent der Texte des Untersuchungskorpus aus und ist somit der quantitativ stärkste narrative Typ. Die Form der Chronik mit ihrer stark normativen Struktur unterstützt den neutralen Textstil, der zu einem überwiegenden Teil auf Wertungen verzichtet und eine rein informative Funktion erfüllt.

6.3.1 Inhaltliche Merkmale des Ergebnisprotokolls

Das Textthema des Ergebnisprotokolls der Unternehmensgeschichte ist das ausschließlich im Mittelpunkt stehende Unternehmen. Die Begriffswahl zeigt deutlich, dass es sich beim Ergebnisprotokoll um eine Form der Darstellung handelt, die wesentliche Aspekte der Unternehmensentwicklung protokolliert ohne diese zu bewerten bzw. aufzuwerten. Zwar spielen auch historische Ereignisse eine Rolle, werden aber immer nur in einem direkten Bezug zum Unternehmen vermittelt. Die Rolle des Unternehmens bzw. die Leistungen für eine historische Entwicklung werden nicht oder nur am Rande thematisiert.

Aus PR-Perspektive ist die hohe quantitative Bedeutung dieser Textstrategie verwunderlich, da doch die meisten Unternehmen darauf bedacht sind, ihre Unternehmenshistorie in einem positiven Licht zu kommunizieren und diese für die Imagebildung zu nutzen. Diese Intention wird zwar bei den untersuchten Ergebnisprotokollen teilweise erfüllt – allerdings eher implizit. Denn die Selektion der Themen, die in das Protokoll aufgenommen werden, bestimmt die Wahrnehmung der wirtschaftlichen Entwicklung, die geprägt ist von den Erfolgsstationen des Unternehmens. So werden oftmals auch Themen aufgenommen, die vielleicht nicht die entscheidende Rolle in der wirtschaftlichen Entwicklung eingenommen haben, aber wegweisende Leistungen des Unternehmens markieren, wie z. B. besonders frühes Engagement im sozialen Bereich.

Manchmal werden dabei Textbausteine in die vornehmlich sachliche Struktur eingebunden, die man als kleine Anekdoten beschreiben kann. Mit dem Begriff der Anekdote werden kurze, schmucklose und oft in einen heiteren Ausspruch oder eine Pointe gipfelnde Erzählungen zur scharfen Charakterisierung einer Persönlichkeit oder bedenkenswerten Begebenheit bezeichnet. Ein Beispiel dafür bietet der folgende Abschnitt aus der Unternehmensgeschichte der Allianz, die sich mit der frühen Beschäftigung von Frauen beschäftigt:

> „1914
> Weibliche Mitarbeiter bei der Allianz
> Seit dem Beginn des Ersten Weltkriegs beschäftigt die Allianz erstmals nachweisbar weibliche Mitarbeiter. Beim Stuttgarter Verein hingegen, mit dem die Allianz, 1927 fusionierte, waren bereits um 1890 rund 40 Prozent der Mitarbeiter im Innendienst Frauen. Sie arbeiteten vor allem als Schreibkräfte und Stenotypistinnen. Dem prüden Zeitgeist entsprechend mussten Frauen ihren Arbeitsplatz zehn Minuten früher verlassen, um auf dem Heimweg nicht den männlichen Kollegen zu begegnen."
>
> Quelle: https://www.allianz.com/de/ueber_uns/wer_wir_sind/geschichte/ (Zugriff: 01.07.2015)

Solche Einschübe sind im narrativen Typus „Ereignisprotokoll" jedoch eher selten zu finden. Insgesamt kann man nicht von einer Erzählung im literaturwissenschaftlichen Sinne sprechen, da wesentliche Elemente einer Geschichte fehlen. So entfaltet sich in diesen Texten keine Handlung. Auch ist kein Akteur eingebunden, der eine Handlung vollziehen kann. Die Methodik des Storytellings in dem Sinne, dass Kommunikationsbotschaften durch eine Geschichte vermittelt werden, kommt hier nicht zum Einsatz. Die kommunikativen Ziele liegen auf der Informationsebene, die durch die sachlichen Texte besonders gezielt erreicht werden können. Es ist anzunehmen, dass die informative Darstellung zudem mit dem gesamten textlichen Kontext der Corporate Website korrespondiert und sich somit bruchfrei in den Gesamtauftritt eingliedert.

Wie im Typus des Gründungsmythos und des Typs der Meilensteine finden sich auch in den Ergebnisprotokollen teilweise argumentative und appellative Einleitungsabsätze. Diese geben wie auch zuvor beschrieben den Deutungsrahmen des nachfolgenden Textes vor, stehen beim Ergebnisprotokoll aber noch weniger in einer kohäsiven Beziehung zum späteren Text, als bei den beiden anderen Typen.

6.3.2 Funktionale und sprachliche Merkmale des Ergebnisprotokolls

Die bestimmende Textfunktion des Ergebnisprotokolls ist die Informationsfunktion. In dem für Nachrichten typischen sehr sachlichen Textstil werden die relevantesten Stationen der Unternehmensgeschichte vorgestellt. Die Tempusform ist meist das historische Präsens, das vergleichbar mit Nachrichten, die Situation in diesem bestimmten Zeitrahmen darstellt. Häufig wird mit dem Passiv gearbeitet, da fehlende Akteure eine aktive Vertextung erschweren. Der Begriff des Protokolls deutet auf die Art der Themenentfaltung hin. In dem Ergebnisprotokoll geht es zwar um eine Darstellung von vergangenen Geschehnissen und somit um eine Rekonstruktion von Vergangenem, aber diese werden stark ergebnisbezogen vertextet. So ist die Vertextungsstrategie der Narration I, der ergebnisorientierten Narration, eindeutig dominant. Zwischen den einzelnen Textbausteinen wird sprachlich keine kausale Verknüpfung hergestellt.

Der Typus Ergebnisprotokoll ist durch einen neutralen Sprachstil gekennzeichnet, der kaum von der Norm abweicht bzw. durch einen abweichenden Wortschatz markiert ist. Auffällig ist auch, dass sich die sachliche Tonalität auch auf Überschriften erstreckt, wo insbesondere auch bei den anderen beiden Typen die sprachliche Vielfalt am größten ist und sich besonders häufig semantische Aufwertungen finden lassen. Die Headlines sind hier ausschließlich informativ gehalten und vermitteln neutral die einzelnen Themen der Textabschnitte. In der sehr verkürzten Chronikform wird ganz auf Überschriften verzichtet. Die einzelnen Textbausteine sind relativ kurz im Vergleich zu Texten anderen Typs, teilweise sind sie bestimmt von Nominalkonstruktionen.

Das Textbeispiel des ersten Absatzes der Unternehmenshistorie von BMW zeigt beispielhaft die sprachliche Form eines Ergebnisprotokolls in einem Fließtext:

> *„Gründung von BMW*
> *Die Anfänge von BMW gehen auf Karl Rapp und Gustav Otto zurück. Aus der Flugmaschinenfabrik Gustav Otto geht 1916 auf staatliches Betreiben die Bayerische Flugzeug-Werke AG (BFW) hervor. Aus den Rapp Motorenwerken entsteht parallel dazu 1917 die Bayerische Motoren Werke GmbH, die 1918 zur AG umgewandelt wird. 1922 überträgt die BMW AG ihren Motorenbau samt dem Firmen und Markennamen an die BFW. Das BFW-Gründungsdatum, der 7. März 1916, ist damit auch das Gründungsdatum der Bayerischen Motoren Werke AG."*
>
> Quelle: http://www.bmwgroup.com/d/0_0_www_bmwgroup_com/unternehmen/historie/meilensteine/meilensteine.html (Zugriff: 01.07.2015)

Prototypisch ist der Verzicht auf sprachliche Mittel wie semantische Aufwertungen, Phraseme, Metaphern und Sprachspiele, die den Text anschaulicher und imagebildender machen würden. Es lässt sich an einigen Textexemplaren zeigen, dass der werbliche sprachliche Anteil mit fortschreitender Chronologie zunimmt. Demnach sind die kürzer zurückliegenden Jahresabschnitte zum einen länger geschrieben und der Grad der werbesprachlichen Ausdrücke erhöht sich. Das zeigt sich in typischen Formulierungen, die den Werbe- und PR-Texten der Unternehmen entstammen (wie z. B. *führender Markenartikel, wissenschaftlich fundierte Weiterentwicklung, erfolgreiches Konzept, hoher Nutzen für breite Konsumentenschichten*). Implizit wird eine positive Darstellung der Unternehmen textlich umgesetzt, da mit Adverbien wie „*bereits*", „*schon*", „*erstmals*" die Innovationskraft auch in einen neutralen Stil eingebunden werden kann. Somit wird die argumentative Einleitung, die einige der Ergebnisprotokolle vorangestellt haben, trotz des protokollarischen Stils aufgegriffen und weiter getragen.

Die bestimmende Textsorte des Ergebnisprotokolls ist jedoch die Chronik, die in ihrer Segmentierung die jeweiligen Ergebnisse ohne kausalen Zusammenhang in einem informationsgetriebenen Sprachstil darstellt. Ein prototypisches Beispiel bietet folgender Auszug aus dem Text zur Unternehmenshistorie der RWE AG.

> „*1897/98*
> *Nach über 10-jährigen Überlegungen schließt die Stadt Essen mit der Elektrizitäts-Aktien-Gesellschaft vorm. W. Lahmeyer & Co. (EAG) einen Vertrag über die Errichtung eines Elektrizitätswerks in Essen.*
> *1898*
> *Gründung des Rheinisch-Westfälischen Elektrizitätswerks Aktiengesellschaft (RWE), Essen, am 25.4.1898 mit 2,5 Mio. Mark Grundkapital durch die EAG und befreundete Unternehmen. Obwohl sie keine Anteile besitzen, gehören der Essener Oberbürgermeister Erich Zweigert und der Industrielle Hugo Stinnes dem ersten Aufsichtsrat an.*
> *1900*
> *Im April wird die RWE-Stammzentrale an der Viehofer Straße in Essen auf dem Gelände der Zeche Victoria Mathias mit einer Leistung von 1,2 MW in Betrieb genommen. Unter Umgehung der Bestimmungen des Kohlensyndikats versorgt die Stinnes-Zeche das benachbarte Maschinenhaus des Elektrizitätswerks mit Dampf. Das RWE liefert erstmals Strom auf eigene Rechnung.*"
>
> Quelle: http://www.rwe.com/web/cms/de/9134/rwe/ueber-rwe/profil/geschichte/ (Zugriff: 01.07.2015)

Die textliche Darstellung liefert eine Vielzahl an Daten und Fakten, die jedoch in ihrem protokollarischen, ergebnisorientierten Sprachstil kaum „Gründungsdynamik" vermitteln. Ein kommunikativer Bezug zur Gründungsidee, der DNA des Unternehmens und entsprechender Kausalität, findet in diesem Text nicht statt. Die Informationsfunktion dieses Textes ist durchgehend dominant. Geschichten rund um das Unternehmen werden bei der RWE AG flankierend zur Unternehmenshistorie als Zusatzinhalte in Form von Beiträgen geliefert, die bestimmte Meilensteine in der Unternehmensentwicklung erzählen.

6.3.3 Steckbrief des Ergebnisprotokolls

- Narrative Basiselemente: keine Akteure, kein Plot oder kausale Verknüpfung, keine Vertextung von Veränderung.
- Kommunikationsbereich: Corporate Website, multimodale Texte mit Text, Bild, Animation.
- Textfunktion: Information.
- Themenentfaltung: Narration I, ergebnisorientierte Vertextungsmuster.
- Sprachliche Merkmale: spärlich bis fehlender Einsatz von sprachlichen Mittel zur semantischen Aufwertung.
- Stil / Tonalität: neutraler Textstil geprägt von Satzverkürzungen und Nominalkonstruktionen.
- Spezifische Merkmale: dominanter passiver Satzbau.

6.4 Zusammenfassung

- Die Texte zur Unternehmensgeschichte lassen sich in drei narrative Typen kategorisieren, die anhand prototypischer Merkmale beschrieben werden können.
- Der narrative Typ „Gründerstory" zeigt als einziger Typus Ansätze des Corporate Storytellings, indem der Gründer des Unternehmens als aktive Figur narrativ in ein Handlungsschema eingebunden wird. Durch die enge Verknüpfung mit einer argumentativen Themenentfaltung zeichnet sich die Gründerstory durch einen appellativen Charakter aus. Der Textstil ist meist anschaulich und kommuniziert den Gründerspirit des Unternehmens im narrativen Gegensatz von „klein vs. groß".
- Der narrative Typ „Meilensteine" kommuniziert das Unternehmen im Kontext seiner gesamthistorischen Relevanz. Die Texte werden dominiert durch die Appell-Funktion, die durch ein hohes Maß an semantischen Aufwertungen und sprachlichen Mitteln der Werbesprache gekennzeichnet ist. Ein imagebildender argumentativer Deutungsrahmen leitet ein in die Texte, die sowohl ergebnisorientierte als auch ereignisorientierte Vertextungsmuster aufweisen.
- Der narrative Typ „Ergebnisprotokoll" enthält keine narrativen Basiselemente und folgt dem ergebnisorientierten Vertextungsmuster Narration I. Der neutrale

Textstil ist geprägt von Satzverkürzungen, Nominalkonstruktionen und einem passiven Satzbau, der für ein Protokoll prototypisch ist.

7 Frames in der Unternehmensgeschichte

Das medienwissenschaftliche Konzept des Framing wurde in vielen empirischen Studien nutzbringend eingesetzt, um die Deutungsmuster von Medienangeboten und die Wahrnehmung der Rezipienten zu ermitteln. Die Nähe zum Agenda-Setting-Ansatz zeigt, dass er ebenso über Schnittstellen zu PR-Inhalten besitzt, denn es geht auch um die Frage, wie es Unternehmen schaffen, Inhalte und Botschaften erfolgreich in den Medien zu platzieren. Frames werden als Sinnhorizonte verstanden, die bestimmte Informationen und Positionen hervorheben und andere ausblenden (Matthes 2014, S. 10). Die prototypischen Vertextungsmuster der Gründungsgeschichte lassen sich mittels des Framing-Ansatzes beurteilen, da sie einen bestimmten Deutungsrahmen für den Text vorgeben. Daher werden im folgenden die wesentlichen Erkenntnisse des Framing-Ansatzes vorgestellt und daraufhin, der zu identifizierende Frame der Unternehmensgeschichte beschrieben.

7.1 Forschungsstand Framing

Das Konzept des Framings erfreut sich in der Kommunikationswissenschaft als Theorie mittlerer Reichweite großer Beliebtheit. Geprägt wurde die Framing-Forschung maßgeblich durch den Aufsatz „Framing: Toward Clarification of a Fractured Paradigma" von Entman aus dem Jahr 1993. Der Ansatz ist seitdem einer der zentralen Forschungsbereiche der politischen Kommunikationsforschung. (Matthes 2014, S. 12) Entman definiert Frames folgendermaßen:

> "To frame is to select some aspects of a perceived reality and make them more salient in a communicating text, in such a way as to promote a particular problem definition, causal interpretation, moral evaluation and/or treatment recommendation." (Entman 1993, S. 52)

Frames werden somit als Sinnhorizonte von Akteuren verstanden, die bestimmte Informationen und Positionen hervorheben und andere ausblenden. Dies lässt sich in kommunikativen Inhalten empirisch nachweisen. (Matthes 2014, S. 10) Frames haben zwei zentrale Funktionen: Sie steuern die Selektion von wahrgenommenen Realitätsaspekten und strukturieren die Texte über diese Realität. Sie zeichnen sich durch vier definierenden Elemente aus: Sie bieten zunächst eine Problemdefinition, die verbunden ist mit einer Ursachenzuschreibung. Dann wird eine Bewertung des Problems abgegeben, die auf moralischen oder anderen Werten beruhen kann und auch mit einer Handlungsempfehlung zur Lösung dieser Probleme verbunden ist.

Frames besitzen einen Verlauf und innere Dynamik. Durch die Betonung einzelner Elemente gelingt es ihnen, Themen und deren Inhalte zu organisieren (Harden 2002, S. 88). Scheufele definiert Framing als einen Vorgang, „bei dem bestimmte Objekte und Relationen zwischen Objekten betont, also bestimmte Ausschnitte der Realität beleuchtet werden und bestimmte Maßstäbe bzw. Attribute, die man an Objekte anlegen kann, salient gemacht werden." (Scheufele 2003, S. 46) Journalistischen Frames sind beispielsweise ein „konsistentes System einzelner kognitiver Modelle (Schemata, Scripts usw.), die sich im redaktionellen Diskurs herausbilden, die sich im Austausch mit anderen (medialen Diskursen verändern und die journalistischen Nachrichtenproduktion beeinflussen." (ebd, S. 91)

Im Framing-Ansatz wird zwischen kognitiven und textuellen Frames unterschieden. Unter einem textuellen Frame wird eine Aussagenstruktur verstanden, die einem diskursiven Angebot zu einem kontroversen Thema zugrunde liegt. Diese Struktur zeichnet sich durch die Auswahl bestimmter Aspekte eines Themas (Selektion), deren sprachliche, stilistische und strukturelle Hervorhebung (Salienz) und die logische, sachliche und argumentative Widerspruchsfreiheit dieser Aspekte (Kohärenz) aus. In funktionaler Hinsicht kennzeichnet den textuellen Frame eine Orientierungsfunktion für den Rezipienten, d. h. er repräsentiert eine bestimmte Grundidee und legt bestimmte Bewertungen und Entscheidungen zu einem Thema eher nahe als andere. (Potthoff 2012, S. 17)

Eine weitere Differenzierung besteht zwischen themenspezifischen und themenübergreifenden textuellen Frames in Bezug auf den Abstraktionsgrad. In der Forschung zu themenübergreifenden Frames wird nach übergeordneten Motiven gesucht, welche die Auswahl von Themenaspekten für die Berichterstattung leiten, zum Beispiel „Wirtschaftlichkeit", „Fortschritt", „Moral/Ethik" (Dahinden 2006, S. 210). Diese Motive haben eine gewisse Universalität, d. h. sie sind auf verschiedene Themen anwendbar. Themenabhängige Frames finden sich jeweils nur zu einem bestimmten Thema und bestehen aus konkreteren Aussagen. Sie beschreiben jeweils

7.1 Forschungsstand Framing

ein Motiv, das nur in einem spezifischen Themendiskurs zu finden ist. (Potthoff 2012, S. 22)

Frames helfen als Deutungsmuster, die Wahrnehmung der Rezipienten zu strukturieren und Sinnzusammenhänge herzustellen. Sachverhalte können so auf unterschiedliche Art und Weise wahrgenommen und beurteilt werden. Das Framing-Konzept ist verknüpft mit dem Agenda Setting-Ansatz. Dieser beschäftigt sich damit, wie Themen am Meinungsmarkt öffentlichkeitswirksam zu positionieren sind. Beim Framing geht es hingegen um die Frage, wie es Unternehmen gelingt, die Inhalte und Botschaften in den Medien erfolgreich zu platzieren. Den Rezipienten werden Bedeutungsrahmen zu einem Thema angeboten, die sie auf Basis ihrer eigenen Erfahrungen, ihres sozialen Umfeld und der angebotenen Medieninhalte konstruieren. Im Framing werden spezifische Schlagworte, Bilder oder Metaphern und wiederkehrende Beschreibungen verwendet. Es geht als auch hier nicht um das WAS sondern vielmehr um das WIE der Kommunikation oder anders gesagt nicht um den konkreten Inhalt einer Botschaft, sondern um die Art und Weise der Präsentation, der Einrahmung. Diese wirkt sich z. B. konkret auf die Anordnung der Worte und Sätze aus. Schlagworte sorgen bei den Rezipienten beispielweise dafür, dass die damit einhergehenden Positionen und Argumente ins Gedächtnis gerufen werden, wie das auch bei stereotypen Beschreibungen der Fall ist.

Der Relevanz für die Unternehmenskommunikation wurde bereits früh erkannt und von Hallahan beschrieben:

> "It could be argued that framing ist not merely useful but is essential to public relations. In developing programs, public relations professionals fundamentally operate as frame strategists, who strive to determine how situations, attributes, choices, actions, issues, and responsibility should be posted to archieve favourable outcomes for clients." (Hallahan 1999, S. 224)

Unternehmen können Framing als Strategie einsetzen, um ihren eigenen Frame auf die öffentliche Agenda zu setzen. (Pan und Kosicki 2001) Framing kann in der PR als Technik und Instrument eingesetzt werden, mit dem PR-Inhalte auf der Ebene von Botschafts-Frames gestaltet werden können. (Dahinden 2006, S. 65) In dem Bereich der Unternehmenskommunikation beschreibt Rademacher Frames als institutionalisierte Selbstbeschreibung, die mal als Frame für Personen (Personal Frames), mal als Frame für Organisationen alles Art (Organizational Frames), aber natürlich auch bezogen auf den Spezialfall einzelner Unternehmen (Corporate Frames) existieren. (Rademacher 2009, S. 98) Frames bieten eine Interpretationshilfe für die einzelnen Unternehmensbotschaften mit dem Ziele, dass diese auf „einen vorbereiteten Grund" fallen mögen. (vgl. ebd, S. 98)

Die Grundprinzipien des Framings in den Public Relations betreffen die Vermittlung von Standpunkten und die Ermöglichung einer Orientierung in einer Situation, die durch Interessengegensätze geprägt ist. Es besteht eine enge Beziehung zwischen PR-Aktivitäten und der Entstehung von Frames, da die Aktivitäten der PR genau auf die Erschaffung von Kommunikationsangeboten mit den Merkmalen von Frames abzielen. (Potthoff 2012, S. 186) In der Unternehmenskommunikation werden Frames somit dann als erfolgreich bezeichnet, wenn sie „nicht nur öffentliche Aufmerksamkeit für das eigene Handeln schaffen, sondern auch Sichtweisen, Lösungen und Interpretationen in der Medienberichterstattung durchsetzen". (Matthes 2014, S. 14)

Nach Zoch und Modella erfolgt das Kreieren und Durchsetzen von PR-Frames in mehreren Schritten. (vgl. Zoch und Modella 2006) Nach dem Scannen der Umweltinformationen über das Unternehmen und dem Sammeln von Informationen und Argumenten innerhalb der Organisation, wird ein Frame erstellt und eine eigene Problemdefinition ausformuliert. Es folgen die kausalen Schlussfolgerungen, Bewertungen und Lösungen. Diese heben bestimmte Informationen hervor und lassen andere weg. Schlagwörter, Kernsätze, Bilder, Methaphern und Quellen werden zusammen gestellt. Dieser Prozess bezieht sich primär auf die Generierung von Inhalten für die erfolgreiche Medienarbeit, lässt sich aber auch auf die Online-Kommunikation übertragen. Die Vorgehensweise erfolgt in der Praxis häufig intuitiv und ohne Bezug auf den Framing-Ansatz. Am ehesten ist er in Ansätzen zum systematischen Schreiben eingebunden. (vgl. Stücheli-Herlach 2012)

Methodisch gibt es verschiedene Verfahren zur Erfassung von Frames. Manuell-holistische Zugänge kodieren, ob vorher definierte Frames in den Texten vorkommen. Qualitative Zugänge beschreiben die Frames anhand des Materials ohne eine quantitative Auszählung. Die Frames werden induktiv aus dem Material extrahiert. (Matthes 2014, S. 38).

Mit dem Begriff „Frames" werden somit Deutungsmuster beschrieben, die sich in allen Phasen von massenmedialen Kommunikationsprozessen identifizieren lassen. Die Blickwinkel auf ein Thema werden als Frames bezeichnet. Diese strukturieren Information in Form von abstrakten, themenunabhängigen Deutungsmustern, welche Komplexität reduzieren und die Selektion von neuen Informationen leiten. Frames sind nicht als inhaltliche Muster zu verstehen.

Auf allen Ebenen der Massenkommunikation, egal ob in PR-Inhalten oder Medieninhalten, lassen sich Frames identifizieren und analysieren. Der Ansatz ist demnach auf ein sehr breites Forschungsfeld anwendbar, was ein Grund für die Beliebtheit sein kann. Gleichzeitig hat sich jedoch eine große Zahl von weiteren theoretischen Ansätzen heraus gebildet, die in diesem Zusammenhang nicht differenziert dargestellt werden sollen. Auch auf die Vielfalt der Definitionen

7.1 Forschungsstand Framing

von Frames und Framing soll hier nicht dezidiert eingegangen werden. Im Fokus steht vielmehr die Frage, ob sich das Konzept des Framings mit den Ergebnissen der Textanalyse und den narrativen Typen in Zusammenhang bringen lässt bzw. einen zusätzlichen Erkenntnisgewinn in Bezug auf die Textmuster liefern kann.

Die Verbindung liegt auf der Hand: Ähnlich wie beim thematischen Framing handelt es sich auch beim Storytelling um eine Vermittlungstechnik. Während thematische Frames eine Information in Kontexte einbetten und damit vor allem sachliche bzw. faktische Bezüge herausarbeiten, dient das Geschichtenerzählen der Veranschaulichung der Innovation an sich. (Huck-Sandhu 2009, S. 204) Huck-Sandhu bezeichnet Framing und Storytelling daher an anderer Stelle auch als zwei komplementäre Kommunikationstechniken. (Huck-Sandhu 2014, S.651)

Auch für die Medienarbeit von Unternehmen ist das Framing-Konzept interessant, wenngleich es bisher hier im Vergleich zur Journalistik nicht in gleichem Maße untersucht wurde. Die Unternehmenskommunikation kann über das Framing nicht nur Einfluss auf die Themenagenda der Massenmedien nehmen (Thematisierung), sondern auch auf die Darstellung und Bewertung der Themen in den Medien (Themenwahrnehmung und Berichterstattung. (Kiousis et al. 2005)

Versteht man einen Frame als empirisch bestimmbares Textmuster, müsste er sich demnach durch eine ganz spezifische Konstellation der vier von Entmann beschriebenen Frame-Elemente auszeichnen. Sofern ein solches Muster über mehrere Texte hinweg identifiziert werden kann, wird von einem Frame gesprochen. Laut Entmann lassen sich Frames anhand der Wortwahl eines Textes identifizieren – dem gemeinsamen Auftreten von Wörtern. An dieser Stelle lassen sich methodische Bezüge zur textlinguistischen Analyse herstellen, wie sie in Kapitel 5 durchgeführt wurde.

7.2 Narrativer Frame „Vom Tellerwäscher zum Millionär"

Zwei in der Literatur beschriebene Frames können exemplarisch illustrieren, welche Grenzen, aber auch welche Modulationsmöglichkeiten ein solches narratives Muster bietet:

- David gegen Goliath
- Vom Tellerwäscher zum Millionär

Am Beispiel des David-Goliath-Frames lassen sich zwei wesentliche Elemente von Framing illustrieren. Es handelt sich dabei um einen themenunabhängigen Frame, der zeigt dass die Grundmuster auf verschiedene Themen transferiert werden können. Darüber hinaus zeigt der David-Goliath-Frame, dass damit immer Bewertungen impliziert sind. Dabei liegt die Sympathie immer auf der David-Rolle.

Dasselbe gilt für das kulturelle Konstrukt des „Self-made man", dem Hauptdarsteller des Motivs „Vom Tellerwäscher zum Millionär": Trotz Bürokratien und verfestigter Strukturen kann er sich durchsetzen. Wie beim Frame „David gegen Goliath" wird unter Zuhilfenahme der Nachrichtenfaktoren Personalisierung und Konflikt eine prinzipielle, weil dramatische Handlungsfähigkeit des Individuums dokumentiert." (Hoffmann 2003, S. 86)

Der „Self-made man" ist eine Idealvorstellung von jemandem, der sich aus einfachen oder ärmlichen Verhältnissen durch eigene Kraft und viel Arbeit zu Erfolg, Wohlstand und Ansehen „hocharbeitet" hat. Die Redewendung „Vom Tellerwäscher zum Millionär" oder im Englischen „from rags to riches" bezeichnet eben diesen Aufstieg einer Person von der Armut hinauf zum Reichtum – und findet als Archetyp in der Literatur und der Pop-Kultur Verwendung. Ein weiteres Muster für eine Grunderzählung liefert z. B. auch das „Phönix-aus-der-Asche"-Motiv, das Scheitern und einen anschließenden und noch größeren Erfolg vereint.

Die textliche Analyse der Unternehmensgeschichten im Untersuchungskorpus hat ergeben, dass ein ganz wesentliches Wortfeld in mehreren Texten wie ein Muster auftritt. Es entstammt dem Motiv „klein vs. groß", was die Bedeutung der Unternehmensgründung und ihre Weiterentwicklung kommuniziert. Aus erzählerischer Perspektive markieren das kleine Start-up und der Weltkonzern den Anfangs- und Endpunkt der Geschichte. Aus der Perspektive des Framing-Ansatzes beschreibt diese Wortwahl ein Deutungsmuster, das dem Rezipienten vermittelt werden soll. Diese durch positiv belegte Subjektive und Adjektive beschriebene Entwicklung ist sprachlich als Resümee zu verstehen. Das lässt sich prototypisch in den einleitenden argumentativen und appellativen Absätzen identifizieren, was dem Text schon von der Struktur her einen „Deutungsrahmen" gibt. Folgende Textbeispiele zeigen die sprachliche Umsetzung dieses prototypischen Topos der Unternehmensgeschichte:

„*Die Siemens-Geschichte – von der* **Werkstatt** *zum* **Global Player.**"*(Siemens)*
„*Am 1. August 1863 gründen sie in Wuppertal-Barmen die Firma „Friedr. Bayer et. comp."* – *ein* **Start-Up des 19. Jahrhunderts** *mit einem* **Riesen-Potenzial.**" *(BASF)*
„*Von Gottlieb Daimlers* **Versuchswerkstatt** *im Gartenhaus bis zum* **globalen Konzern**, *der in über 200 Ländern weltweit für individuelle Mobilität sorgt.*" *(Daimler)*
„*Ganz* **klein** *fing alles an im April 1880…*" *(Münchener Rück)*

In der Textlinguistik wird in diesem Zusammenhang von einem Basis-Narrativ gesprochen, der diese Vertextungsmuster in einem kulturell überlieferten Grundmuster beschreibt, das sprachlich miteinander in eine fassbare Verbindung gebracht wird. Es entspricht der gesellschaftlich hoch angesehenen Leistung, aus einer kleinen Idee heraus eine große Erfolgsgeschichte zu schreiben. Die Merkmale eines themenübergreifenden Frames können anhand der Wörter und wiederkehrenden Formulierungen aus diesen Wortfeldern belegt werden.

In der Weiterentwicklung des Frames „Vom Tellerwäscher zum Millionär", in dem es primär um die Entwicklung einer privaten Einzelperson geht, müsste man in diesem Fall eine neue Begriffsbezeichnung entwickeln. Blickt man auf die Frames, die von Dahinden beschrieben wurden, lässt sich dieser Frame in den Bereich des Fortschritts/Innovation einordnen. Dieser Frame-Zusammenhang ist wie folgt beschrieben: Auf der Unterebene des themenabhängigen Frames könnte man von dem „Gründungsmythos" sprechen. In der Textanalyse wurde deutlich, dass der argumentative Einstieg unabhängig von dem jeweilig folgenden narrativen Typus eingesetzt wurde. Das heißt konkret, egal ob später eine Gründungsstory, die Meilensteine des Erfolgs oder ein Ergebnisprotokoll folgt: ein solcher Frame konnte in allen Texttypen nachgewiesen werden, wenn auch nicht in jedem Textexemplar.

Demnach könnte man zusammenfassend sagen: Die Texte zur Unternehmensgeschichte sind häufig durch einen generischen Frame des Fortschritts und einem wiederkehrenden Frame, den man als „Gründungsmythos" definieren könnte, codiert. In Untersuchungen zu Frame-Stärke konnte nachgewiesen werden, dass manche Frames überzeugendere und stärkere Argumente transportieren als andere. Je stärker die Argumente eines Frames sind, desto größer sind auch die Wirkungen des Frames. (Matthes 2014, S. 67) In der Struktur der Texte zur Unternehmensgeschichte könnte man demnach feststellen, dass im argumentativen Einstiegsabsatz eine explizite, durch deutliche Wortwahl angezeigte Deutungsempfehlung gegeben wird, die dann in der folgenden Unternehmenshistorie in unterschiedlicher Vertextungsform aufgegriffen wird – als Geschichte, protokollarische Chronik oder als imageprägenden Text von Erfolgsphasen (Meilensteinen) des Unternehmens. Somit stützen diese Texte die eingangs angelegte Sinnzuschreibung von der Leistung des Unternehmens, dem Gründungsmythos.

Ob dieser Textaufbau einer Text-Strategie folgt, der genau diese Intentionen zugrunde liegen, darf jedoch bezweifelt werden. Vielmehr ist eine intuitive Schreibpraxis der Texte anzunehmen. Dies wäre eine durchaus spannende zusätzliche Fragestellung, die im Rahmen dieser Arbeit aber nicht beantwortet werden kann. An dieser Stelle zeigt sich aber eine enge Verbindung des Framing-Ansatzes mit der textlinguistischen Textanalyse, die auf der methodischen Ebene neben der deduktiven Inhaltsanalyse als Instrument durchaus einen Mehrwert im Kanon der induktiven Verfahren liefern kann.

7.3 Zusammenfassung

- Der medienwissenschaftliche Framing-Ansatz bietet Ansatzpunkte zur Beurteilung von PR-Texten der Selbstdarstellung, in dem das Konzept einen Analyserahmen für übergreifende Deutungsmuster schafft.
- Die Texte zur Unternehmensgeschichte zeigen einen wiederkehrenden Frame im argumentativen Einstiegsabsatz, der einen Deutungsrahmen für die Texte vorgibt.
- Dieser „Gründungsmythos" beschreibt den wertenden Sinnzusammenhang, dass das Unternehmen es von einer kleinen Idee zu einem Weltkonzern geschafft hat (analog „Vom Tellerwäscher zum Millionär") und könnte dem generischen Frame des Fortschritts zugeordnet werden.

Literatur

Dahinden, U. (2006). Framing: Eine integrative Theorie der Massenkommunikation (Forschungsfeld Kommunikation). Konstanz: UVK.

Eisenhut, J. (2009). Überzeugen: Literaturwissenschaftliche Untersuchungen zu einem kognitiven Prozess. Berlin: Erich Schmidt Verlag.

Hallahan, K. (1999). Seven models of framing: Implications for Public Relations. Journal of Public Relations Research, 11 (3), 205-242.

Harden, L. (2002). Rahmen der Orientierung. Eine Längsschnittanalyse von Frames in der Philosophieberichterstattung deutscher Qualitätsmedien. Wiesbaden: Deutscher Universitätsverlag.

Hoffmann, J. (2003). Inszenierung und Interpretation: Das Zusammenspiel von Eliten aus Politik und Journalismus. Wiesbaden: Westdeutscher Verlag.

Huck-Sandhu, S. (2009). Innovationskommunikation in den Arenen der Medien – Campaigning, Framing und Storytelling. In: A. Zerfaß, K. Möslein (Hrsg.). Kommunikation als Erfolgsfaktor im Innovationsmanagement: Strategien im Zeitalter der Open Innovation (S. 195-208). Wiesbaden: Springer Gabler.

Huck-Sandhu, S. (2014). Corporate Messages entwickeln und steuern. In: A. Zerfaß, & M. Piwinger (Hrsg.). Handbuch Unternehmenskommunikation. Strategie, Management, Wertschöpfung, 2. Aufl., (S. 651-670). Wiesbaden: Springer Gabler.

Kiousis, S., Mitrook, M., Wu, X., Seltzer, T. (2006). First- and second-level agenda-building and agenda-setting effects: Exploring the linkages amoung candidate news releases,

7.1 Forschungsstand Framing

media coverage, and public opinion during the 2002 Florida gubernational election. Jounral of Public Relations Research, 18 (3), 265-285.

Lünenborg, M. (2005). Journalismus als kultureller Prozess. Zur Bedeutung von Journalismus in der Mediengesellschaft. Ein Entwurf. Wiesbaden: VS Verlag für Sozialwissenschaften.

Matthes, J. (2014). Framing. Baden-Baden: Nomos.

Pan, Z., & Kosicki, G.M. (2001). Framing as a strategic action in public deliberation. In: S. D. Reese, O.H. Gandy, & A.E. Grant (Hrsg.), Framing public life: Perspectives of media and our understanding of the social world (S. 35-65). Mahwah: Lawrence Erlbaum.

Potthoff, M. (2012). Medien-Frames und ihre Entstehung. Wiesbaden: Springer VS.

Rademacher, L. (2009). Public Relations und Kommunikationsmanagement. Eine medienwissenschaftliche Grundlegung. Wiesbaden: VS Verlag für Sozialwissenschaften.

Rademacher, L. (2009). PR als Literatur der Gesellschaft? Plädoyer für eine medienwissenschaftliche Grundlegung. In: U. Röttger (Hrsg.). Theorien der Public Relations. Grundlagen und Perspektiven der PR-Forschung, 2. Aufl., Wiesbaden: Verlag für Sozialwissenschaften.

Scheufele, B. (2013). Frames – Framing – Framing-Effekte: Theoretische und methodische Grundlegung des Framing-Ansatzes sowie empirische Befunde zur Nachrichtenproduktion (Studien zur Kommunikationswissenschaft). Wiesbaden: Westdeutscher Verlag.

Zoch, L. M., Molleda, J.-C. (2006). Building a theoretical model of media relations using framing, information subsides, and agendabuilding. In: C. H. Botan, V. Hazleton (Hrsg.), Public Relations Theory II (S. 279-309). Mahwah, NJ: Erlbaum.

Fazit 8

Das Thema Storytelling wird in der Praxis der Unternehmenskommunikation breit diskutiert. Fast immer mit dem Ergebnis, dass ein Nutzen in verschiedenen Ebenen der internen und externen Kommunikation angenommen wird. Die sogenannte Core Story oder organisatorische Basisgeschichte spielt dafür laut der anwendungsorientierten Literatur eine zentrale Rolle. Daraus kann man folgern, dass der Gründungsgeschichte von Unternehmen mit einer langen Tradition dementsprechend eine besondere Relevanz zukommen müsste. Die textlinguistisch fundierte Untersuchung der Texte zur Unternehmensgeschichte auf den Corporate Websites der Dax30-Unternehmen hat jedoch gezeigt, dass weder aus erzähltheoretischer noch aus textlinguistischer Perspektive das Potential von Geschichten bei diesem Untersuchungsgegenstand ausgeschöpft wird.

Die Hinweise für den nur spärlichen Einsatz von Narration bzw. den Elementen der Erzählung sind sowohl auf der inhaltlichen, als auch auf der kontextuellen und textuellen Ebene zu finden. Für die Analyse wurden bewusst und ausschließlich die Texte der Corporate Website einbezogen. Viele Unternehmen bieten entweder separate historische Websites, haben Publikationen zur Unternehmenshistorie erstellt oder betreiben Museen oder Archive, die sich intensiv mit der Unternehmenshistorie auseinander setzen. Nichts desto trotz ist die Corporate Website in der Online-Kommunikation die zentrale Anlaufstelle für den kommunikativen Erstkontakt und die Recherche, kurz: die unternehmenskommunikativ wichtigste und wirkmächtigste Plattform für die Vermittlung der Unternehmensgeschichte.

Nun bietet der kommunikative Kontext, der Kommunikationsbereich der Texte, einen spezifischen Rahmen, der sich auch auf die Ausgestaltung der Texte auswirkt. Kurz zusammengefasst: Die Spezifika von Hypertexten auf Websites bieten keine optimale Voraussetzung für die Vertextung von Geschichten. Die Zielgruppe, also die Nutzerschaft der Texte, ist für die Unternehmen nicht klar zu begrenzen. Da der Zugriff auf die Website für jeden Internetnutzer möglich ist, kann eine zielgruppenspezifische Vertextung kaum stattfinden. Die Unternehmen haben ein genaues Bild von der quantitativen Reichweite ihrer Angebote, können aber schwer festlegen, mit welchen Bezugsgruppen sie es zu tun haben. Das wesentliche Merkmal von Hypertexten ist die fehlende Linearität, bzw. der modulare Aufbau der Texte. Über Verlinkungen können die Nutzer den Leseweg der Texte selbst bestimmen, weswegen ein dramaturgischer Aufbau einer längeren Geschichte mit zusammenhängenden Sequenzen kompliziert ist. Jeder Textabschnitt muss somit für sich selbst verständlich sein, um die Nachvollziehbarkeit auch bei einer nicht-linearen Nutzung sicher zu stellen. Die Texte sind gebunden an kurze Abschnitte, die sich aus dem Nutzungsverhalten im Internet allgemein ergeben. Diese werden häufig durch Teaser angekündigt, so dass auch der Texteinstieg schon wesentliche Informationen zum Inhalt liefern muss. Die Textstruktur, die Länge der Headlines und Syntax orientieren sich ebenfalls an den Kriterien für Online-Texte, so dass die erzählerische Kunstfertigkeit in der Zwangsjacke der Online-Struktur wirken muss. Online-Texten wird in der Regel eine höhere Kontaktwahrscheinlichkeit mit den Nutzern zugesprochen, das gilt aber nicht für die Corporate Website, die zumindest in diesen Unterkategorien von einer hohen kommunikativen Distanz gekennzeichnet ist. Die raum-zeitliche Distanz erzeugt eine geringe Spontaneität und Monologizität der Texte, weswegen auch eine geringe emotionale Beteiligung in dieser Kommunikationssituation angenommen wird.

Hypertexte bieten jedoch durch die Möglichkeit der multimodalen Einbindung diverser multimedialer Formate auch Vorteile für eine emotionale Gesamtkomposition. Die Untersuchung der Textrealisierung, also der Text-Bild-Relation und der graphischen Aufbereitung, ergibt ein deutliches Bild: Auf den Seiten der Unternehmensgeschichte wurde insgesamt mit einer höheren Bilderdichte gearbeitet als das auf den Seiten zu anderen Themenkomplexen der Fall war. Zudem bieten die gezeigten Bilder zusätzliche Informationen und waren nicht redundant im Sinne einer reinen graphischen Mood-Komposition. Teilweise bestehen die Seiten zur Unternehmensgeschichte aus aufwendigen Flash-Animationen, die die Emotionalität des Gesamteindrucks erhöhen sollen. Nur sehr wenige Texte im Untersuchungskorpus kommen ohne eine Einbindung von Bildern aus.

Innerhalb der untersuchten Unternehmensgeschichten lassen sich drei Erzähltypen differenzieren, die nach verschiedenen Merkmalen kategorisiert werden können und spezifische Muster aufweisen. Nur im Typus „Gründerstory" lassen sich erzählerische Elemente in Verbindung mit dem Gründer als Akteur der Geschichte nachweisen. Der Typus „Meilenstein" setzt auf eine Kombination aus ergebnisorientierter Vertextung und Argumentation und stellt das Unternehmen in seinem historischen Kontext in einem positiven Licht dar. Dies geschieht durch sprachliche Mittel der semantischen Aufwertung oder implizite inhaltliche Selektion. Viele Unternehmen nutzen jedoch das Potential einer narrativen Aufbereitung in

8 Fazit

dieser Textform nicht, vielmehr sind die Texte analog zu einem Protokoll von einem neutralen Textstil mit hohem Nominalanteil geprägt. Der Typ „Ergebnisprotokoll" dient einer reinen Informationsfunktion, die in einem sachlichen Modus die Daten und Fakten der Unternehmensentwicklung vorstellt.

Wenn man zudem wie in der Textlinguistik die narrative Vertextungsart nach ergebnis- und ereignisorientierter Narration differenziert, ist deren Anteil in den untersuchten Texten hoch. Allerdings überwiegt der Typ Narration I, in dem weder eine Handlung im Sinne eines Plots oder eine Dramaturgie bzw. Spannungsbogen vertextet wird. Narrative Sequenzen im Sinne einer Erzählung bzw. Vertextung eines Veränderungsprozesses, konnte lediglich im Typ „Gründerstory" nachgewiesen werden, der den quantitativ geringsten Anteil im Untersuchungskorpus ausgemacht hat. In einigen wenigen Texten wurde der Bezug zur Corporate Identity und den Werten hergestellt.

Dementsprechend lassen sich erzähltheoretische Begriffe und Modelle auf die Textanalyse der Unternehmensgeschichte nur sehr bedingt anwenden. Insbesondere das Sujet-Konzept eignet sich in der Beurteilung der narrativen Sequenzen nur mit Abstrichen, da diese Texte nicht die für fiktionale Texte typische erzähltheoretische Struktur und den Umfang bieten.

Doch auch wenn die Texte der Unternehmensgeschichte in ihrer Form durch drei verschiedene narrative Typen recht heterogen wirken, konnte ein übergreifendes Deutungsmuster identifiziert werden, das sich sowohl thematisch als auch in dem Textaufbau zeigt: Über die Hälfte der Texte im Untersuchungskorpus starten den Text mit einem einleitenden argumentativen Absatz, der sich deutlich von der weiteren Vertextung unterscheidet. Diese Einleitungen führen appellativ in den Gesamttext ein, indem sie Argumente liefern, warum das jeweilige Unternehmen eine positive Gesamtbetrachtung verdient. Dies wird mit der Leistung begründet, dass der Gründer oder das kleine Gründungs-Team das Unternehmen zu einem weltweiten und/oder außergewöhnlichen Erfolg entwickelt haben. Von klein zu groß, von der verrückten Idee in einer Werkstatt zum weltumspannenden Konzern: Die Dichotomie von klein zu groß, der Frame des Gründungsmythos zeigt sich als wiederkehrendes Muster in verschiedenen Texten. Somit wird dem Leser ein einführender Sinnzusammenhang an die Hand gegeben, der trotz der neutralen und sachlichen Ausführungen im weiteren Verlauf eine positiv imagebildende Bewertung durch den Rezipienten ermöglicht bzw. erzeugen möchte.

Der Aspekt der Unterscheidung zwischen Inhalt und Darstellung kommt in der bisherigen Beschäftigung mit der Technik des Storytellings zu kurz. Eine Differenzierung zwischen WAS und WIE ist aber unbedingt nötig, um auch in der Praxis bedeutsame und packende Unternehmensgeschichten zu erzählen. Wie eingangs dargestellt, kann die gleiche Geschichte mit den selben inhaltlichen Bausteinen je nach Vertextung unterschiedlich wirken. Eine Analyse von textexternen und textinternen Faktoren, wie sie die Mehr-Dimensionen-Modell der Textlinguistik bieten, ist daher unbedingt nötig, um alle relevanten Einflüsse in den Blick nehmen zu können. Das Untersuchungsmodell, das alle textlinguistischen Ebenen einbezieht, erwies sich als nutzbringend für eine Bewertung der Texte insgesamt und für eine Differenzierung bzw. Typenbildung. Eine Differenzierung nach Textmustern, die Typenbildung und eine Einschätzung des Einsatzes von Narration in den Texten werden somit möglich. Die drei identifizierten narrativen Typen, die die Analyse des vorliegenden Untersuchungskorpus ergab, bieten zudem eine Basis für eine weitere Beschäftigung mit Texten zur Unternehmensgeschichte. Aufgrund der immer wieder geäußerten Annahme, dass gerade in kleineren inhabergeführten Unternehmen die Potentiale einer Gründerstory gegeben sind, schiene eine Untersuchung auch spezifischer Branchen oder allgemein von kleinen und mittelständischen Unternehmen sinnvoll, um ein noch umfassenderes Bild der narrativen Elemente der im Sinn des unternehmenskommunikativen Storytellings doch eigentlich so wichtigen Unternehmensgeschichten zu erhalten.

Anhang 9

Untersuchungskorpus

Unternehmen	Überschrift	Quelle
adidas	Geschichte	http://www.adidas-group.com/de/unternehmen/geschichte/
Allianz	Allianz: Geschichte eines Unternehmen	https://www.allianz.com/v_1342874982000/_resources/history/timeline/timeline_de.html
BASF	BASF: Stationen der Geschichte	http://www.basf.com/group/corporate/de/about-basf/history/index
Bayer	Eine Reise durch die Geschichte von Bayer	http://www.bayer.de/de/unternehmensgeschichte.aspx
Beiersdorf	Gründungsgeschichte	http://www.beiersdorf.de/ueber-uns/unsere-geschichte/chronologie
BMW	Meilensteine	http://www.bmwgroup.com/bmwgroup_prod/d/0_0_www_bmwgroup_com/unternehmen/historie/meilensteine/meilensteine.html
Commerzbank	Commerzbank-Geschichte von 1870 bis heute	https://www.commerzbank.de/de/hauptnavigation/konzern/geschichte/Standard__default_template_html
Continental	Rückblick auf über 140 Jahre dynamische Entwicklung	http://www.continental-corporation.com/www/portal_com_de/themen/continental/geschichte/
Daimler	Daimler Unternehmensgeschichte	http://www.daimler.com/unternehmen/tradition/geschichte-der-daimler-ag
Deutsche Bank	Deutsche Bank 1870-2010	https://www.deutsche-bank.de/de/content/company/Geschichte.htm http://www.bankgeschichte.de/de/docs/Chronik_D_Bank.pdf

Unternehmen	Überschrift	Quelle
Deutsche Börse	1585–2010 Die Deutsche Börse feiert Jubiläum – Eine Chronologie effizienter Märkte	http://deutsche-boerse.com/dbg/dispatch/de/kir/dbg_nav/about_us/10_Deutsche_Boerse_Group/50_Company_History
Deutsche Post	Geschichte	http://www.dpdhl.com/de/ueber_uns/geschichte/geschichte_ohne_flash.html
Deutsche Telekom	Meilensteine der Telekommunikation	http://www.telekom.com/unternehmensgeschichte
E.ON	–	https://www.eon.de/pk/de/unternehmen.html
Fresenius	Geschichte	http://www.fresenius.de/135.htm http://www.fresenius100.de/
Fresenius Medical Care	Unsere Geschichte	http://www.fmc-ag.de/67.htm
HeidelbergCement	keine Headline	http://www.heidelbergcement.com/de/geschichte
Henkel vz	Unternehmensgeschichte – über 140 Jahre Markenerfolg	http://www.henkel.de/unternehmen/meilensteine-und-errungenschaften/geschichte
Infineon	Globale Herausforderungen im Blickpunkt	http://www.infineon.com/cms/en/product/promopages/timeline/index_de.html
K+S	Das Salz der Erde – Gründerjahre der Kali- und Düngemittelindustrie	http://www.k-plus-s.com/de/historie/
LANXESS	Lanxess feiert sein erstes „großes" Jubiläum	http://lanxess.de/de/corporate/ueber-lanxess/boersenjubilaeum/
Linde	125 Jahre Linde – Eine Chronik	http://www.the-linde-group.com/internet.global.thelindegroup.global/de/images/chronik_d%5B1%5D16_9855.pdf
Lufthansa	Die Zeit im Fluge	http://www.lufthansagroup.com/de/unternehmen/geschichte.html
Merck	Eine erfolgreiche Geschichte	http://www.merck.de/de/unternehmen/geschichte/geschichte.html
Muenchener Rück	130 Jahre Munich Re – eine spannende Geschichte	http://www.munichre.com/de/group/company/history/index.html

9 Anhang

Unternehmen	Überschrift	Quelle
RWE	Chronik	http://www.rwe.com/web/cms/de/9134/rwe/ueber-rwe/profil/geschichte/
SAP	42 Jahre Innovation	http://www.sap.com/corporate-de/about/our-company/history/index.html
Siemens	Die Siemens-Geschichte – von der Werkstatt zum Global Player	http://www.siemens.de/ueberuns/geschichte/Seiten/home.aspx
ThyssenKrupp	Die Konzerne im Wandel	http://www.thyssenkrupp.com/de/konzern/geschichte_konzern.html
Volkswagen vz	Der Volkswagen: Vom Traum zum Markt	http://www.volkswagen.de/de/erleben/volkswagen-welt/historie.html#/flash=0f8936ee-a5444fd353f8a958001cd5b8@inspiration%2F1940%2Finformation%2FUnternehmensgeschichte%2F0

The manufacturer's authorised representative in the EU is Springer Nature Customer Service Centre GmbH, Europaplatz 3, 69115 Heidelberg, Germany. If you have any concerns regarding our products, please contact ProductSafety@springernature.com

Printed and bound by CPI Group (UK) Ltd, Croydon, CR0 4YY
23/03/2026
02076400-0017